ABREGE
DE LA
PHILOSOPHIE
DE
GASSENDI

Par F. BERNIER *Docteur en Medecine de la Faculté de Montpelier.*

TOME VIII.

A LYON
Chez ANISSON, & POSUEL.

___

M. DC. LXXVIII.
AVEC PRIVILEGE DV ROY.

TABLE
DES LIVRES
ET
CHAPITRES
Contenus dans ce Tome.

De la Morale en general, page 1

LIVRE PREMIER,
De la Felicité.

Chap. I. Ce que c'est que Felicité. 5
Chap. II. Des Causes Efficientes de

TABLE.

la Felicité. 8

CHAP. III. *De certains Chefs dont les Anciens, & principalement Epicure, recommandent la Meditation comme absolument necessaire à la Felicité.* 14

CHAP. IV. *Quelle est la Volupté qu'Epicure a dit estre la Fin de la Vie heureuse.* 47

Les differents Caracteres de Zenon, & d'Epicure. 60

La Difference d'Epicure, & d'Aristippe. 68

La Difference d'Epicure, & des Stoïciens. 81

CHAP. V. *Si la Volupté est de soy un Bien.* 96

CHAP. VI. *Si dans toutes nos Actions il y a toujours quelque Volupté meslée.* 110

Si le Desir de l'Honneur est blasmable. 123

CHAP. VII. *Quel Bien produit la Vertu Morale.* 127

TABLE

De la Vertu, & Felicité de Regulus. 152

Chap. VIII. *Qu'il n'y a de Sage que celuy qui embrasse la Vertu Morale.* 165

Chap. IX. *Quelle, & combien grande est la Vertu qui sçait se passer de peu.* 201

LIVRE II.

Des Vertus.

Chap. I. *Des Vertus en general.* 234.

Comment la Vertu est dite consister dans le Milieu ou dans la Mediocrité. 238

De la Liaison, ou Connexion mutuelle des Vertus. 247

Division generale de la Vertu. 253.

Chap. II. *De la Prudence, & de*

TABLE.

Parties la Prudence Privée, l'Economique, la Politique, la Royale, la Militaire. 256

Des Devoirs ou Offices generaux de la Prudence. 259

Des Parties Integrantes de la Prudence. 261

Des Especes ou Parties Sujettes de la Prudence, & premierement de la Privée. 267

Des Devoirs de la Prudence Privée. 269

De la seconde Espece de Prudence qu'on appelle Economique ou Domestique. 281

Des Devoirs de la Prudence Conjugale. 284

Des Devoirs de la Prudence Paternelle. 287

Des Devoirs de la Prudence Herile. 291

Des Devoirs de la Prudence Possessoire. 292

TABLE.

De la Prudence Politique ou Civile   298.

Des Principaux Devoirs du Souverain.   305

Des Principaux Devoirs du Souverain durant le Paix.   316

De Consequences importantes du Mien & du Tien.   317

Des Principaux Devoirs du Souverain en temps de Guerre.   326

Si le Sage se doit mesler dans les affaires de la Republique.   332

Chap. III. De la Force.   338

Des Maux Publics que la Force fait surmonter.   358

Des Maux Particuliers que la Force surmonte.   362

De la Prison.   365

De la Servitude.   367

De l'Infamie.   370

De la Perte des Enfans, & des Amis.   372

De la Perte des Biens.   375

TABLE.

De la Douleur, & de la Mort. 378.

CHAP. IV. De la Temperance. 381.

De la Pudeur, & de l'Honnesteté. 383.

De la Sobrieté, & de la Chasteté en general. 386

De la Sobrieté en particulier. 391

De la Chasteté en particulier. 393.

De la Clemence. 401
De la Misericorde. 402
De la Modestie. 403

CHAP. V. De la Iustice, du Droit, & des Loix. 411
Du Talion. 415
De l'Origine du Droit. 417
De la Iustice des Hommes à l'egard des Bestes. 431
Que c'est avec beaucoup de raison que l'on observe la Iustice. 434.

TABLE.

De la Beneficence.	442
De la Gratitude.	443
De l'Amitié.	444
De la Pieté.	450
Du Respect.	452
De la Religion.	453
Des Fausses Prieres.	459
De la Superstition.	461

LIVRE III.

De la Liberté, de la Fortune, du Destin, & de la Divination.

CHAP. I. Ce que c'est que Liberté, ou Liberal-Arbitre. 464

CHAP. II. Ce que c'est que la Fortune, & le Destin. 495

CHAP. III. Comment le Destin

TABLE.

peut estre concilié ou accordé avec la Fortune, & la Liberté. 519

CHAP. IV. De la Divination, ou du pressentiment des choses futures purement fortuites. 543

Des Demons selon les Anciens. 549

Des Oracles. 580

ABREGE'

ABREGÉ DE L'EXAMEN DE GASSENDI SUR LA MORALE DES ANCIENS.

DE LA MORALE en general.

OUS les Hommes souhaitent d'eſtre heureux, & il n'y en a aucun qui ne faſſe tous ſes efforts pour le devenir; tant il eſt vray que la Felicité eſt le but ou la fin derniere de tous nos deſirs, & de toutes nos actions: Cependant comme on en voit tous les jours à qui rien ne manque de tout ce qui eſt neceſſaire pour

les usages de la Vie, qui possedent des richesses, qui sont dans les honneurs, & dans les dignitez, qui ont des Enfans bien faits, & bien nez, en un mot, qui joüissent de tout ce qui se desire communement pour estre heureux; comme en en voit, dis-je, plusieurs qui ont ces avantages, & qui avec tout cela menent une vie inquiete, chagrine, & troublée de mille vaines terreurs, les Sages ont reconnu que le mal venoit de ce qu'on se laisse aveuglement emporter à ses Passions, de ce que l'on abandonne l'honnesteté, la vertu, & les bonnes mœurs, sans quoy il est impossible de vivre heureux, & de ce que l'on ignore en quoy consiste la felicité de la vie, ou quelle est cette fin derniere à laquelle nous devons tendre, & que nous devons nous proposer dans toutes nos actions. C'est pourquoy ils se sont attachez à donner des preceptes pour regler nos passions, & à decouvrir en quoy consiste cette vraye felicité, les moyens d'y parvenir, & ce qui est capable de la troubler : C'est cette Doctrine qu'ils ont appellé *la Morale*, & *l'Art de la vie*, parce qu'elle regarde les mœurs ou les actions ordinaires & accoûtumées de la vie.

De là il est aisé de voir que la Morale ne s'arreste pas dans la Simple Speculation ou contemplation des Mœurs, mais qu'elle les forme, & les dirige, & qu'ainsi ce n'est pas *une Science purement Speculative*, ou qui en demeure à la simple speculation, mais *une Science Active*, ou qui passe à la pratique; d'où vient qu'en cette consideration elle pourra, si l'on veut, estre appellée Art : Je dis si l'on veut, car de disputer si on luy doit absolument donner ce nom, ou celuy de Science, c'est une pure question de nom, & qui depend de la diverse acception de l'un & de l'autre de ces termes.

Cette Partie de la Philosophie a toujours esté fort consideree parmy les Philosophes, jusques-là qu'Epicure n'estimoit la Physique qu'en ce qu'il la croyoit utile à la Morale, à laquelle Socrate & ses Disciples s'appliquoient presque uniquement, sans se soucier beaucoup de la Physique.

Elle est de temps immemorial ; car nous lisons que Pytagore la cherissoit extremement, soûtenant *que le Philosophe qui ne guerit aucune Passion estoit aussi inutile que le Medecin qui ne guerit aucune Maladie*: Et ces fameux Sage des la Grece ne fe font acquis l'illuftre nom de Sages, que parce qu'ils excelloient dans l'etude de la Morale.

Si l'on remonte mefme jufques aux temps Heroïques, l'on trouve comme dit Horace, qu'Orphée retira les Hommes de leur premiere vie barbare, & fauvage, & c'eft pour cela qu'on a dit de luy, qu'il adouciffoit les Tygres, & les Lyons. *Moribus & fœdo victu deterruit Orpheus, Dictus ob id lenire Tygres, rabidófq; Leones.*

Le mefme Horace remarque que ce fuft autrefois la Morale, qu'il appelle du nom de Sageffe, qui divifa les Terres, qui fonda les Villes, & qui etablit la Religion, le Mariage, & les Lois.

——— *Fuit hæc Sapientia quondam*
Publica privatis fecernere, facra prophanis;
Cõcubitu prohibere vago, dare jura maritis;
Oppida moliri, Leges incidere ligno.

Neanmoins Socrate a la reputation d'eftre l'Inventeur de la Morale; parceque depuis qu'il eut commencé de s'y appliquer avec tant de zele & de chaleur, elle fut reduite par ecrit, deforte qu'on en fit mefme de grands Traitez, & fes Auditeurs, comme Platon, Xenophon, Ariftote, & les Stoïciens, en laifferent apres luy d'illuftres monumens.

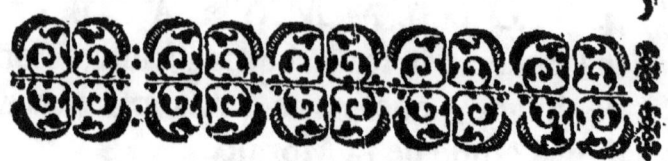

LIVRE I.
DE LA FELICITÉ.

CHAPITRE I.
Ce que c'est que Felicité.

Quoy que la Felicité soit, à proprement parler, la joüissance du Souverain Bien, & par consequent l'estat le meilleur qui se puisse desirer; neanmoins comme cet estat de joüissance comprend le Souverain Bien, elle est aussi elle-mesme appellée le Souverain Bien. On l'appelle aussi le Souverain des biens, le dernier des biens, & la fin derniere, la fin des fins, & mesme la Fin par excellence; en ce que les autres biens ou fins ont du rapport à elle, & sont desirez pour elle ou acause d'elle, au lieu qu'elle est desirée pour elle-mesme, acause d'elle-mesme, & sans rapport à aucun autre bien; parceque selon Aristote il faut que dans les choses qui se desirent il y en ait une derniere, pour n'aller pas à l'infiny.

Remarquez cependant qu'il n'est pas icy question de cette Felicité dont parlent nos Theologiens, lors qu'ils enseignent combien celuy-là est heureux, qui aidé du secours surnaturel s'attache purement & simplement au culte de Dieu, & qui plein de Foy, d'Esperance, & de Charité passe doucement sa vie dans les exercices de Pieté; il s'agit simplement icy de celle que l'on peut appeller Naturelle, entant qu'elle se peut acquerir par les forces de la Nature, & qu'elle est telle que les Philosophes n'ont pas desesperé d'y pouvoir parvenir.

Remarquez aussi que cette Felicité naturelle dont nous parlons ne doit pas estre consideree comme un estat qui soit le meilleur, le plus doux, & le plus desirable que l'on puisse penser, & qui estant exempt de tout mal, soit une possession ferme, constante, & asseurée de tout bien; mais comme un estat dans lequel l'on soit aussi heureux qu'on le puisse justement esperer, dans lequel il se trouve autant de bien, & aussi peu de mal qu'il est possible, & dans lequel l'on puisse par consequent passer la vie doucement, tranquillement, constamment, autant que la condition du Pays, la Societé civile, le genre de vie, la constitution du corps, & les autres circonstances de la sorte le permettent. Car au reste, de pretendre que durant le cours de cette vie mortelle l'on puisse joüir d'une Felicité ou Beatitude supreme, ce seroit avoir oublié qu'on est Homme, c'est à dire un Animal foible, & debile, & qui par la condition de sa nature est sujet à une infinité de maux.

Et c'est en ce sens que nous tenons que le Sage peut estre heureux au milieu des tourmens les plus cruels : Car quoy qu'il sente alors des douleurs, & que ces douleurs luy fassent mesme pousser des soûpirs, & quelques gemissemens ; neanmoins parceque se voyant obligé de soufrir il n'irrite pas ses peines par son impatience, qu'au contraire il les adoucit par sa constance, il est certes à cet egard plus heureux que s'il succomboit, comme font ceux qui se trouvant en pareil estat, ne les supportent pas avec la mesme vertu, & la mesme constance : Joint que la Sagesse luy fournit du moins alors un secours interieur que les autres n'ont point, asçavoir cette douce consolation qu'il tire de sa propre conscience, & de l'innocence irreprochable de sa vie.

CHAPITRE II.
Des Causes Efficientes de la Felicité.

LEs Causes Efficientes de la Felicité n'estant autre chose que les Biens de l'Esprit, ceux du Corps, & ceux de la Fortune, presque tous les Philosophes ont soûtenu que ces trois especes de Bien sont necessaires pour la Felicité, & ils ont du moins demandé à l'egard de ceux du Corps une bonne & naturelle conformation de parties, & une parfaite santé, & à l'egard de ceux de la Fortune les choses necessaires pour la vie. Et ce sont ces differens biens qui ont donné sujet à toutes ces belles descriptions de la Felicité que les Poëtes nous ont laissées, telle qu'est celle-cy, qui avec de la Vertu, demande encore de la bonne fortune.

DE LA FELICITÉ. 9

Virtus colenda ; Sors petenda à Diis bona.
Hæc quippè duo cui suppetunt, is vivere
Et vir beatus, & bonus simul potest.

Cette autre qui demande qu'on ait de la santé, un bon naturel, des richesses acquises sans fraude, & qu'on passe doucement la vie avec ses Amis.

Fragili Viro optima res bene valere ;
Atque indolem bonam esse sortitum ;
Tum & possidere opes dolo haud partas ;
Tandem & cum Amicis exigere vitam.

Et celle de Martial qui demande ainsi, plusieurs autres choses, comme des biens qui ne coustent point de peine à acquerir, mais qui soient laissez par les Parens ; n'avoir jamais de procez ; n'entrer que rarement dans la Magistrature ; avoir l'Esprit tranquille ; le Corps sain, une Simplicité accompagnée de prudence ; des Amis d'egale condition ; une Femme qui ne soit pas laide, mais toutefois chaste & honneste ; un sommeil qui fasse les nuits courtes ; ne vouloit estre que ce que l'on est ; ne craindre ni ne souhaiter son dernier jour.

Vitam quæ faciunt beatiorem,
Iucundissimè Martialis, hæc sunt ;
Res non parta labore, sed relicta ;
Lis nunquam, toga rara, mens quieta ;

A 5

Vires ingenuæ, salubre corpus;
Prudens simplicitas; pares Amici;
Non tristis thorus, attamen pudicus;
Somnus qui faciat breves tenebras;
Quod sis, esse velis, nihilque malis;
Summum nec metuas diem, nec optes.

Mais remarquons Premierement que plusieurs se trompent souvent, comme dit Horace apres Aristote, dans la recherche de la Felicité, la faisant consister dans des choses qui leur manquent, & qu'ils admirent dans les autres, comme les Ignorans dans la Science, les Pauvres dans les Richesses, les Malades dans la Santé, &c. C'est ce qu'Horace exprime si bien dans ses Satyres à l'egard du Marchand, du Soldat, & du Laboureur, dont l'un admire & envie la fortune de l'autre.

O fortunati Mercatores! gravis annis
Miles ait, multo jam fractus membra
    labore.
Contrà Mercator, navim jactantibᵒ Austris
Militia est potior! ———
Agricolam laudat juris, legúmque peritus,
Sub Galli cantū Consultor ubi ostia pulsat.
Ille datis vadibus qui rure extractus in
    Urbem est,
Solos felices viventes clamat in Urbe.

Secondement, que ne rien Admirer, comme dit encore Horace apres Aristote, & ne s'etonner de rien, est presque la seule & unique chose qui puisse faire un Homme heureux, & l'entretenir dans sa felicité.

Nil admirari propè res est una, Numici,
Soláque quæ possit facere, & servare beatū.

En effect cela marque non seulement la tranquillité à laquelle est parvenu celuy qui ayant reconnu la vanité des choses humaines, n'admire, ni n'affecte, ou plutost mesprise cet eclat de puissance, d'honneurs, & de richesses qui eblouit d'ordinaire les yeux des Hommes, mais cela marque mesme aussi cette autre espece de tranquillité que s'est acquise celuy-là lequel estant parvenu à la connoissance des Causes Naturelles, ne s'etonne, ne craint, & ne s'epouvante plus comme le vulgaire.

Felix qui potuit rerum cognoscere Causas,
Ille metus omnes, & inexorabile fatum
Subjecit pedibus, strepitúmque Acheruntis avari!

Troisiemement, que ce doux Loisir ou repos tant vanté qui se trouve dans la Solitude, & hors de l'embaras des affaires du monde, contribuë beaucoup pour la Felicité. Car il ne faut pas, dit specialement Democrite, que celuy qui aspire au vray bonheur de la vie qui consiste principalement dans la tranquillité de l'Esprit, s'embarasse dans beaucoup d'affaires soit privées, soit publiques; & Gyges ce grand Roy fust estimé par l'Oracle bien moins heureux que ce vieillard Aglaus Psophidius, qui dans un coin de l'Arcadie cultivoit un petit lieu qui luy rendoit largement ce qui luy estoit necessaire pour vivre, & qui n'estant jamais sorty de ce petit coin de terre passoit là doucement la vie sans ambition, & sans avoir senty le moindre de ces maux dont la plufpart des Hommes sont tourmentez. C'est ce doux repos qu'Horace a tant recommandé dans la loüange qu'il fait de la vie rustique, lors qu'il dit que celuy-là est heureux, qui n'estant point chargé de debtes, s'applique simplement, à la maniere des premiers Hommes, à labourer sa terre paternelle, sans connoitre ni la Guerre, ni la Mer, ni le Barreau, ni les Maisons des Grands.

Beatus ille, qui procul negotiis,
Vt prisca gens mortalium,
Paterna rura bobus exercet suis,
Solutus omni fœnore.

Neque excitatur clasſico miles truci;
Neque horret iratum mare;
Forúmque vitat, & ſuperba Civium
Potentiorum limina.

Et c'eſt ce que Virgile nous a auſſi voulu exprimer lors qu'il s'ecrie O trop heureux Laboureurs, ſi vous connoiſſiez voſtre bonheur! Heureux qui loin du bruit des armes vivez contens & en repos des fruits dont la terre recompenſe vos travaux! Si vos maiſons ne regorgent pas d'une foule de gens qui tous les matins vous vienent donner le bonjour; au moins rien n'empeſche que menant une vie innocente, une vie qui eſt preferable à toutes les richeſſes du monde, vous ne dormiez doucement & ſans inquietude à l'ombre de vos bois, & ne joüiſſiez d'une tranquillité d'Eſprit ferme, conſtante, & aſſurée.

O fortunatos nimiùm, ſua ſi bona norint;
Agricolas, quibus ipſa procul diſcordibus
    armis
Fundit humo facilem victum juſtiſsima
    Tellus!.
Si non ingentē foribus domus alta ſuperbis
Manè ſalutantū totis vomit ædibus undam;
At ſecura quies, & neſcia fallere vita,
Dives opum variarum; at latis otia fundis,

*Spelunca, vivique lacus; at frigida Tempe
Mugitúsque boum, mollésque sub arbore somni
Non absunt.* ―――

―――

CHAPITRE III.

De certains Chefs dont les Anciens, & principalement Epicure, recommandent la Meditation comme absolument necessaire à la Felicité.

LE premier Chef regarde *la Crainte de Dieu.* Certainement ce Philosophe a eu tres grande raison de commencer par les idées que nous devons prendre de ce souverain Estre, d'autant que celuy qui est dans les vrais sentimens de Dieu, & qui suit les mouvemens que la Raison, & une veritable & sincere Pieté luy inspirent, est tellement epris de son amour, & s'etudie tellement à luy plaire, qu'il n'a autre chose en veüe que l'honnesteté, & a d'ailleurs une telle confiance dans sa Bonté, que n'y ayant aucun bien qu'il n'en espere, il passe le cours de sa vie doucement, tranquillement, agreablement : Mais quoy qu'Epicure nous donne de certaines notions de Dieu fort justes, & fort raisonnables, comme lors qu'il dit que Dieu est un Estre vivant, heureux, & immortel, que l'on ne doit rien attribuer à Dieu qui repugne à sa Beatitude, & à son Immortalité, & que cependant le vulgaire luy attribuë plusieurs choses repugnantes, comme sont principalement celles que la Poësie, & la Superstition se sont feintes; il insinuë neanmoins aussi d'autres notions tres dangereuses : Car de croire que la Providence de Dieu soit incompatible avec sa Beatitude, qu'il n'ait aucun soin particulier des Hommes, & que les gens de bien n'ayent rien à esperer de luy, comme les meschans rien à craindre, c'est ce que la Raison, & la veritable Pieté ne souffriront jamais.

Le second Chef est *à l'egard de la Mort.* Car comme elle est vulgairement estimée le plus horrible de tous les maux acause qu'elle est inevitable, Epicure pretend qu'on doit s'accoûtumer à y penser, afin que l'on aprene à se defaire autant qu'il est possible de ces terreurs qui pourroient troubler le repos, & la tranquillité de la vie; & pour cet effet il veut que l'on se persuade que bien loin que la Mort soit le plus horrible de tous les maux, elle n'est pas mesme un mal, voicy son raisonnement. *La Mort, dit-il, ne nous regarde point, & ne doit par conséquent point estre censée un mal à nostre egard, parce que tout ce qui nous regarde est accompagné de quelque sentiment, & la Mort est la privation du sentiment.* Il ajoûte avec Anaxagore, que demesme qu'il n'est point fascheux de ne rien sentir avant que d'avoir receu le sentiment, ainsi il ne peut pas estre fascheux de ne rien sentir apres qu'on l'a perdu; & que demesme que nous ne nous faschons point estant endormis de ce que nous ne veillons pas, ainsi nous ne pouvons point estant morts estre faschez de ce que nous ne vivons pas.

Or l'on peut veritablement admettre icy que la Mort est la privation du sentiment externe lequel est proprement dit sentiment, & qu'Epicure argumente juste en ce qu'il dit qu'il n'y a rien à craindre dans la Mort qui puisse doresnavant faire mal ou à la Veüe, ou à l'Oüye, à l'Odorat, au Goust, ou au Toucher, puisque tous ces Sens ne sont point sans le corps, & qu'alors le corps est dissous : Mais ce qui se doit improuver est, qu'il soûtient ailleurs que la Mort est aussi la privation ou l'extinction de l'Esprit qui est un sens interieur, un sens à sa maniere ; d'où vient que ceux qui tiennent que l'Esprit ou l'Entendement reste, tiennent aussi qu'il reste du sentiment.

C'estpourquoy pour laisser à part ce raisonnement d'Epicure qui est suffisamment detruit par ce qui a esté dit de l'Immortalité de l'Ame, attachons-nous simplement à moderer ces frayeurs ordinaires qu'on a de la Mort, & cette crainte excessive qui ruine souvent toute la tranquillité de nostre vie, & infecte de sa lugubre noirceur les plaisirs les plus innocents.

—————— *qui vitam turbat ab imo*
Omnia suffundēs mortis nigrore, nec ullam
Esse voluptatē liquidā, purámque relinquit.
Appliquons-nous, dis-je, simplement à moderer cette crainte excessive, & à reprimer cette sotte & ridicule passion de prolonger la vie à l'Infini.

Souvenons-nous donc en premier lieu de la condition de nostre nature foible & mortelle, & n'affectant que ce qu'elle permet, joüissons doucement, & sans nous plaindre du Present de la vie, quelque court, ou long qu'il puisse estre.

Considerons aussi que sans qu'on nous eust fait tort nous pourrions estre privez de ce Present, & qu'ainsi nous sommes obligez d'en rendre graces à la liberalité de celuy de qui nous le tenons, mettant cependant au nombre de nos gains ce que nous en prenons de jour à autre.

Considerons deplus que la Nature nous a gratifiez lors qu'elle nous a accordé pour un certain temps l'usage de ses spectacles ; & ne soyons par consequent point faschez qu'il nous faille partir quand le temps est expiré, comme n'ayants esté admis qu'a condition de ceder la place aux autres, demesme que les autres nous l'ont cedée.

Considerons enfin que nostre corps est naturellement sujet à la corruption & à la Mort, & que la condition de naistre fait la condition de mourir necessaire, afin que s'il est doux d'estre venus au monde il ne soit pas fascheux d'en partir.

Veritablement si en combattant contre cette necessité cela pouvoit servir de quelque chose, peuteftre devroit-on approuver les efforts qu'on feroit; mais qui ne voit que tous ces efforts ne fervent de rien, & que lorfque nous-nous tourmentons nous ne faifons qu'ajoûter mal fur mal?

Dans cet eftat mortel nos jours font de telle maniere determinez, que le temps de la vie coule irreparablement, & nous courons de telle forte noftre carriere, que foit que nous le veüillions, ou que nous ne le veüillions pas, nous venons enfin au terme.

Autant de jours que nous vivons, autant eft-il retranché de la vie que la Nature nous a prefcrite; fibien que la Mort eftant la privation de la vie, nous mourons autant que nous vivons, & ce par une mort qui ne vient pas tout enfemble, mais par parties que nous allons accumulant les unes fur les autres, quoy qu'il n'y ait que celle qui vient la derniere à qui l'on donne le nom de Mort: Tant il eft vray que la fin depend du commencement!

C'eftpourquoy nous devons temperer le defir de la Nature felon la regle mefme que la Nature a prefcrite, & fi les Deftins, pour nous fervir des termes des Poëtes anciens, ne peuvent estre flechis, ensorte que malgré nous ils nous emportent, du moins les devons-nous adoucir par nostre consentement, & en nous y laissant aller volontairement.

Il n'y a certes point d'autre remede pour pouvoir passer ce que nous avons de vie sans inquietude, que de nous accommoder à la Nature, ne vouloir que ce qu'elle veut, mettre au nombre de ses presens le dernier moment qu'elle nous accorde, & estre en estat de luy dire lorsque la Mort arrivera : J'ay vescu, & j'ay achevé la carriere que vous m'aviez prescrite.

Vixi, & quē dederas cursū Natura peregi.

Vous m'appellez, & voicy que je viens de moy-mesme : Vous demandez vostre depost, je vous le rends sans regret : Vous me commandez de mourir, je meurs volontiers.

Lucrece veut aussi qu'on se dise quelquefois à soy-mesme.

Hoc etiam tibi tute interdum dicere possis,
Scipiades belli fulmen, Cartaginis horror,
Ossa dedit terrâ proinde ac famul infimus
  esset;
Inde alij multi Reges, rerúmque potentes
Occiderunt magnis qui Gentibus imperitarunt, &c.

Il veut, dis-je, aussi que nous-nous tenions quelquefois à nous-mesmes ces sortes de discours. Les plus grands Princes, & les plus grands Capitaines du monde sont morts, Alexandre, Scipion, Cesar, Charlemagne, & tant d'autres ; & voila qu'un funeste coup de Canon nous vient d'emporter Turenne à la teste d'une puissante Armée, & à la veille d'une Bataille qui devoit decider des interests de toute l'Europe.

Adde repertores doctrinarũ atque leporum:
Adde Heliconiadum comites, quorum unus Homerus
Sceptra potitus, eadẽ aliis sopitu quiete' st.
Denique Democritus qui, &c.
Sponte sua letho caput obvius obtulit ipse.

Les Inventeurs des Sciences n'en sont pas plus exempts que les autres. Homere, Horace, & Virgile ne sont plus : Democrite, Platon, Socrate, Aristote, Epicure, & Ciceron ne sont plus aussi ; Tous ces grands Genies de l'Antiquité ont passé, & tout leur grand sçavoir n'a pû les exempter du Tombeau.

Ipse Gasendus obit decurso lumine vita,
Qui genus humanum ingenio superavit & omnes
Prastrinxit stellas exortus uti ætherius Sol.

Gassendi mesme est mort, ce Pere de la Verité, cet abysme de Science, ce torrent d'Eloquence : Et apres tous ces grands & deplorables exemples nous aurons regret de mourir !

Tu verò dubitabis, & indignabere obire ?
Mortua quoi vitǽst prope jam vivo, atque
   videnti ?
Qui somno partem majorem conteris ævi ;
Et vigilans stertis, nec sōnia cernere cessas,
Sollicitámque geris cassa formidine mentē;
Nec reperire potes quid sit tibi sæpè mali,
   cùm
Ebrius urgeris multis miser undique curis,
Atq; animi incerto fluitans errore vagaris?

Et toy, miserable, tu ne pourras te resoudre à la Mort ? Toy dont la vie est comme à demi-morte, Toy qui passe plus de la moitié de ton age à dormir, qui ronfle, pour ainsi dire, en veillant, qui ne te repais que de Chymeres, & qui mene une vie miserable, troublée de soucis, d'erreurs, & de frayeurs ridicules ? Mais finissons ces reproches de Lucrece avec Malherbe, & nous remettant encore une fois en la memoire le Destin de tous ces grands Hommes que nous venons de marquer, disons apres luy.

   Ils sont poudre toutefois,

Tant la Parque a fait ses Lois
Egales, & necessaires,
Rien n'a sceu les en parer ;
Apprenez, Ames vulgaires,
A mourir sans murmurer.

Cependant, dira quelqu'un, nous ne joüirons plus des douceurs de la vie, plus de Maisons de plaisance, plus de Femme, plus d'Enfans, plus d'Amis à qui faire du bien ; helas, dira-t'on, un jour, un malheureux jour luy a tout ravy !

At jam non domus accipiet te læta, neque
   Vxor
Optima, nec dulces occurrent oscula nati
Præripere, & tacita pect° dulcedine tangēt.
Non poteris factis tibi fortibus esse, tuisque
Præsidio. Miser, ô miser ! aiunt omnia ademit
Vna dies infesta tibi tot præmia vitæ.

Il est vray que cela se dit d'ordinaire, mais l'on n'ajoûte pas qu'alors il ne sentira aucune passion pour toutes ces choses, & qu'apres qu'il sera veritablement mort, il ne verra pas un autre luy-mesme qui soit là debout à se plaindre, à se dechirer le sein, & à se consumer de douleur alentour de son tombeau.

Illud in his rebus non addunt, nec tibi earū
Iam desiderium rerum superinsidet unà ;
Nec videt in vera nullum fore morte
   alium se,

Qui possit vivus sibi se lugere peremptum,
Stansque jacentem, nec lacerari, uri-ve
   dolore.

Ne pourrions-nous point aussi nous servir de ce Raisonnement que Plutarque a fort bien remarqué, & qui nous est venu tres souvent en pensée ? Si naturellement nostre vie, que nous croyons tres longue quand elle s'etend jusques à cent ans, n'eust esté que d'un jour, comme celle de ces Animaux qui selon Aristote naissent dans le Royaume de Pont, desorte qu'au matin nous fussions entrez comme eux dans l'adolescence, à midy dans la vigueur de l'age, & au soir dans la vieillesse; il est constant qu'en ce cas-là nous serions aussi satisfaits de pouvoir vivre jusques au soir, que nous le sommes presentement de vivre jusques à cent ans ; & si au contraire il estoit arrivé que nostre vie fust allée jusques à mille ans comme celle de nos premiers Peres, alors nous-nous croirions aussi malheureux de mourir à six cent ans, que presentement de mourir à soixante.

Ajoûtez que si ceux qui sont venus les premiers au monde avoient vescu jusques à present, il leur seroit sans doute aussi

DE LA FELICITÉ. 25

auſſi faſcheux de mourir qu'a nous: Ce qui eſt certes une marque evidente que la vie, quelle qu'elle ſoit, ſe doit meſurer non par la longueur, mais par l'honneſteté, & par la douceur qui l'accompagnent; comme la perfection d'un cercle, dit Seneque, doit eſtre meſurée non par la grandeur du cercle, mais par l'exactitude de ſa rondeur.

En effet, demeſme que tout le circuit de la Terre, le Monde meſme entier, & mille autres Mondes ſi vous voulez, ne ſont qu'un poinct en comparaiſon de l'Univers, ou de l'immenſité de l'Eſpace; ainſi la vie de l'Homme la plus longue, fuſt-elle auſſi longue que celle des Hamadryades, & mille & mille fois davantage, n'eſt qu'un moment ſi elle eſt comparée avec l'Eternité.

C'eſtpourquoy, pour me ſervir de ces paroles de Seneque, *In hoc punctum conjectus es, quod ut extendas, quouſque extendes?* Je veux que vous puiſſiez etendre ce poinct de vie dans lequel vous-vous trouvez jetté, juſques où l'etendrés-vous? O vaine & imprudente diligence, ajoûte Pline, l'on conte le nombre des jours où l'on ne doit chercher que le prix! *Heu vana & imprudens di-*

ligentia, numerus dierum computatur, ubi quæritur pondus ?

En prolongeant la vie, dit Lucrece, nous ne retranchons rien du temps & de la longueur de la mort, & celuy qui meurt aujourd'huy ne sera pas moins longtemps mort, que celuy qui est mort il y a mille ans.

Nec prorsum vitā ducendo demimus hilum
Tempore de mortis, nec delibrare valemus,
Quominùs esse diu possimus morte perempti.
Proinde licet quot vis vivēdo cōdere sæcla,
Non minùs ille diu jam non erit ex hodierno
Lumine qui finem vitaï fecit, & ille
Mensibus atque annis qui multis occidit ante.

Que si la Nature en colere, ajoûte-t'il, s'adressoit à nous, & qu'elle nous dit, Qu'as tu tant, Mortel, à pleurer, & à te plaindre de la Mort ? Si ta vie passée t'a esté agreable, & si tu as sceu te servir des biens, & des douceurs que je t'ay fourny, pourquoy comme un Convive ne te retires-tu pas plein & satisfait de la vie ? Et pourquoy ne prens-tu pas de bon gré le repos asseuré qui t'est presenté ? Si au contraire la vie t'a esté ennuyeuse, & si tu as laissé perir mes

DE LA FELICITÉ. 27

presens, pourquoy en demandes-tu d'avantage pour les laisser perir demesme? Car je n'ay rien a te produire de nouveau, & quand tu vivrois les millions d'années tu ne verrois jamais que les mesmes choses. Si la Nature, dis-je, s'adressoit à nous de cette sorte, ne devrions-nous pas avoüer que son raisonnement seroit juste, & qu'elle auroit raison de nous faire ces sortes de réproches?

Quid tibi tantopere' st, Mortalis, quod nimis ægris
Luctibus indulges? Quid mortem congemis, ac fles?
Nam si grata fuit tibi vita ante-acta, priórque,
Et non omnia, pertusum congesta quasi in vas,
Commoda perfluxere, atque ingrata interiere,
Cur non, ut plenus vitæ conviva, recedis,
Æquo animo capis securam, stulte, quietē?
Sin ea quæ functus cumque es periere profusa,
Vitáque in offensu' st ; cur amplius addere quæris,
Rursum quod pereat malè, & ingratum occidat omne ;

Nec potiùs vitæ finem facis, atque laboris?
Nam tibi præterea quod machiner, inveniámque
Quod placeat, nihil est; eadem sunt omnia semper,
Omnia si pergas vivendo vincere sæcla.

Du moins faut-il avoüer qu'un Homme sage qui a assez longtemps vescu pour considerer le Monde, se doit volontiers soûmettre à la necessité de la Nature, lors qu'il s'apperçoit que son heure approche, & il doit penser qu'il a fait son cours, que le cercle qu'il a achevé est parfait, & que s'il n'est pas comparable avec l'Eternité, il est du moins comparable avec la durée du Monde.

Car pour ce qui regarde la face de la Nature, il a souvent contemplé le Ciel, la Terre, & les autres choses qui sont comprises dans le Monde. Il a souvent veu le lever, & le coucher des Astres, il a veu plusieurs Eclipses, plusieurs autres Phenomenes, les vicissitudes generales des Saisons, & enfin diverses generations particulieres, diverses corruptions, & transmutations. Et pour ce qui est des Affaires des hommes, s'il n'a veu, du moins a-t'il leu, ou appris par relation tout ce qui est arrivé depuis le commencement, la paix & la guerre, la bonne foy & la perfidie, la politesse & la barbarie, des Loix etablies & abrogées, des Republiques fondées & renversées, & generalement toutes les autres choses qu'il sçait, & dont il est instruit comme s'il avoit esté present lors qu'elles sont arrivées ; desorte qu'il doit penser que tout le temps qui a precedé le regarde, & qu'ainsi sa vie a commencé avec les choses mesmes.

Et parceque du passé l'on doit conjecturer l'avenir, il doit encore penser que tout le temps qui doit suivre le regarde demesme, en ce qu'il n'y aura rien à l'avenir que ce qui a deja esté, qu'il n'y a que les seules circonstances qui changent, & que la suite universelle des choses va toujours son train ordinaire, & represente toujours les mesmes objects. Sibien que ce n'est pas sans raison que le sacré Texte a prononcé, *Nihil aliud futurum est, quam quod fuit, nihil faciendum nisi quod factum est, nihilque est sub Sole novum, nec potest quisquam dicere ecce hoc recens est.* D'ou l'on peut conclure qu'un homme sage ne doit pas estimer sa vie courte, puis qu'en jettant les yeux sur le passé, & en prevoyant l'avenir, il la peut faire aussi grande qu'est la durée de tout le Monde.

Le troisieme Chef regarde l'Opinion execrable des Stoïciens qui tenoient que dans certaines circonstances l'on pouvoit avancer sa mort, voicy comme ils parlent dans Seneque. *C'est veritablement un mal, disent-ils, de vivre dans l'indigence, mais rien ne nous contraint absolument d'y demeurer, puisque de quelque costé que l'on puisse regarder, l'on peut voir la fin de ses maux, & sa liberté, un precipice, un fleuve, un poignard, une veine à ouvrir, l'abstinence, &c. l'on doit rendre graces à Dieu de ce que personne ne peut estre retenu de force dans la vie. La Loy eternelle n'a rien fait de meilleur que de nous avoir donné une seule porte pour entrer dans la vie, & plusieurs pour en sortir. Celuy qui sçait mourir sçait se mettre en liberté, & il a toujours la porte de la prison ouverte. Il y a veritablement une chaine qui nous tient attachez, à sçavoir l'amour de la vie, & cet amour ne doit pas estre rejetté, mais il doit neanmoins estre diminué, afin que si quelquefois la chose le requiert, il ne nous retienne pas, & ne nous empesche pas d'estre prests de faire tout maintenant ce qu'il faudra faire un jour.*

Le Sage, ajoûtent-ils, vit autant qu'il doit, & non pas autant qu'il peut, il considere la qualité de la vie, & non pas la longueur, & il regarde où il doit vivre, avec qui, comment, & ce qu'il fera ; neanmoins encore que sa mort soit certaine, & qu'il sçache que le supplice luy est destiné, il retiendra sa main, & ne l'abandonnera pas à sa tristesse. C'est une folie de mourir acause que l'on craint la mort : Celuy qui te va tuer vient-il ? Attens-le, pourquoy le prevenir, & pourquoy prendre sur soy le soin de la cruauté d'autruy ? Portes-tu envie à ton bourreau, ou le veux-tu epargner ? Socrate a pû finir sa vie par l'abstinence, & mourir plutost par la faim que par le poison, cependant il a demeuré trente jours dans la prison en attendant la mort, non qu'il eust beaucoup d'esperance, mais pour se montrer obeïssant aux Loix, & pour donner à ses Amis le plaisir de joüir de Socrate dans les approches de la Mort. Lors donc qu'une force etrangere denonce la Mort, l'on ne sçauroit en general & absolument determiner si on la doit prevenir, ou l'attendre, car il y a plusieurs choses à considerer ; mais si de deux façons de mourir l'une doit estre accompagnée de grands tourmens, l'autre simple

& facile, pourquoy ne prendre pas la derniere ?

C'eſtoit-là le ſentiment de Hieronymus, de tous les Stoïciens, & nomement de Pline, lors qu'il donne le nom de Mere à la Terre, *parce qu'ayant*, dit-il, *compaſſion de nous, elle a inſtitué les Venins*. L'on pourroit meſme dire que c'eſtoit le ſentiment de Platon : Car encore que Ciceron luy faſſe dire *qu'il faut retenir l'Eſprit dans la garde du corps, & que ſans le commandement de celuy qui l'a donné l'on ne doit point ſortir de la vie, pour ne ſembler pas avoir meſpriſé le preſent que Dieu a fait à l'Homme* ; il luy fait neanmoins dire dans un autre endroit, *que celuy qui ſe tuë n'eſt blaſmable que lors qu'il le fait ſans y eſtre contraint par le decret des Magiſtrats, & ſans y eſtre obligé par aucun accident intolerable, & inevitable de la fortune, ou ſans eſtre accablé par la miſere, & par l'ignominie*. Il en eſt de meſme de Ciceron : Car quoyque dans un endroit il loüe Pytagore *qui pretend qu'on ne doit point ſortir de ſa forthereſſe, ou abandonner le poſte de la vie ſans le commandement de l'Empereur, c'eſt à dire de Dieu*, il dit neanmoins dans un autre endroit, *que*

DE LA FELICITÉ. 33

dans la vie il faut garder la mesme Loy que celle qu'on observe dans les festins des Grecs, c'est à dire ou boire, ou s'en aller ; ensorte que si l'on ne peut pas soufrir les injures de la fortune, il les faut laisser en s'enfuyant.

Je crois mesme, & ne suis pas le seul de mon Opinion, que Caton n'entreprit point tant de mourir pour fuïr Cesar, que par un entestement qu'il avoit pour les Stoïciens dont il faisoit gloire de suivre les Dogmes, & pour rendre son nom illustre à la posterité par quelque grande action.

Pour ce qui est de Democrite, Lactance dit veritablement *que son sentiment estoit tout autre que celuy des Stoïciens;* neanmoins il se laissa enfin mourir par l'abstinence, *quand il s'apperceut dans son extreme vieillesse que les forces de son corps, & de son Esprit luy manquoient.* Sponte sua letho caput obvius obtulit ipse.

Pour ce qui est enfin d'Epicure, il est à croire, quoy qu'on en dise, qu'il estoit aussi d'opinion contraire aux Stoïciens, tant parceque cela repugne à ce qu'il dit que le Sage est heureux dans les tourmens, que parce qu'estant luy-mesme tourmenté d'une Nefretique qui luy

B 5

caufoit des douleurs extremes, il n'avança neanmoins pas fa mort, mais il l'atendit conftamment. Joint que Seneque dit *qu'Epicure blafme autant ceux qui defirent la mort, que ceux qui la craignent, & qu'il y a de l'imprudence, & mefme de la folie à fe procurer la mort par la crainte de la mort.*

Quoy qu'il en foit, l'Opinion des Stoïciens eft non feulement contraire aux facrez Dogmes de la Religion (fi ce n'eft pourtant que la Religion n'improuve pas que quelques-uns par un certain inftinct particulier & divin fe foyent eux-mefmes avancez la mort, comme Sanfon, & Razia dans l'ancienne Loy, dans la nouvelle Sophronie, & Pelagia) mais elle eft de plus contraire à la Nature, & à la Raifon. Car la Nature a donné un amour naturel de la vie à tous les Animaux, & il n'y en a aucun hormis l'Homme, qui de quelques maux qu'il puiffe eftre tourmenté, ne fe conferve encore la vie autant qu'il peut, & ne fuye la mort; ce qui eft une marque que n'y ayant que l'Homme qui par fes opinions erronées corrompe l'inftitution de la Nature, s'il rejette l'ufage de la vie, & fe procure la mort, il le fait par une depravation particuliere. Car le vray & droit estat de la Nature se doit considerer dans le general des Animaux, & non pas dans quelques individus d'une seule espece: D'ou l'on doit inferer que ceux-là sont injurieux à l'egard de la Nature, & de son Autheur, qui estant destinez pour parcourir une certaine carriere, s'arrestent au milieu de la course, & qui ayant esté mis en garde, & en sentinelle, desertent & abandonnent leur poste sans attendre l'ordre du Commandant.

D'ailleurs la Raison qui defend d'user de cruauté envers un Innocent & qui ne nous a fait aucun mal, defend consequemment d'estre cruel à nous-mesmes de qui nous n'avons jamais experimenté de haine, mais plutost trop d'amour.

Deplus, en quelle occasion la Vertu peut-elle paroitre davantage qu'a soufrir genereusement les maux que la dureté de la fortune aura fait necessaires ? *Mourir*, dit Aristote, *acause de la pauvreté, acause de l'amour, ou de quelque autre chose fascheuse, n'est pas à un homme fort & genereux, mais foible & timide; & c'est le fait de la Mollesse de fuyr les choses difficiles à supporter. Les hommes forts,* ajoûte Curtius, *sçavent plutost mespriser la mort, que hayr la vie. La Vertu ne laisse rien à eprouver, & la Mort est la derniere des choses à laquelle il suffit de n'aller pas en lasche & en paresseux.*

Ainsi je ne m'arresteray point à ceux qui soupçonnant, dit Lactance, *que les Ames fussent eternelles, se sont tuez euxmesmes, comme Cleante, Crysyppe, & Zenon, dans l'esperance d'estre en mesme temps transportez au Ciel; ou comme Empedocle, qui se jetta de nuit dans l'antre du mont d'Etna, afin qu'ayant disparu l'on crust qu'il s'en estoit allé aux Dieux; ou comme Caton, qui toute sa vie fut imitateur de la vanité Stoïque, & qui avant que de se tuer avoit, à ce que l'on dit, leu le livre de Platon intitulé de l'Eternité des Ames; ou enfin comme Cleombrotus, qui apres avoir leu ce mesme livre se precipita: Execrable & abominable Doctrine, si elle chasse les hommes de la vie !*

Je ne m'arresteray pas aussi à ce Cyrenaicien d'Hegesie qui disputoit avec tant d'eloquence sur les miseres de la vie, & sur l'estat bienheureux des Ames apres la mort, que le Roy Ptolomée fust obligé de luy faire defense de parler en public; parceque plusieurs de ses disciples, au rapport de Ciceron & de quelques autres, se tuoient eux-mesmes apres l'avoir entendu. Car l'on peut veritablement bien exagerer d'une telle maniere les maux qui sont à souffrir dans la vie, que lorsque l'occasion de mourir se presente, la perte de la vie ne soit pas fascheuse, & que la mort soit censée comme le Port où l'on se trouve delivré des miseres & des tempestes de la vie ; mais de pousser l'exageration jusques à exciter un mespris & une haine de la vie, c'est estre injurieux, & ingrat envers la Nature, & ne reconnoitre pas les presens qu'elle nous a fait pour en joüir honnestement & doucement aussi longtemps qu'il est possible.

L'on sçait bien que quelques Anciens ont dit, qu'il estoit meilleur de ne naistre point, ou si l'on naissoit de mourir aussitost qu'on estoit né.
Non nasci res est mortalibus optima longè,
Nec Solis radios acre videre jubar,
Aut natum Ditis quàprimùm limen adire.
Et d'autres que personne n'accepteroit la vie si elle estoit offerte à ceux qui la connussent, *Vitam nemo acciperet si daretur scientibus*; mais cela s'est plutost dit par exageration, ou par raillerie qu'au-

trement, & si ceux qui font semblant de mespriser tant la vie se voyoient obligez de la quitter, ou de la prolonger, apparemment qu'il leur en arriveroit autant qu'au Vieillard d'Esope qui renvoya la Mort, quoy qu'il l'eust appellée, ou qu'à celuy qui refusa le poignard qu'on luy presentoit, quoy qu'il l'eust demandé pour se delivrer de la misere qui luy estoit, disoit-il, insupportable : Car la vie, comme dit Epicure, a toujours je ne scais quoy d'aimable par quoy ceux-là mesme qui tiennent ces sortes de discours se sentent attirez & retenus.

C'est pourquoy il est à croire que celuy qui dît *qu'il estoit indifferent de vivre ou de mourir*, & qui lors qu'on luy objecta pourquoy il ne mouroit donc pas, repondit, *parce qu'il estoit indifferent :* Il est, dis-je, à croire que celuy-là ne parloit qu'en riant, & que si quelqu'un l'Epée nuë à la main l'eust obligé de choisir, il eust parlé d'une autre maniere, & eust preferé la vie à la mort.

Aristippe en usa plus ingenument à l'egard de celuy qui luy reprochoit que faisant profession de Sagesse, il palissoit à la veüe du danger, *Quant à vous*, luy dit-il, *vous pouvez avoir raison de ne* craindre pas pour voſtre Ame, qui n'eſt peuteſtre pas d'un fort grand prix, *mais pour moy je crains pour l'Ame d'Ariſtippe.*

Et cet autre à qui l'on reprochoit qu'il avoit trop de paſſion pour la vie, *Comme je ne ſuis,* dit-il, *parvenu que tard à la Sageſſe, je ſouhaite du temps pour en joüir, demeſme que ceux qui ſe marient tard ſouhaitent une longue vie pour elever leurs Enfans.*

Mais rien n'eſt plus memorable que ce que Ciceron rapporte d'un certain Leontinus Gorgias, lequel eſtant parvenu à l'age de cent & ſept ans, ſans jamais interrompre ſon travail, & ſes occupations ordinaires, repondit à ceux qui luy demandoient pourquoy il vouloit demeurer ſi longtemps dans la vie, *Nihil habeo quod incuſem ſenectutem,* Je n'ay point ſujet de me plaindre de la Vieilleſſe.

Le quatrieme Chef qui regarde l'Avenir nous deffend d'Eſperer avec anxieté, ou de Deſeſperer laſchement & par trop d'impatience; afin que nous accoûtumant à nous rendre l'Eſprit indifferent à l'égard des choſes futures, & à ne nous repaiſtre pas de vaines eſperances, nous ne dependions point de ce qui n'est pas, ni ne sera peuteftre point du tout. Car la Fortune estant changeante & inconstante comme elle est, rien de ce qui depend de sa puissance n'est veu & attendu avec tant de certitude, qu'il ne trompe souvent celuy qui voit & qui attend ; sibien que le plus seur est de ne desesperer veritablement pas absolument de ce à quoy l'on voudroit bien parvenir, mais de ne se le promettre pas aussi comme une chose indubitable, & cependant se preparer de telle maniere à tout evenement, qu'encore qu'il en arrive autrement qu'on n'espere, l'on ne se croye pas pour cela privé d'une chose absolument necessaire.

C'est ce que nous a voulu apprendre Epicure par cette Sentence, *Ni n'esperer pas trop, Ni ne desesperer pas aussi trop,* parce qu'un desespoir trop grand abbat l'Esprit, & une esperance trop assurée l'eleve trop, ou le rend insolent; desorte qu'il arrive que celuy qui a l'Esprit moderé à l'egard de l'une & de l'autre passion est dans une assiette d'Ame admirable, & n'est point contraint de s'ecrier, *O Iupiter que c'est un grand mal que l'Esperance !* asçavoir cette esperance inquiete dont il est question.

C'est aussi ce que Torquatus exprime lors qu'il dit dans Ciceron, *que le Sage attend veritablement les choses futures, comme estant possible qu'elles arrivent, mais qu'il n'en depend neanmoins pas, comme se pouvant faire qu'elles n'arrivent pas, & que cependant il joüit des choses presentes, considerant combien elles sont grandes, & agreables, & prenant mesme plaisir à se souvenir des passées. Il faut se donner de garde,* dit-il ensuite, *de ne desesperer pas temerairement par lascheté, & de n'avoir pas trop de confiance par cupidité.* C'est-là la conduite du Sage, laquelle est bien differente de celle du fol, dont la vie, dit Epicure dans Seneque, est triste & craintive, & toute dans l'Avenir, *Stulti vita ingrata est, trepida est, tota in futurum fertur.*

Dans le cinquieme Chef Epicure se plaint de ce que la vie des Hommes se passe toute en temporisant vainement, ou en remettant toujours à vivre de demain en demain, sans s'arrester jamais au present, desorte qu'ils sont dans une dependance eternelle de l'avenir, *Dum differtur, vita transcurrit.* Le Sage, dit-il dans Plutarque, *passe doucement au len-*

demain, parce qu'il n'en a point besoin, & qu'il ne soûpire point apres avec anxieté: Il fait ses contes & ses supputations d'une telle maniere qu'il considere chaque jour comme le dernier de sa vie, ou celuy qui doit accomplir la carriere, & achever le cercle.

Si Dieu ajoûte au nombre de nos jours celuy de demain, nous le recevrons joyeusement, & il sera d'autant plus agreable qu'il sera moins attendu, qu'il sera comme surajoûté au comble, & qu'ainsi il sera conté comme un pur gain, comme il a deja esté indiqué. C'est ce qu'Horace avoit en veüe dans ces Vers.

Omnem crede diem tibi diluxisse supremũ,
Grata superveniet qua non sperabitur hora.
— Carpe diem quam minimum credula
   postero.
Quid sit futurum cras fuge quærere, &
Quam fors dierum cumque ferat, lucro
Appone ———
Tu quamcumque Deus tibi fortunaverit
  horam,
Grata sume manu, nec dulcia differ in
  annum.

Mais bien loin de prendre le present, & de nous attacher à vivre aujourd'huy comme si ce devoit estre le dernier jour de nostre vie, nous-nous amusons à toute autre chose, & nous remettons toujours à vivre au lendemain.

De là viennent ces plaintes frequentes des heures mal employées, *O si Dieu me ramenoit mes premieres années!* De là vient encore cette autre plainte d'Epicure, *C'est une chose étrange que ne naissant qu'une fois, que nos jours devant finir, & que le jour de demain n'estant point en nostre puissance, nous remettons neanmoins toujours à vivre à demain, en sorte que nostre vie perit miserablement dans ces delais continuels, & qu'il n'y a personne qui ne meure dans des occupations étrangeres, s'appliquant à toute autre chose qu'à vivre.*

Celle de Seneque. *Entre les autres maux la folie a encore celuy-cy, qu'elle commence toujours de vivre.*

Celle de Martial. Tu vivras demain: Il est tard de vivre aujourd'huy: Celuy-là est sage qui sceut vivre hyer.

Cras vives ? hodie jam vivere, Postume, serum est.

Ille sapit quisquis, Postume, vixit heri.

Celle de Manile.

Quid tam sollicitis vitam consumimus annis,

Torquemúrque metu, cacáque cupidine rerum,
Æternísque senes curis, dum quærimus ævum
Perdimus, & nullo votorum fine beati,
Victuros agimus semper, nec vivimus unquam?

Pourquoy consumons-nous nos jours dans des soins, & dans des inquietudes perpetuelles, tourmentez par de vaines craintes, & par une aveugle ambition? Nous vieillissons dans des soucis eternels; nous perdons la vie en la cherchant, & sans joüir de la fin d'aucun de nos vœux, nous travaillons toujours pour vivre, & nous ne vivons jamais.

Le cinquieme Chef regarde les Cupiditez, dont la connoissance est tellement importante, que la Physiologie est principalement requise pour distinguer quelles sont celles qui doivent effectivement estre dites naturelles & necessaires, & celles qui sont vaines & superfluës; dautant que le bonheur de la vie depend de nous priver des dernieres, & de nous en tenir simplement aux premieres: Mais comme nous serons obligez de parler de cecy en plusieurs rencontres, & principalement lors que nous traiterons des Axiomes ou Sentences, nous-nous contenterons icy d'avoir simplement insinüé la chose.

Le dernier Chef regarde l'etude de la Philosophie, car voicy la maniere dont raisonne Epicure. Puis qu'il est constant, que la Philosophie est l'etude de la Sagesse, & la Sagesse la Medecine ou plutost la santé de l'Esprit, & que d'ailleurs la Felicité consiste non seulement dans la santé du Corps, mais principalement aussi dans celle de l'Esprit, l'on ne sçauroit douter qu'il ne soit extremement important pour la Felicité de nous appliquer à la Philosophie. En effet, ajoute-t'il, de mesme que la santé du Corps consiste dans une temperature convenable des humeurs, & des qualitez, ainsi la santé de l'Esprit consiste dans la moderation des Passions qui ne peuvent mieux estre reprimées que par l'etude de la Philosophie, dont la principale partie est la Morale. *Il nous faut donc philosopher,* conclut-il, *non pas en apparence, ou par ostentation, mais en effet & serieusement ; parce qu'il importe non pas de paroistre sain, mais de l'estre effectivement.*

Voicy comme il poursuit. *Il faut aussi philosopher au plutost, & ne differer point à demain; parce qu'il importe aussi dés aujourdhuy de vivre heureux, comme il importe d'estre sain.* Et c'est pour cela qu'Horace se plaint de ce que si nous avons la moindre chose dans l'œil qui nous incommode, nous-nous empressons pour l'oster tout aussitost, & que cependant nous diferons des années à nous guerir l'Esprit !

Qua ladunt oculos festinas demere, si quid Est Animum, differs curandi tempus in annum.

D'ou il est aisé d'inferer qu'il en faut user tout autrement à l'egard de la Philosophie que ne faisoit Thales à l'egard du Mariage, lors que sa Mere le pressant de se marier, il repondoit *qu'il n'estoit pas encore temps*, & puis, *qu'il n'estoit plus temps* : Car comme il est ridicule de dire qu'il n'est pas encore temps, ou que le temps est passé de se guerir le Corps, ainsi il est ridicule de dire que le temps de philosopher, c'est à dire de se guerir l'Esprit, n'est pas encore venu, ou qu'il est passé ; puisque c'est justement comme qui diroit qu'il n'est pas encore temps, ou que le temps est passé d'estre heureux.

CHAPITRE IV.

Quelle est la Volupté qu'Epicure a dit estre la Fin de la Vie Heureuse.

IL n'y a point eu de Philosophes soit entre les Anciens, soit entre les Modernes, qui n'ait fait distinction de deux sortes de *Voluptez*, les unes Honnestes, & les autres Sales ou deshonnestes.

Platon, & Aristote les distinguent en Pures, & Impures; en celles de l'Esprit, & celles du Corps; en Vrayes, & en Fausses.

Socrate dans Platon demande pour la Felicité ou le souverain Bien, non la Sagesse seule, non la Volupté seule, mais la Sagesse avec la Volupté; & lors qu'on luy demande dans Stobée, ce que c'est que la Felicité, il repond *une Volupté sans aucun repentir.*

Nous estimons, dit Aristote, *que la Volupté est meslée avec la Felicité, & comme l'on demeure d'accord qu'entre les operations qui sont selon la Vertu, celle qui* vient de la Sagesse est la plus douce de toutes, la Sagesse semble pour cette raison contenir des Voluptez admirables, pures, & stables.

Ainsi Ciceron soûtient qu'il y a de la delectation dans la recherche des choses grandes, & cacheés, mais que s'il s'y rencontre quelque chose de vray-semblable, l'Esprit est rempli d'une tres douce Volupté ; que dans les decouvertes de la Nature il y a une insatiable Volupté, & que ceux qui se plaisent à l'Etude ne regardent souvent ni leur santé, ni leur fortune, soufrants toutes choses épris de l'amour de connoitre & de sçavoir, & payants par de tres grands travaux la Volupté qu'ils ressentent en apprenant.

Voicy aussi ce que nous lisons dans les Saintes Ecritures, *Dieu au commencement planta un Paradis de Volupté. Les Bien-heureux seront enyvrez de l'abondance de vostre Maison, & vous les abreuverez du torrent de vostre Volupté.*

Or je ne rapporte tous ces passages, qu'acause de ceux lesquels croyent que le mot de Volupté ne se peut, ni ne se doit prendre qu'en mauvaise part, comme si lors qu'Epicure dit que la Volupté est la Fin de la Vie, il ne pouvoit, ni ne devoit

DE LA FELICITÉ. 49

devoit eftre entendu que de la Volupté fale & defenduë, & qui lorsqu'on leur dit, ou qu'ils lisent qu'il y a eu des Philosophes qu'on appelloit Voluptueux, *voluptuarij Philosophi*, se figurent incontinent Epicure comme leur Prince & leur Coriphée : Mais pour examiner la chose à fond commençons par l'Accusation qu'on fait contre luy ; & comme entre ceux qui admettent d'autres Voluptez que celle du Corps, il y en a qui veulent que ce qu'il dit ne se doit entendre que des corporelles, voyons ses propres paroles telles qu'elles sont dans Laërce, puisque c'est là où il exprime son sentiment, & où il declare clairement quelle est cette Volupté qu'il croit estre la Fin de la vie, ou le souverain Bien.

La Fin de la vie heureuse, dit-il, *n'est autre chose que la Santé du Corps, & la Tranquillité de l'Ame,* ἡ τῶ σώματΘ- ὑγεία, καὶ τ ψυχῆς ἀταραξία, *parceque tout ce que nous faisons tend, & se rapporte enfin à n'avoir ni douleur, ni trouble,* τούτου γδ χάριν ἅπαντα πράττομεν, ὅπως μήτε ἀλγῶμεν, μήτε ταρϐῶμεν. Et parce qu'ayant nommé cette Fin du nom de Volupté, quelques-uns avoient pris de là occasion de le calomnier, disants qu'il entendoit la Volupté

TOME VII.   C

sale & corporelle ; pour cette raison il fait luy-mesme son Apologie, & se purgeant de cette calomnie il declare encore plus manifestement de quelle Volupté il entend, ou n'entend pas parler. Car apres avoir extremement recommandé la vie sobre, laquelle se contente des mets les plus simples, & les plus aisez à obtenir, voicy comme il poursuit.

Quand nous disons que la Volupté est la Fin de la vie heureuse nous n'entendons pas les Voluptez des Debauchez, ni mesme celles des autres entant qu'ils sont considerez, dans l'action mesme de joüir par laquelle le Sens est affecté agreablement, & doucement, comme quelques-uns qui ignorent la chose, ou qui ne sont pas de nostre sentiment, ou qui nous sont mal affectionnez l'interpretent ; mais nous entendons seulement cecy, μήτε ἀλγεῖν κ̄ σῶμα, μήτε ταράττεσθαι κ̄ ψυχήν, *ne sentir point de douleur au Corps, & n'avoir point de trouble dans l'Ame. Car ce n'est point le boire & le manger continuel, ni le plaisir de l'amour, ni celuy des mets exquis & delicats des grandes tables qui fait une vie agreable, mais une raison accompagnée de Sobrieté, & par consequent d'une serenité de l'Esprit qui recherche les causes pourquoy l'on doit* choisir, ou fuïr chaque chose, & qui ecarte les Opinions qui causent beaucoup de trouble dans l'Ame.

Ie pourrois ajoûter ce passage d'Epicure dont nous parlerons ensuite, *Venereorum usum nunquam prodesse, præclaréque agi nisi etiam noceat*; Que l'usage de Venus ne sert jamais, & que c'est mesme beaucoup s'il ne nuit point ; mais cette contestation, & cette declaration naïve & claire de son sentiment suffit pour le mettre à couvert de toute accusation, & de tout blasme.

Nous remarquerons seulement la difference que Laërce met entre Epicure & Aristippe, lorsqu'il les fait opposez l'un à l'autre. Car comme Epicure a cru qu'il n'y avoit point d'autre Volupté qu'on pust dire estre la Fin, que celle qui consiste dans la stabilité, & comme dans le repos, à sçavoir l'Indolence, & la Tranquillité, & que ça esté Aristippe qui a dit que la Volupté du Corps, & nomement celle qui est dans le mouvement, ou par laquelle le Sens est actuellement meu & affecté est la Fin ; il est constant que l'Opinion d'Epicure a esté crüe par une interpretation mauvaise la mesme que celle d'Aristippe, & que tous les reproches qu'on devoit faire à Aristippe, & tous les blasmes qu'on devoit repandre sur luy, ont esté repandus sur Epicure, sans qu'on ait presque touché Aristippe; & cecy est si vray qu'il ne faut qu'entendre Torquatus dans Ciceron pour en estre persuadé.

J'expliqueray donc, dit Torquatus, quelle est cette Volupté, afin d'oster tout sujet d'erreur à ceux qui ne sçavent pas la chose, & afin qu'on entende combien cette doctrine qu'on tient voluptueuse & dissoluë, est grave, continente, & severe. Nous ne suivons pas cette Volupté qui par quelque douceur meut la nature, & qui est goustée par les Sens avec quelque delectation ; mais nous tenons pour supreme cette Volupté qui se sent toute douleur estant ostée. Car de mesme que la soif, & la faim estant chassées par le boire, & par le manger, cette expulsion, delivrance, ou privation de ce qui estoit fascheux & incommodant cause de la Volupté, ainsi en toutes choses la delivrance de douleur est suivie de Volupté. Epicure ne vouloit donc pas qu'il y eust un milieu entre la douleur & la volupté; car il soutenoit que ce qui semble à quelques-uns estre un milieu, asçavoir estre privé de toute douleur, estoit non seulement une Volupté, mais la souveraine Volupté. En effet, quiconque se sent luy-mesme, ou de quelle maniere il est affecté, il faut de necessité qu'il soit ou dans la volupté, ou dans la douleur : Or Epicure estime que la souveraine Volupté se termine ou consiste à estre privé de douleur, & par consequent que la Volupté peut bien ensuite estre diversifiée, & distinguée, mais non pas augmentée, & amplifiée.

Cecy se confirme par ce qu'en a dit Seneque, dont le temoignage doit sans doute estre d'un grand poids, puisque ça esté, comme on sçait, le veritable Pere des bonnes mœurs, & que d'ailleurs il faisoit profession de la Secte Stoïque, qui par le mauvais sens qu'elle a donné aux paroles d'Epicure, a principalement attiré à ce Philosophe toute cette ignominie dont le vulgaire le noircit au lieu d'Aristippe. *Chez Epicure,* dit-il, *il y a deux Biens qui font la souveraine Felicité, ou le souverain bien de l'homme, l'un que le Corps soit sans douleur, l'autre que l'Esprit soit sans trouble. Ces biens ne croissent pas s'ils sont pleins, car comment ce qui est plein croistroit-il? le Corps est sans douleur, qu'y a-t-il à ajoûter à cette Indolence? L'Esprit est à soy, & tranquille, qu'y a-t-il* à ajoûter à cette Tranquillité? De mesme que la serenité du Ciel est parfaite & ne reçoit pas de nouveaux degrez de clarté quand elle est une fois parvenuë à estre tres pure & tres nette, ainsi l'estat d'un homme est parfait lors qu'ayant soin de son Corps, & de son Esprit, & que faisant consister son bonheur dans l'un & dans l'autre conjointement, il est parvenu à n'avoir aucun trouble dans l'Esprit, ni aucune douleur dans le Corps; car l'on peut dire que cet homme est parvenu au comble de ses vœux. Que si hors de cela il arrive quelques douceurs, elles n'augmentent pas le souverain Bien, mais elles l'assaisonnent; car ce bien absolu de la nature humaine est content & satisfait de la paix du Corps, & de celle de l'Esprit. Où il est à remarquer que Seneque exprime clairement & nettement l'opinion d'Epicure telle qu'elle est dans le Texte de Laërce.

D'ailleurs, parce qu'Epicure ayant donné le nom de Volupté supreme ou de souverain Bien à l'Indolence du Corps, & à la Tranquillité de l'Esprit, les Desbauchez, & les voluptueux de son temps prenoient pretexte là dessus, abusant du mot de volupté, & se vantant d'avoir un Philosophe pour defenseur de leurs

DE LA FELICITÉ. 55

voluptez ; pour cette raison Seneque les poursuit de cette sorte dans le Livre intitulé de la Vie heureuse. *Ce n'est pas Epicure qui les jette dans le luxe, & dans la debauche, mais comme ils sont accoutumez aux vices, ils cachent leur dissolution dans le sein de la Philosophie, & ils s'attroupent où ils entendent qu'on loüe la Volupté.* Non ab Epicuro impulsi luxuriantur, sed vitiis dediti luxuriam suam in Philosophiæ sinu abscondunt, & eò concurrunt ubi audiunt laudari Voluptatem. Voicy comme il poursuit.

Et ce n'est pas cette Volupté d'Epicure qui est estimée (je sçais certes combien elle est sobre & seche) mais c'est au nom de Volupté qu'ils courent, cherchant quelque protection & quelque voile à leurs lascivetez & sales plaisirs ; Nec æstimatur Voluptas illa Epicuri (ita enim me Hercules sentio quàm sobria, ac sicca sit) sed ad nomen ipsum advolant, quærentes libidinibus suis patrocinium aliquod, ac velamentum.

Il ajoûte, *C'est mon sentiment (je diray cecy malgré nos Esprits vulgaires) Epicure enseigne des choses qui sont Saintes, & droites, & qui ont mesme quelque chose de triste si on les considere de prés. Car sa Volupté se reduit à tres peu de chose, & la*

C 4

Loy que nous imposons à la Vertu, il l'impose à la Volupté. Il veut qu'elle obeïsse à la nature, or le luxe & la delicatesse qui suffisent precisement à la nature sont fort peu de chose. *Meâ quidem sententiâ (invitis hoc nostris popularibus dicam) Sancta Epicurum, & recta præcipere, & si propiùs accesseris, tristia. Voluptas enim illa ad parvum & exile revocatur, & quam nos Virtuti legem dicimus, eam ille dicit Voluptati. Iubet illam parere naturæ; parum autem est luxuriæ quod natura satis est.*

Voulez-vous donc sçavoir, poursuit-il, ce que c'est? Celuy qui dit que le bonheur de la Vie consiste dans la faineantise, dans la bonne chere, dans la mollesse, dans les plaisirs de Venus, & qui appelle cela Felicité, celuy-là cherche un bon Protecteur à une mauvaise chose, & lorsqu'il vient flatté par la douceur du nom, il suit la volupté, non celle qu'il entend loüer, mais celle qu'il a apportée; & quand il a une fois commencé de croire ses vices semblables aux enseignemens, il s'y abandonne, non plus avec crainte, & en cachette, mais la teste levée, & devant tout le monde.

Ainsi, poursuit-il encore, Ie ne dis pas ce que plusieurs des nostres disent, que la Secte d'Epicure soit la maitresse des crimes

DE LA FELICITÉ. 57

infames, & de la debauche, mais voicy ce que je dis ; il est en mauvaise reputation, il est vray, mais c'est à tort qu'il est diffamé, & l'on ne sçait point cela que l'on n'ait esté admis dans l'interieur de la Secte ; le nom de Volupté donne lieu à la Fable, & à l'erreur. *Itaque non dico quod plerique nostrûm, Sectam Epicuri flagitiorum magistram esse ; sed illud dico, malè audit, infamis est, & immeritò ; neque hoc scire quisquam potest, nisi interiùs fuerit admissus ; frons ipsa dat locum Fabulæ, & ad malam spem invitat.*

Apres le temoignage de Seneque l'on peut apporter celuy de Plutarque, parce qu'encore qu'il semble estre ennemi d'Epicure, il n'a neanmoins pû s'empescher de dire *que les choses qu'on luy objectoit estoient plutost prises du bruit vulgaire que de la verité mesme de la chose.* Aussi les Epicuriens s'en defendoient-ils, & protestoient que cela n'estoit point d'eux. Joint qu'il dit en un endroit comme pour se mocquer des Epicuriens, *O la grande Volupté, & Felicité qu'il y a à ne sentir ni tristesse, ni douleur !* Et dans un autre. *Encore qu'Epicure mette le souverain Bien dans un tres profond repos, & comme dans un Port absolument tranquil-*

C 5

le, &c. D'où il est visible que le souverain Bien d'Epicure n'est pas cette Volupté qui est dans le mouvement, & dans le chatoüillement, mais plutost celle qui est dans le repos, & dans l'exemption de trouble. De plus il dit encore (ce qui est evidemment d'Epicure) *que la mort ne nous regarde point, que les richesses de la Nature sont bornées, que la Felicité, & la Vie heureuse ne consiste pas dans l'abondance de l'argent, ou dans les grandes possessions, dans le commandement, & dans la puissance, mais dans l'exemption de douleur, dans la moderation des passions, & dans cette disposition de l'Ame qui renferme toutes choses dans les bornes de la Nature.*

Nous pourrions joindre icy les temoignages de Tertullien, de S. Gregoire de Nazianze, d'Ammonius, de Stobée, de Suidas, de Lactance, & de plusieurs autres entre les Anciens, qui bien qu'ils ne fussent pas portez pour Epicure, n'ont pas neanmoins laissé de dire, les uns *que la Volupté qu'enseignoit Epicure n'estoit autre chose qu'un estat tranquille & naturel, & non pas une Volupté sale & deshonneste*; les autres *qu'entre Epicure & Aristippe il y avoit cette difference, qu'Aristip-*

pe faisoit consister le souverain Bien dans la Volupté du Corps, & Epicure dans la Volupté de l'Esprit; les autres enfin, comme Lactance apres avoir un peu temperé l'ardeur de son style, *qu'Epicure tient que le souverain Bien est dans la Volupté de l'Esprit, & Aristippe dans la Volupté du Corps.*

Je dis, entre les Anciens, car depuis deux cent ans, c'est à dire sur la fin de cette longue barbarie, nous avons entre autres Jean Gerson, & Gemistus Pletho, dont le premier apres avoir rapporté diverses Opinions sur la Beatitude, dit qu'il y en a qui tiennent *que la Beatitude de l'homme consiste dans la Volupté de l'Esprit, ou dans une paix tranquille de l'Esprit, tel qu'estoit cet Epicure dont Seneque parle souvent avec beaucoup de veneration dans ses Epistres. Car cet autre Epicure,* ajoûte-t'il, *Aristippe, Sardanapale, & Mahomet qui la mettent dans les Voluptez du Corps, ne sont pas Philosophes.* Où il faut pardonner à l'ignorance du Siecle, & au bruit commun, s'il a soupçonné qu'il y ait eu deux Epicures. Le dernier qui est Gemistus Pletho traittant de la Volupté de la Contemplation, montre *qu'Aristote n'a pas enseigné autre chose qu'Epi-*

cure, qui establit le souverain Bien dans la volupté de l'Esprit.

Où vous remarquerez que ce n'est pas sans raison que j'insinuë qu'il est venu ensuite un plus heureux Siecle, qui a ramené les bonnes lettres qui estoient comme perduës; car depuis ce temps-là il y a eu une infinité de gens sçavants qui ont eu de meilleurs sentimens d'Epicure, comme un Philelphus, un Alexander ab Alexandro, Volateranus, Joannes Franciscus Picus, & plusieurs autres.

Les differents Caracteres de Zenon, & d'Epicure.

DE tout ce qui a esté dit jusques icy l'on voit assez quelle a esté l'Opinion d'Epicure, neanmoins comme les Stoïciens luy en ont imputé une toute contraire, ce qui pourroit faire de la peine, il faut sçavoir pour bien demesler la chose, qu'Epicure, & Zenon qui estoit le Chef des Stoïciens estoient de mesme temps, si ce n'est qu'Epicure estoit un peu plus jeune: Deplus que Zenon estoit naturellement triste, & austere, chiche & serré, severe & rude de visage, & que ses Sectateurs à l'imitation de leur Chef

DE LA FELICITE'. 61
affectoient de mesme un visage austere & severe ; ce qui a esté cause qu'on a decrit la Vertu Stoïque, ou la Sagesse, comme quelque chose de fort austere. Et parce que cela les faisoit admirer, & respecter du vulgaire, ils s'allerent imaginer qu'ils estoient les seuls Sages, & ils en vinrent à un tel excez de vanité, qu'ils se vantoient qu'il n'y avoit que le seul Sage (asçavoir celuy qui estoit nourry & fortifié de la Vertu Stoïque) qui fut Roy, Capitaine, Magistrat, ce sont leurs termes, Citoyen, Rhetoricien, Amy, Beau, Noble, Riche, qui ne se repentit jamais, qui fust incapable de pitié, qui ne pust point recevoir d'affront, qui n'ignorast rien, qui ne doutast de rien, qui fust exempt de passions, toujours libre, toujours dans la joye, pareil à Dieu, & ainsi de plusieurs autres attributs dont se mocque Plutarque lorsqu'il dit, *que les Stoïciens ont enseigné des choses beaucoup plus absurdes que n'en enseignent les Poëtes.*

Epicure estoit d'un naturel plus doux & plus humain, il agissoit de bonne foy & simplement, & ne put souffrir cette vanité & ostentation, si bien que reconnoissant d'ailleurs la foiblesse humaine,

& examinant ce que ses forces pouvoient, ou ne pouvoient pas porter, il reconnut incontinent que toutes ces grandes promesses dont le Portique resonnoit, si l'on en ostoit l'appareil & le faste des paroles, n'estoient que de vaines imaginations; c'est pourquoy il imagina, & se fist une Vertu dont il croioit la nature humaine estre capable.

Et comme il voyoit que les hommes, quelques choses qu'ils fissent, se portoient naturellement à quelque volupté, & qu'apres avoir examiné toutes les especes de voluptez, il se fut apperceu qu'il n'y en avoit point de plus generale, de plus ferme & stable, & de plus desirable que celle qui consiste dans la santé du Corps, & dans la tranquillité de l'Esprit; pour cette raison il la declara la fin des biens, ajoûtant que la Vertu seule estoit le vray instrument pour l'acquerir.

Il soûtint par consequent que l'homme Sage ou vertueux estoit celuy, qui par la sobrieté & par la continence, c'est à dire par la Vertu de Temperance se conservoit la santé du Corps, selon que sa constitution naturelle le permettoit, & qui aydé du concours des Vertus, par le moyen desquelles il calmoit les passions de l'Amour, de la Gourmandise, de l'Avarice, & de l'Ambition, s'appliquoit principalement à conserver autant qu'il estoit possible la tranquillité de l'Esprit; Il soûtint aussi que la veritable Volupté ne consistoit point dans l'acte, ou dans le mouvement comme vouloit Aristippe, *sed in statu*, mais dans l'estat, & dans la consistance, ou à n'avoir point de douleur dans le Corps, ni de trouble dans l'Esprit, comme nous avons deja dit plusieurs fois.

C'est là la maniere simple & ingenuë dont il agissoit, sans se soucier de gaigner l'Esprit de la multitude par des paroles magnifiques, ou par un port majestueux, & qui marquast une vanité de mœurs comme faisoit Zenon, & sans vouloir imposer au peuple, chez lequel il sçavoit assez que rien n'est mieux receu que l'ostentation des choses qu'il n'entend point, & qu'il ne pratique jamais.

Or Zenon & les Stoïciens connoissant cette simplicité de mœurs, & de doctrine, & voyant que quantité de gens d'Esprit se desabusoient, & ne faisoient plus de conte de leurs grandes, & magnifiques paroles & promesses, ils conceurent une telle haine contre luy qu'ils ne chercherent plus qu'a le diffamer, prenant occasion sur le mot de Volupté, & soûtenant qu'il entendoit la Volupté sale & deshonneste, & la Gourmandise. Leur haine passa mesme si avant que non-contens d'interpreter mal son opinion, ils luy supposerent, & divulguerent en son nom des Livres deshonnestes qu'ils avoient faits eux-mesmes pour donner de l'auctorité à leur malicieuse interpretation.

C'est pourquoy l'on ne leur doit point ajoûter foy, ni aux autres qui persuadez par leurs impostures se sont emportez contre Epicure. Que s'il y a aussi eu quelques honnestes gens qui ayent declamé contre luy, il est à croire qu'ils n'avoient pas entré dans l'interieur de la Secte, qui est une chose dont Seneque se plaint, mais qu'ils avoient seulement des Livres supposez, ou qu'ils s'en fioient à ceux qui crioient contre luy, ou bien, qu'encore qu'ils n'ignorassent pas l'opinion d'Epicure, ils croioient neanmoins qu'il n'estoit pas si facile de desabuser le peuple de cette opinion dont il estoit persuadé, qu'il estoit utile de continuër à le diffamer, pour inspirer l'hor-

DE LA FELICITÉ. 65

reur du vice, & des voluptez deshonnestes par l'infamie de leur pretendu Autheur ou defenseur.

Ainsi ce n'est pas la faute des Saints Peres si Epicure a esté diffamé, puisqu'il l'estoit deja, & qu'ils n'avoient en veüe que la Pieté, & les bonnes mœurs. Il y en a neanmoins quelques-uns, pour ne dire rien de Lactance, qui ne parlent pas d'Epicure, comme de celuy à qui l'on doive attribuer ces paroles, *mangeons, bûvons,* &c. mais comme d'un homme tout autre que ne le faisoit le bruit commun. *C'est une chose admirable,* dit S. Hierome, *qu'Epicure, ce Sectateur de la Volupté, remplit tous ses livres d'herbages, & de fruits, soûtenant que le manger le plus simple est le meilleur, parceque la chair, & les mets delicieux se preparent avec beaucoup de soin, & de misere, & qu'il y a plus de peine à les chercher, que de plaisir à en abuser; que nos Corps n'ont simplement besoin que de boire & de manger, & que là où il y a de l'eau & du pain, & autres choses semblables, l'on satisfait à la nature; que tout ce qu'il y a de plus ne regarde pas le necessaire, mais le vice de la Volupté; que le boire, & le manger n'est pas pour les delices, mais pour éteindre la soif, & la faim;*

que la Sagesse est incompatible avec le travail, & avec les soins qui sont necessaires pour la bonne chere; que l'on satisfait bientost à la necessité de la Nature, & que le manger & le vestement simple chassent le froid & la faim.

Il faut donc conclure que s'il y a eu d'honnestes gens qui ayent declamé contre Epicure, c'est qu'ils se sont laissez emporter au bruit commun, & qu'ils n'ont pas cru qu'il fust aisé, ou à propos de desabuser le peuple de cette erreur. Et c'est apparemment pour cela que Ciceron, comme il estoit extremement populaire, a toûjours continué de parler populairement, & en s'accommodant aux opinions du peuple & du vulgaire, quoy que ses Amis qui estoient de Secte Epicuriens, se plaignissent de ce qu'il parloit contre la Verité qu'il n'ignoroit pas. Et cela est si vray que dans le temps que Ciceron paroit plus echauffé contre les Epicuriens, & contre Epicure, il ne peut s'empescher qu'il ne les loüe. *Les Epicuriens*, dit-il, *qui sont de tres bonnes gens (car je n'ay jamais veu d'espece de gens moins malicieux) se plaignent de ce que j'affecte de parler mal contre Epicure. Il me vient toûjours des troupes d'Epicuriens,* dit-il dans un autre endroit, *quos tamen non aspernor*, que je ne méprise neanmoins pas, &c. Dans un autre, *venit Epicurus vir minimè malus, vel potiùs vir optimus*. Dans un autre, *Verùm ego non quæro nunc quæ sit Philosophia verissima, sed quæ Oratori conjuncta maximè*, ce qui montre qu'il ne se mettoit pas en peine de parler selon les vrais sentimens des Epicuriens, mais conformement aux notions du peuple. Dans un autre, lorsqu'il parle à Cassius de la Secte des Epicuriens, *in ista metuo ne plus nervorum sit quàm ego putarim, si modò eam tu probas*. Dans un autre, *quid ? ergo tu Epicurum existimas ista voluisse, aut libidinosas eius fuisse Sententias ? Ego verò minimè, video enim ab eo dici multa severè, multa præclarè.*

Il est vray qu'à l'égard de ce passage que Ciceron cite comme l'ayant tiré du Livre de la Fin, il est vray, dis-je, qu'Epicure a ecrit un Livre intitulé de la Fin ; mais pourquoy ne pourroit-on pas dire que les Stoïciens en eussent divulgué divers exemplaires, dans lesquels ils eussent inseré ce passage, & que ces exemplaires fussent parvenus à Ciceron, & à Athenée ; d'autant plus qu'ils ont bien osé supposer des Livres entiers ? Et une preuve de cecy est, que Laërce qui fait le Catalogue des Livres d'Epicure, & qui devoit par conséquent les bien sçavoir, lorsqu'il a rapporté ce passage du Livre de la Fin, & autres semblables, il dit *que ceux-là sont fols qui imposent de telles choses à Epicure*, comme ne se trouvant point dans les veritables exemplaires, &c. Hesichius ajoûte que ceux qui luy objectent ce passage sont des *Calomniateurs*.

La Difference d'Epicure, & d'Aristippe.

MAis voyons exactement la difference qu'il y a entre Epicure, & Aristippe, ou ses Sectateurs les Cyrenaïciens ; car l'infamie dont on a noircy Epicure ne vient principalement que de ce que l'on a confondu leurs sentimens, ou que malicieusement l'on a attribué à l'un ce que l'on devoit attribuer à l'autre. Laërce dit expressément qu'ils different premierement à l'egard du mot de Volupté, en ce qu'Epicure l'attribue non seulement à celle qui est dans le mouvement, & dans le chatoüillement des Sens, mais aussi à celle qu'il dit estre stable & permanente, & consister dans

DE LA FELICITÉ. 69

ce doux repos qu'il appelle ἀταραξία, καὶ ἀπονία, *Tranquillité, & Indolence* ; au lieu qu'Aristippe ne l'attribue qu'à celle qui est dans le mouvement, se mocquant de la Tranquillité, & de l'Indolence d'Epicure, *comme de l'estat d'un homme dormant, & d'un corps mort.*

Ils different par consequent aussi en second lieu en ce qu'Epicure faisant consister la Fin de la vie heureuse, ou la Felicité dans cet estat de tranquillité & d'indolence, Aristippe la fait consister dans la Volupté qui est dans le mouvement.

Troisiemement ils different en ce qu'Epicure fait principalement consister sa Felicité ou le souverain Bien dans la Volupté de l'Esprit, & Aristippe dans celle du Corps.

Quatriemement en ce qu'Epicure tient que le souvenir des biens passez, & l'attente des biens à venir sont quelquefois un surcroist de plaisir fort agreable; au lieu qu'Aristippe ne conte cela pour rien.

Or qu'il y ait eu cette difference entre Epicure, & Aristippe, il ne faut que lire ce qu'Athenée écrit de ce dernier, & voir la peinture qu'il en fait. *Aristippe*, dit-il, attaché uniquement à la Volupté des Sens, dit que cette Volupté est la fin, & la felicité de la vie, & ne faisant aucune estime du souvenir des joüissances passées, ni de l'attente des joüissances à venir, il ne connoit que le bien present comme font les plus grands desbauchez, & ceux qui sont absorbez dans les delices: Aussi sa Vie a-t'elle repondu à sa Doctrine; car il l'a passée dans tout le luxe, & dans toute la mollesse possible, dans les delices des senteurs, des vestemens, & des femmes. Il ne dissimuloit pas mesme ses sentimens, & lors qu'on luy reprochoit un jour qu'il faisoit une depense excessive dans ses plaisirs, il repondit par ce mot de raillerie. *I'ay Laïs, mais elle ne m'a pas. Ie vis somptueusement, mais s'il y avoit du crime, on ne le feroit pas les jours des Festes des Dieux. I'achete cinquante dragmes une Perdrix que tu n'acheterois pas une obole. Ie paye un ragoust tres cher, dont tu aurois regret de donner trois oboles: Ie n'ay donc point tant de passion pour la Volupté que tu en as pour l'Argent?*

Voilà la peinture de la vie d'Aristippe, laquelle est certes bien differente de celle d'Epicure, comme l'on voit assez par tous ces illustres temoignages de Seneque, & autres que nous avons rapportez, d'où l'on peut juger si Ciceron a eu raison de dire que les Epicuriens ne differoient des Cyrenaiciens qu'en ce que les premiers n'estoient pas de si hardis, ni de si effrontez defenseurs de la Volupté sensuelle que les derniers.

Quant à cet estat dans lequel Epicure fait consister sa Felicité, Aristippe n'a aucune raison de dire qu'il ne doit pas estre plutost appellé Volupté que Douleur ; parcequ'encore que la volupté estant ostée il ne suive pas incontinent quelque chose de fascheux, si ce n'est que par hazard en la place du plaisir il succede de la douleur, il est neanmoins constant qu'il y a beaucoup de plaisir à estre delivré des douleurs, quoy qu'il ne succede aucune volupté qui flatte & chatoüille actuellement le Sens : Et qu'ainsi ne soit, il ne faut qu'interroger ceux qui ont esté tourmentez de ces douleurs insupportables que cause quelquefois une pierre en descendant des reins dans la vessie, pour apprendre quelle grande Volupté c'est que d'estre delivré de douleur, que de n'avoir point de douleur.

Il n'a pas plus de raison de se mocquer

de la Volupté d'Epicure comme de l'estat d'une personne qui dort, & de donner tout, comme il fait, à la Volupté sensuelle ou qui est dans le mouvement : *Car cette Volupté qui est dans le mouvement*, dit Seneque, *s'eteint dans le moment mesme de la joüissance, remplit incontinent, passe tres viste, & ennuye mesme apres la premiere impetuosité : Imbecillum quid est,* dit Plutarque, *fastidioque obnoxium Exiguum quid, momentaneúmque :* Mais celle qui est dans l'estat, *quæ est in statu*, comme parle Epicure, bien loin d'estre l'estat d'un homme dormant, un estat de paresse, & d'oisiveté, comme dit Aristippe en se mocquant, c'est cet heureux & souhaitable estat dans lequel toutes les actions de la vie se font doucement, & paisiblement : Car quoy qu'Epicure ne vueille pas que la vie du Sage soit comme un Torrent, ou comme un fleuve rapide, il ne veut pas aussi qu'elle soit comme une eau dormante, & morte, mais comme l'eau d'un fleuve qui coule doucement, & sans bruit ; de sorte qu'il n'entend pas que la Volupté du Sage soit une volupté lasche & paresseuse, mais une volupté stable & permanente, & affermie par la raison.

C'est

C'est une Volupté semblable à celle qui selon Aristote se sent dans la vie Contemplative. *Car la Contemplation, dit-il, ou ce doux repos dans lequel se trouve un homme lorsqu'il contemple, ne se doit pas appeller une oisiveté, puisque c'est par la Contemplation que Dieu est bienheureux; & il ne faut pas s'imaginer qu'il n'y ait d'action que dans le mouvement, il y en a aussi dans le repos, & mesme dans la Volupté.*

Celuy-là est sage, dit Epicure dans Seneque, *qui joyeux, paisible, & sans trouble, vit content comme les Dieux.* Examinez-vous maintenant vous-mesme; si vous n'estes jamais triste, & chagrin; si vous n'avez aucune esperance trop passionnée, & qui vous donne des inquietudes; si vostre Esprit est les jours & les nuits dans une mesme assiette, toujours egal à soy-mesme, toûjours relevé, & toûjours content, vous pouvez dire que vous estes parvenu au plus haut degré de bonheur dont les hommes soient capables : Mais si de toutes parts vous recherchez toutes sortes de voluptez, sçachez qu'il vous manque autant de Sagesse que de joye. Vous desirez de parvenir à ce souverain Bien, mais vous-vous trompez si vous esperez de le pouvoir faire par le moyen des richesses. Vous cherchez la joye entre les honneurs, c'est la chercher entre les soins, & les chagrins: Ce que vous croyez qui vous doit causer du plaisir est la source, & la cause de mille douleurs. La joye est le souhait general de tous les hommes, mais ils ignorent les moyens dont il se faut servir pour en avoir une qui soit ferme, & assurée. Les uns la cherchent dans les banquets, & dans le luxe; les autres dans les richesses, dans les Charges, & dans les Commandemens; les autres dans les bonnes graces d'une Maitresse, & les autres dans une vaine ostentation de leurs belles lettres & de leurs connoissances qui ne guerissent de rien. Les faux & courts passetemps les trompent souvent tous, comme l'yvrognerie, qui pour une gaye folie d'une heure cause des mois entiers de deplaisir, & de chagrin; ou comme les applaudissemens, & les acclamations du peuple qu'on a deja achepté par mille inquietudes, & qui doivent encore ensuite en attirer bien d'autres. Souvenez-vous donc que le Sage se doit procurer une joye qui soit ferme & constante, & toûjours egale. Il en est de l'Esprit du Sage comme de l'estat du Monde au dessus de la Lune, où il regne une serenité perpetuelle. Vous avez donc sujet de vouloir estre Sage, puisque le Sage n'est

DE LA FELICITÉ. 75

jamais sans joye. Cette joye ne naist que de sa propre conscience, & de ce qu'il se sent estre vertueux. L'on ne sçauroit avoir de la joye que l'on ne soit juste, magnanime, temperant. Quoy, direz-vous, les fols, & les meschans ne se rejoüissent point ? Non pas davantage que des Lions qui ont trouvé quelque proye. Apres qu'ils ont passé la nuit en debauche, qu'ils se sont gorgez de vin, qu'ils se sont tuez aupres des femmes, & que leur estomac ne peut plus contenir la quantité des viandes qu'ils ont prises, ils s'ecrient, O miserables que nous sommes ! nous connoissons maintenant que cette nuit s'est passée dans de fausses joyes ! *Namq; ut supremā falsa inter gaudia noctē Egerimus, nôsti* ———
La joye que goustent les Dieux n'a jamais d'intermission, jamais de fin, &c.

La derniere difference que Laërce met entre Epicure, & Aristippe est, que comme Aristippe tient les douleurs du Corps plus grandes, & plus fascheuses que celles de l'Esprit, il tient aussi les voluptez du Corps beaucoup plus grandes & plus considerables que celles de l'Esprit ; au lieu qu'Epicure tient tout le contraire. Il est constant, dit Epicure, qu'une tres grande Volupté, ou une tres grande inquie-

D 2

tude d'Esprit contribuë davantage à la vie ou heureuse, ou miserable, que ne fait ou une grande volupté, ou une grande douleur de Corps. Si les grandes maladies du Corps empeschent la douceur de la Vie, celles de l'Esprit la doivent bien empescher davantage : Or les maladies de l'Esprit sont ces immenses, & vaines cupiditez des richesses, de la gloire, du commandement, des voluptez sales & deshonnestes. Deplus ces chagrins, ces tristesses qui devorent l'Esprit, & ces soins qui le consument, &c.

Ce devoit estre la pensée d'Ovide, lorsqu'il dit que nous endurons le feu, le fer, & la soif pour nous tirer de quelque incommodité du Corps, & que pour guerir nostre Esprit qui vaut infiniment davantage, nous ne voulons rien endurer.
Vt corpus redimas, ferrum patieris & ignes,
  Arida nec sitiens ora lavabis aqua :
Vt valeas Animo quicquā tolerare negabis;
  At pretiū pars hac Corpore majus habet.
Et celle d'Horace que nous avons deja marquée.

——— *nam cur*
Quæ feriant oculos festinas demere, si quid
Est animum differs curandi tēpus in annum?

Et certes, comme l'Esprit est infiniment plus noble que le Corps, & qu'il est, comme dit Aristote, presque luy seul tout l'Homme, il doit estre extremement susceptible des impressions soit du bien, ou de la volupté, soit du mal, ou de l'inquietude, & du chagrin.

D'ailleurs les maladies de l'Esprit sont d'autant plus dangereuses que souvent elles nous cachent ce qu'elles sont. Car pource qui est des maladies du Corps, il y a assez de signes qui nous les peuvent faire reconnoitre, mais celles de l'Esprit nous demeurent cachées, acause que la raison qui les devroit discerner est troublée, & ne peut point porter de jugement sain : D'où vient que ceux qui sont malades du corps ont recours à la Medecine, & que ceux qui sont malades de l'Esprit mesprisent la Philosophie, & refusent d'obeïr à ses preceptes.

Joint qu'entre les maladies du Corps celles-là estant les grandes & les plus dangereuses de toutes, lesquelles causant un assoupissement ne sont point senties par le malade, comme la Letargie, l'Epilepsie, & cette fievre ardente qui jette dans le Delire, il n'y a presque point de maladies de l'Esprit qui ne doivent estre censées de cette nature ; d'autant plus que non seulement elles ne sont point connuës pource qu'elles font, mais qu'elles font mesme couvertes de l'espece, & du pretexte des vertus opposées, la Furie par exemple, & la Colere estant appellées du nom de Force, la Crainte du nom de Prudence, & pour dire en un mot, le Chagrin, *Ægritudo*, qui est une douleur de l'Esprit, & une certaine maladie generale qui fait que les autres maladies sont desagreables, tristes, & fascheuses, le Chagrin, dis-je, ou la tristesse & la melancolie n'affectant rien davantage que de paroitre avoir esté prises & causées avec grand sujet, & beaucoup de raison; mais il n'est pas necessaire de nous arrester sur cecy.

Remarquons seulement à l'egard de ce qu'Aristippe objecte des douleurs corporelles, asçavoir qu'on les ordonne vulgairement, comme estant, dit-il, les plus grandes, pour la punition des coupables, remarquons, dis-je, que ce n'est pas un Argument qui doive arrester : Car comme le Legislateur, ou le Juge n'a pas le mesme droit sur l'Esprit qu'il a sur le Corps, il n'ordonne veritablement pas directement que le coupable soit tourmenté de l'Esprit, mais qu'il soit tourmenté du Corps, pour en tirer une punition certaine, & qui se fasse à la veüe de la multitude qu'il faut retenir par la crainte du chatiment ; mais il ne s'ensuit pas pour cela qu'il n'y ait point d'autre douleur plus grande, ou que la douleur d'Esprit ne puisse encore estre un tourment beaucoup plus grand.

En effet, lorsque quelqu'un est actuellement dans les tourmens du Corps, ou qu'il prevoit qu'il y sera bientost, & qu'il va roulant dans son Esprit qu'il sera mis à la torture, qu'on luy tranchera la teste, qu'il sera rompu, qu'il sera bruslé, qu'il perdra la vie, que cela se fera mesme devant tout le monde, avec grande ignominie, au deshonneur eternel de sa famille, & de ses plus chers Amis qui en seront affligez, &c. croyez-vous qu'il y ait douleur de Corps aucune, qui supposé qu'elle pust estre separée de tout cela, fust comparable avec cette douleur, & cette cruelle anxieté d'Esprit ?

Aussi est-ce pour cela que j'ay dit que le Chagrin, la fascherie, la tristesse, la douleur de l'Esprit, en un mot *Ægritudo* ne s'ordonnoit pas directement par les Juges ; car j'ay voulu insinuer par là qu'elle est ordonnée indirectement, afin que survenant à la corporelle, elle rende le supplice plus grand : Et qu'ainsi ne soit, n'en a-t'on pas veu que la seule menace, & la seule crainte du supplice a fait blanchir en une nuit, a fait secher, a fait mourir, ce qui fait voir que leur dernier, & leur plus grand tourment n'a pas esté celui du Corps, mais celui de l'Esprit?

Je passe icy sous silence cette inquietude, & cette douleur d'Esprit que le Remors, l'Envie, ou l'Ambition causent dans un Scelerat, dans un Tyran, dans un Ambitieux ; je diray seulement par avance que Juvenal, Horace, & Perse en parlent comme du plus grand tourment que jamais Cœditius, ou Rhadamante ayent pû inventer.

Juvenal.
Pœna autem vehemens, ac multo sævior illis,
Quas aut Cæditius gravis invenit, aut Rhadamanthus,
Nocte, diéque suũ gestare in pectore testem.

Horace.
Invidia Siculi non invenere Tyranni
Tormentum majus ———

Perse.
Magne Pater Divũ sævos punire Tyrãnos
Haud alia ratione velis, cùm dira libido
Moverit ingenium ferventi tincta veneno;
Virtutem ut videant, intabescántq; relicta.

Et qu'on ne dise point qu'un Scelerat à force de Crimes entassez les uns sur les autres, pourroit peut estre enfin en venir à n'avoir plus ces Remors ordinaires qui rongent le cœur des Tyrans les plus cruels : Car je diray aussi par avance que dans le cours ordinaire de la vie la supposition est non seulement tres rare, comme on pourroit aisement avoüer, mais impossible, & qu'il n'y a point d'homme quelque endurcy qu'il puisse estre, qui puisse se defaire de ce bourreau interieur. Joint qu'un Scelerat de la sorte ne pourroit pas estre mis au nombre des Hommes, mais au nombre des Monstres à etouffer ; & non seulement cela, mais au nombre des Fous, comme ayant perdu le sens & la raison, en s'exposant brutalement à la rage, pour ainsi dire, & à la furie de tous les hommes qui l'auront en horreur, & qui le considereront comme une beste feroce, & comme un Tyran à exterminer.

La Difference d'Epicure, & des Stoïciens.

Laërce marque aussi en quoy Epicure estoit different des Stoiciens ; ou que ce qui donna sujet à cette grande envie qu'ils luy portoient, fut qu'Epicure ayant dit que la Vertu estoit desirable pour la Volupté, ils prirent de là occasion de declamer contre luy, comme s'il eust parlé de [la volupté sale & deshonneste, & de s'escrier que c'estoit une chose indigne, & criminelle que de soûtenir que la Vertu se deust acquerir non pour elle mesme, mais pour cette Volupté. Il y eut entre autres un nommé Cleanthes, qui pour exagerer la chose, & rendre Epicure plus odieux, fit ce tableau que Ciceron objecte à Torquatus. *Representez-vous*, disoit-il à ses Disciples, *la Volupté peinte dans un tableau, assise sur un throsne Royal, & ornée de vestemens superbes & magnifiques; les Vertus debout auprés d'elle comme de petites servantes, mais qui ne luy fassent neanmoins rien autre chose, ni ne luy rendent aucun autre office, sinon que de l'avertir, & de luy dire à l'oreille, gardez-vous de rien faire imprudemment, & qui puisse choquer les Esprits des hommes, ou d'où il puisse suivre quelque douleur: Nous sommes les Vertus nées pour vous servir de la sorte, & nostre office ne consiste precisément qu'en cela.* Voilà la peinture que l'envie, & la jalousie de Cleanthes faisoit de la Volupté d'Epicure.

Il ne manquoit plus à cela sinon que quelqu'un dit qu'Epicure avoit imité Paris, lorsque des trois Deesses il choisit Venus à laquelle il donna la pomme d'or, Epicure n'ayant eu en veüe que la Volupté, parce que ses cheveux epars ne sentoient que le musc & l'ambre, & que ses vestemens, son port, & ses yeux estoient lascifs, &c.

Altera Achameniū spirabat vertice odorē,
Ambrosias diffusa comas, & veste refulgens,
Ostrum quam fulvo Tyrium suffuderat auro;
Fronte decor quasitus acu, lascivaq; crebras
Ancipiti motu jaciebant lumina flammas.

Au lieu qu'il devoit imiter Hercule qui rencontrant la Volupté, & la Vertu, preferá celle-cy à l'autre quoy que celle-cy eust un visage severe, une chevelure mal peignée, le regard ferme, le marcher d'un homme, & une agreable pudeur;

——— *Frons hirta, nec unquam*
Composita mutata comâ, stans vultus, & ore
Incessûque Viro propior, lætique pudoris.

Il ne manquoit plus, dis-je, sinon que quelque Stoicien comparast Epicure avec Paris pour le rendre encore plus odieux,

Mais sans nous amuser davantage à ces calomnies, il suffit d'avoir montré qu'Epicure n'a point entendu cette volupté corporelle, & sale que suppose le tableau de Cleanthes, mais qu'il a entendu une autre volupté beaucoup plus pure, & plus sainte que celle-là, à sçavoir l'Indolence du Corps, & la Tranquillité de l'Esprit, & principalement cette derniere: desorte que rien n'empesche qu'on ne recherche la Vertu acause de cette sorte de volupté, puisque c'est dans cette volupté que consiste la Felicité, ou la vie heureuse, & qu'Epicure ne veut par consequent rien autre chose que ce que veulent les Stoiciens mesmes lorsqu'ils soûtiennent *que la Vertu suffit pour bien & heureusement vivre.*

Et certes ce seul Axiome marque assez que les Stoïciens, quelque fuite ou subterfuge qu'ils pussent chercher, rapportoient neanmoins la Vertu à autre chose, c'est à dire *à bien & heureusement vivre*, & qu'ainsi la vie heureuse estoit veritablement desirée pour elle-mesme, mais que la Vertu n'est point tant desirée pour elle-mesme, que la Vertu mesme pour la vie heureuse.

Lorsque je dis qu'ils cherchoient des

DE LA FELICITÉ. 85

subterfuges, j'y comprens Seneque. Car de faire la Volupté un accessoire seulement, ou comme quelque chose qui survienne par accident à la Vertu, de mesme qu'une petite herbe qui naist & fleurit entre le froment, cela est & populaire, & captieux. Il faut veritablement comparer la Vertu avec le froment, mais de mesme que l'on ne cherche pas le froment simplement pour le froment, ni pour cette petite herbe qui naist parmy le froment, mais pour l'usage de la vie qu'on en espere ; ainsi la vertu ne se cherche pas precisément pour elle-mesme, ou acause d'elle-mesme, ni pour quelque chose de leger qui se trouve entre-deux, mais absolument pour la vie heureuse, ou ce qui est le mesme, pour cette sorte de volupté que nous venons de dire.

De là vient que quand il dit, *Tu te trompes lorsque tu m'interroges, & que tu me demandes quelle est cette chose pour quoy l'on demande la Vertu, car c'est demander quelque chose qui soit au dessus de ce qu'il y a de plus haut. Je demande la Vertu-mesme, je la demande pour elle-mesme ; il n'y a rien de meilleur ; elle est elle-mesme son prix :* De là vient, dis-je, que l'on peut faire cette interrogation sans se tromper, & que lorsque l'on demande quelque chose au delà de la Vertu, l'on ne demande point une chose ridicule, ou qui soit au delà de ce qu'il y a de plus haut, & de plus relevé.

Veritablement l'on ne sçauroit nier que de tous les moyens qui rendent la vie heureuse, il n'en faut point chercher de plus elevé, de plus asſuré, ni de meilleur que la Vertu ; mais cependant la vie heureuse doit eſtre cenſée au deſſus de la Vertu, parce qu'enfin la Vertu se rapporte à la vie heureuse ou à la Felicité comme à la Fin.

Auſſi Ariſtote ſemble-t'il plus equitable, lorſqu'il dit en parlant de la Felicité que la Vertu entre toutes les choſes du monde peut cauſer, *qu'il eſt viſible que la recompenſe, & la fin de la vertu eſt quelque choſe de tres bon, quelque choſe de divin, & d'heureux* : Et dans un autre endroit, *qu'encore que la Felicité ne ſoit pas une choſe qui arrive divinement, mais qui s'acquiert ou par la vertu, ou par la doctrine, ou par l'exercice, rien ne peut eſtre de plus divin, rien de plus heureux.*

Joint qu'il fait expreſſement cette diſtinction. *Il y a*, dit-il, *de certaines choſes* qui sont desirées pour soy, & non pour quelque autre chose, comme la Beatitude; d'autres qui sont desirées pour autre chose & non point pour soy, comme les richesses; d'autres qui sont desirées pour soy, & pour autre chose, comme la Vertu.

Platon & Architas ont aussi fait la mesme distinction; ce que je rapporte à dessein de faire voir quels Hommes l'on peut opposer à Seneque, lorsqu'il crie que la Vertu ne peut, ni ne doit estre desirée pour aucune autre chose que pour elle-mesme.

Et ce n'est certes point pour cela faire opprobre à la Vertu, car comme la Vertu, & la Volupté, ou si vous aimez mieux, la Felicité, sont comme differentes d'espece (la Vertu selon Aristote estant du genre des choses loüables, & la Volupté, ou la Felicité du genre des choses honorables, ou extremement estimables) pour cette raison il n'y a aucun sujet d'envie, si autant que nous estimons la Volupté, la Felicité, le souverain Bien, autant loüons-nous, & honorons la Vertu qui nous conduit à la Felicité.

Et de fait, comme Eudoxe donne le premier lieu à la Volupté, parceque nous ne la loüons pas, mais que nous la tenons comme quelque chose qui est au-dessus de toute loüange; ainsi de toutes les choses qu'on loüe, la Vertu est celle qui merite plus d'estre loüée; parceque de toutes les choses que l'on croit capables d'engendrer le souverain Bien, il n'y en a aucune qui soit comparable à la Vertu.

Mais pour ne nous arrester pas davantage à cecy, il suffit de rapporter icy ce qu'Epicure dit dans Ciceron par la bouche de Torquatus. Le passage est long, mais il est tres beau, & il explique, & decide pour ainsi dire, toutes choses. Lors donc qu'apres une longue dispute il a esté conclu *que toutes les choses droites & loüables se rapportent à pouvoir vivre avec volupté,* Torquatus poursuit, *Or d'autant que c'est là le souverain ou le dernier Bien que les Grecs ont nommé du nom de Fin, parce qu'il ne se rapporte à aucune autre chose, & que toutes choses se rapportent à luy; il faut avoüer que vivre doucement & agreablement est le souverain Bien. Ceux qui le mettent dans la Vertu seule, & qui ebloüis de la splendeur du nom, n'entendent pas ce que la nature demande seront delivrez d'une grande erreur s'ils veulent ecouter Epicure. Car* pour parler de vos belles & excellentes Vertus, & premierement de la Sagesse, qui est-ce qui les croiroit loüables & desirables si elles ne causoient de la volupté ? Certes de mesme que l'on n'estime pas l'Art des Medecins pour l'Art mesme, mais pour la santé, ainsi l'on ne desireroit pas la Sagesse qui est l'Art de vivre, si elle ne faisoit rien, & maintenant on la desire, parceque c'est elle qui nous dirige dans la recherche de la veritable Volupté, & qui nous la fait obtenir (vous voyez maintenant de quelle Volupté je parle, afin que la mauvaise interpretation du mot ne gaste pas nostre discours) car c'est la Sagesse seule qui bannit la tristesse & le chagrin de l'Esprit, qui ne nous soufre pas fremir de crainte, & qui eteignant l'ardeur de toutes les convoitises, fait que l'on peut vivre tranquillement. Ce sont les cupiditez insatiables qui ruinent non seulement chaque homme en particulier, mais aussi les familles, & souvent mesme la Republique entiere. Des Cupiditez naissent les haines, les dissensions, les discordes, les seditions, les guerres ; & ces passions ne se jettent seulement pas au dehors, & sur les autres avec une impetuosité aveugle, mais elles se font mesme la guerre entre elles au dedans de nos Esprits : Ce qui cause de necessité une vie tres amere, ensorte qu'il n'y a que le Sage seul, qui ayant chassé toute vaine convoitise, & erreur, & qui se contenant dans les bornes de la nature, puisse vivre sans chagrin, sans tristesse, & sans crainte. Que si nous voyons que toute la vie est troublée par l'erreur, & par l'ignorance, & qu'il n'y a que la Sagesse qui nous sauve de l'insulte des vaines cupiditez & vaines frayeurs, qui nous enseigne à souffrir avec moderation les injures de la Fortune, & qui nous apprenne les voyes qui conduisent au repos, & à la tranquillité; ne devons-nous pas dire que la Sagesse est desirable acause de la volupté, & que la folie est à fuïr acause de ce qui est fascheux, à cause du trouble & de la douleur d'Esprit.

Ainsi nous dirons que la Temperance mesme n'est pas desirable acause d'elle mesme, mais parce qu'elle apporte la paix dans les Esprits, qu'elle les adoucit, & qu'elle les tient dans la concorde ; dautant que c'est la Temperance qui nous avertit de suivre la Raison soit dans les choses que nous devons desirer, & suivre, soit dans celles que nous devons fuïr. Car ce n'est pas assez de juger ce qu'il faut, ou ce qu'il ne faut pas faire, mais il faut de plus demeurer ferme, & constant dans ce qui a esté jugé. Or il y en a plusieurs qui ne pouvant demeurer fermes dans ce qu'ils ont resolu, & qui estant vaincus par l'espece d'une volupté qui se presente, s'abandonnent à l'esclavage de leurs convoitises, & ne prevoyent pas ce qui en doit arriver; d'où vient qu'acause d'une volupté qui est & petite, & non-necessaire, ou qui se pourroit obtenir autrement, ou dont ils se pourroient passer sans douleur, ils tombent dans de grandes maladies, dans des pertes, & dans l'infamie, & encourent mesme souvent les peines des Loix, & des Iugemens : Mais ceux qui veulent de telle maniere joüir des voluptez, qu'il ne s'en ensuive pour cela aucune douleur, & qui demeurent constants dans leur jugement, de crainte qu'estant vaincus par la volupté ils ne fassent ce qu'ils voyent qu'il ne faut pas faire ; ils obtiennent une grande volupté en se privant de volupté. Ils souffrent mesme souvent de la douleur, de peur que s'ils ne le font pas ils ne tombent dans une plus grande douleur. D'où l'on entend que l'Intemperance n'est pas à fuir acause d'elle-mesme; ni que la Temperance n'est pas à desirer parce qu'elle fuit les voluptez, mais parcequ'elle en obtient de plus grandes.

L'on trouvera qu'il en est de mesme de

la Force. Car ce n'est ni le travail, ni la douleur, ni la patience, ni l'assiduité, ni l'industrie, ni le courage, ni les veilles qui attirent de soy; mais nous-nous portons à ces choses afin de pouvoir vivre sans inquietude, & sans crainte, & afin que nous-nous delivrions de ce qui est fascheux & à l'Esprit, & au Corps, autant qu'il est possible. Car de mesme que toute la tranquillité de la vie est troublée par la crainte excessive de la mort ; & de mesme que c'est une chose miserable de succomber aux douleurs, & de les supporter avec un courage bas, & foible, & qu'acause de cette foiblesse d'Esprit plusieurs ont perdu leurs parens, plusieurs leurs amis, quelques-uns leur patrie, & que mesme plusieurs se sont perdus eux-mesmes entierement; ainsi un Esprit genereux, fort, & elevé est libre de tout soucy & chagrin; parce qu'il mesprise la mort, & qu'il est tellement preparé aux douleurs, qu'il se souvient que les grandes finissent par la mort, que les petites ont plusieurs intervalles de repos, & que nous sommes maistres des mediocres, se representant d'ailleurs que si les douleurs ne sont pas excessives, on les peut souffrir, & que si elles sont insupportables, l'on sortira volontiers de la vie qui ne plaist pas comme d'un Theatre. D'où nous devons comprendre que la Timidité, & la Lascheté ne sont pas blasmables de soy, & que la Force, & la Patience ne sont pas loüables de soy, mais que l'on rejette les premieres parce qu'elles font naistre de la douleur, & que les dernieres sont desirées parce qu'elles font naistre de la Volupté.

Il ne reste plus que la Iustice, mais l'on en peut presque dire autant. Car de mesme que j'ay montré que la Sagesse, la Temperance, & la Force sont de telle maniere jointes avec la Volupté qu'elles n'en peuvent aucunement estre tirées, ni separées ; ainsi le mesme jugement se doit faire à l'egard de la Iustice qui non seulement ne nuit jamais à personne, mais qui au contraire fournit toujours quelque bien soit par sa propre force & nature, en ce qu'elle met les Esprits en repos, soit par l'esperance de ne manquer d'aucune des choses qu'une nature qui n'est point depravée desire. Et comme la Timidité, la Convoitise, & la Lascheté tourmentent toujours l'Esprit, le sollicitent toûjours, & sont turbulentes ; ainsi lorsque l'Injustice regne dans un Esprit, elle y cause le trouble & l'inquietude ; & si elle a commis quelque mauvaise action, quoy qu'elle l'ait fait en cachette, elle ne sera neanmoins jamais seure que cela demeure toûjours caché. Il arrive souvent que le soupçon suit premierement une mauvaise action, qu'on en parle ensuite, que le bruit s'en repand, qu'il se trouve quelque accusateur, & qu'enfin on en vient au Iuge; & il s'en trouve mesme qui se decouvrent eux-mesmes. Que s'il y en a quelques-uns qui par leurs richesses croient estre assez en seureté contre la conscience des hommes, ils ont neanmoins peur de la Divinité, & croient que ces inquietudes dont ils sont tourmentez jour & nuit leur vienent de la part des Dieux pour les chastier. Or leurs mauvaises actions ne sçauroient jamais tant contribuer à diminuer le trouble de leur vie, que le remors de conscience, les *Loix*, & la haine des Citoyens l'augmente. Cependant il y en a qui sont tellement insatiables d'argent, d'honneur, de commandement, de debauches, & de bonne chere, que les biens volez, & mal acquis quelques grands qu'ils puissent estre, augmentent plutost leur convoitise qu'ils ne la diminuent; en sorte qu'ils doivent plutost estre reprimez par le chatiment, que par les enseignemens. La vraye raison invite donc ceux qui ont le jugement sain à la justice, à l'equité, & à la bonne foy, qui sont les moyens par lesquels l'on s'acquiert la bienveillance & l'amour d'un chacun, ce qui est de la derniere importance pour pouvoir vivre doucement & tranquillement; d'autant plus qu'il n'y a jamais aucun sujet de mal faire ; parceque les Cupiditez qui viennent de la Nature sont aisées à satisfaire, sans que l'on fasse tort à personne, & qu'a l'egard des cupiditez vaines, on ne leur doit pas obeïr. Car ils ne souhaitent rien qui soit souhaitable, & il y a plus de perte dans l'Injustice qu'il n'y a de gain dans ce qui en revient. Partant l'on ne peut pas dire que la Iustice soit de soy desirable, mais parcequ'elle apporte beaucoup de plaisir; car il est bien doux d'estre chery & aimé, & rien ne rend la vie plus asseurée, ni ne cause plus de Volupté. C'est pourquoy nous ne croyons pas que l'on doive seulement fuir la Meschanceté acause des incommoditez qui arrivent aux meschans, mais principalement parcequ'elle ne laisse jamais respirer, ni reposer l'Esprit dont elle s'est emparée.

Je pourrois icy rapporter les Objections qui se font contre cette Opinion, mais elles ne regardent que les Voluptez sales & deshonnestes qu'Epicure rejette en termes expres. Je remarque seulement que la Volupté dont il est icy queſtion, eſtant celle qui eſt la vraye & naturelle Volupté, & celle en quoy conſiſte le ſouverain Bien, & la Felicité; pour cette raiſon l'on dit que la Vertu ſeule en eſt inſeparable, parce qu'elle ſeule en eſt la vraye, la legitime, & neceſſaire cauſe, en ce qu'eſtant poſée, la Volupté, & la Felicité s'enſuit, & qu'eſtant oſtée, la Volupté, & la Felicité eſt de neceſſité oſtée: De meſme que le Soleil ſeul peut eſtre dit inſeparable du jour, parcequ'il eſt ſeul la vraye & neceſſaire cauſe du jour, en ce qu'eſtant preſent ſur l'Horiſon il faut de neceſſité que le jour ſoit, & que n'y eſtant pas il faut de neceſſité qu'il ne ſoit pas. Or la raiſon pourquoy Epicure a voulu que la Vertu fuſt la cauſe effectrice de la Felicité eſt, qu'il a cru que la Prudence eſtoit, pour ainſi dire, toutes les Vertus, en ce que toutes les autres Vertus naiſſent de la Prudence, & ont une connexion neceſſaire avec elle.

CHAPITRE V.

Si la Volupté eſt de ſoy un Bien.

Epicure dit en termes exprés avec Ariſtote, que la Volupté de ſoy eſt un Bien,

DE LA FELICITÉ. 97

Bien, & non pas un Mal, comme veut Antisthenes, ni quelque chose d'Indifferent, comme Zenon & les Stoïciens le pretendent. La raison qu'il en apporte est, que tout Animal de sa nature est de telle maniere enclin, & porté à la Volupté, que c'est la premiere chose que naturellement il desire, & qu'il ne se peut presenter aucune Volupté qu'il refuse, si ce n'est que par hazard elle soit accompagnée de quelque mal qui doive ensuite causer de la douleur, & le repentir d'avoir accepté la Volupté.

Et certes, comme la nature du Bien est censée consister à mouvoir l'Appetit, ou à se faire aimer, & à se faire rechercher par l'Appetit, l'on ne peut pas dire pourquoy toute Volupté de soy ne soit pas aimable, & desirable ; n'y en ayant aucune qui de soy ne plaise, ne soit agreable, & de soy n'attire l'Appetit.

Car si nous semblons en rejetter quelques-unes, ce ne sont precisement pas les voluptez que nous rejettons, mais les inconveniens qui leur sont joints, & qui en doivent suivre, ce qui s'explique clairement par un exemple. Il n'y a personne qui n'admette que le miel, ou quelque autre chose de la sorte, ne soit

Tome VII.　　　　　　　　　　E

doux de sa nature ; si toutefois il arrive que le miel soit meslé avec du venin qui devienne doux par ce meslange, alors nous avons veritablement de l'aversion pour la douceur du miel, mais c'est par accident ; car d'ailleurs elle est de soy, & de sa nature agreable & aimable. D'où vient que l'on peut dire que nous avons effectivement de l'aversion, non point tant pour la douceur, que pour le venin qui luy est meslé, & pour le mal que le venin, & non pas la douceur doit causer ; puisque si cette douceur en estoit separée, nous la gousterions tres volontiers.

Accommodez quelque volupté que ce soit à cet exemple, & vous remarquerez qu'il n'en sera jamais autrement; car il arrivera toûjours que le mal sera, non la volupté par soy, & precisement prise, mais ou la chose d'où elle proviendra, ou l'action à laquelle elle sera jointe, ou le dommage qui resultera soit de la chose, soit de l'action, ou la douleur qui suivra de la chose, de l'action, du dommage.

Et qu'ainsi ne soit ; faites que la mesme volupté se puisse tirer d'une chose, & d'une action qu'aucune Loy, ni aucune Coûtume, ni aucune Honnesteté ne deffende ; faites que de cette chose, ou de cette action il ne s'en ensuive aucune perte soit de la santé, soit de la renommée, soit des biens ; faites enfin qu'il ne s'en ensuive aucun chastiment, aucune douleur, aucun repentir ni dans cette vie presente, ni dans l'autre, & vous reconnoitrez que rien n'empesche qu'elle ne soit reputée un bien, & que si maintenant elle n'est pas reputée telle, cela ne vient point de sa nature, mais des circonstances que j'ay dites, ou par accident.

Aristote confirme cecy par une raison qu'il tire de la Douleur qui est opposée à la Volupté; car tout le monde demeure d'accord, dit-il, que la Douleur est une chose mauvaise, & à fuïr ; or ce qui est contraire à une chose qui est à fuïr, & mauvaise, est un bien, donc la volupté est un bien. C'est ainsi que raisonne Aristote ; mais pour reprendre la chose de plus haut, il est evident que toute douleur generalement est de soy un mal, & haïssable, & par consequent que tout Animal a naturellement de l'aversion pour la douleur, & qu'elle peut seulement quelquefois par accident estre dite un bien, entant qu'elle a un bien adherant qui fait que nous l'aimons, &

l'embraſſons : Car ſi vous oſtez de la douleur toute eſperance d'obtenir aucun bien ſoit honneſte, ſoit utile, ſoit agreable, il n'y a homme ſi hebeté qui la deſire, & qui ſe propoſe de la ſuivre : Ce qui fait voir clairement la verité de ce que pretend Ariſtote, aſçavoir que ſi toute Douleur de ſoy eſt un mal, & n'eſt un bien que par accident, toute Volupté, comme eſtant oppoſée à la Douleur, eſt de ſoy un Bien, & n'eſt un Mal que par accident.

Nous ne nous arreſterons pas icy à examiner quelques Argumens qu'Ariſtote propoſe, & reſout luy-meſme, parce qu'ils ſont de peu d'importance. Nous remarquerons ſeulement à l'egard de ce que l'on objecte que l'Homme Temperant fuit les Voluptez, & que le Prudent a pluToſt en veüe l'Indolence ; nous remarquerons, dis-je, qu'il y a de certaines voluptez qui font obſtacle à la Prudence, & ce d'autant plus qu'elles ſont vehementes, comme ſont principalement celles de Venus ; qu'il y en a quelques-unes qui non ſeulement ſont nuiſibles, en ce qu'elles hebetent l'Entendement, engendrent des maladies, & cauſent la pauvreté, mais qui ſont meſme deshonnestes, & infames ; que les Hommes temperans & prudens ne fuient pas toutes les voluptez (car ils suivent quelquefois celles qui sont pures & honnestes, comme nous dirons ensuite) mais quelquesunes seulement, & qu'ils ne les fuient pas precisement entant qu'elles sont voluptez, mais parce qu'elles sont jointes avec des actions qui trainent apres soy une ruine qu'un homme prudent & temperant ne doit pas s'attirer par la joüissance de la volupté presente ; de mesme que l'on fuit le Venin adoucy, non point entant qu'il est doux, mais entant qu'il apporte une ruine qui certainement ne se doit point achepter par une telle douceur, ce qui a deja esté marqué.

D'ailleurs il est constant que ce ne sont pas les voluptez-mesmes qui empeschent la Prudence, mais plutost les actions qui leur sont jointes, les actions, dis-je, par lesquelles les esprits sont epuisez, la vigueur de l'Entendement est affoiblie, & le Iugement est obscurcy ; desorte que lorsqu'on attribuë ces maux à la volupté, c'est un Paralogisme qu'Aristote appelle *non causa ut causa*, en ce que l'on fait cause ce qui n'est pas cause ; de mesme que si le mal qui doit estre attribué au poison, estoit attribué au miel, ou à sa douceur.

Le mesme se doit dire à l'egard des maladies, de la pauvreté, & des autres incommoditez qui suivent d'ordinaire; veu que la Volupté precisement entant qu'elle est Volupté, n'est pas de soy la cause de ces maux, mais plutost la Gourmandise, ou la quantité excessive du vin, & des viandes, mais les ragousts d'où viennent les cruditez, les fievres, & les autres incommoditez, mais les excez de l'Amour d'où viennent les gouttes, les maladies infames, & tant d'autres.

Le mesme se doit aussi par consequent dire de l'infamie qu'on attribuë ordinairement aux Voluptez; car elle regarde plutost les actions qui les accompagnent, & qui sont de soy contre l'honnesteté des mœurs, & reputées vicieuses & honteuses.

De là vient que les Loix deffendent, non pas la Volupté, par exemple, qui est dans l'Adultere, mais l'action mesme de l'Adultere, laquelle estant de soy deffenduë & infame, fait que la volupté qui luy est jointe est aussi censée deffenduë & infame.

Et certes, faites qu'il n'y ait point de

deffense, comme dans l'estat de pure nature, ou faites qu'il eust arrivé que celle qui est femme de ce Mary, fust femme de celuy qui est maintenant adultere, la mesme volupté auroit esté, & n'eust neanmoins pas esté reputée infame; parceque cette action à laquelle elle eust esté jointe n'eust pas esté deffenduë, ni honteuse; ce qui fait voir que la Volupté n'est pas blasmable acause d'elle-mesme, mais acause de l'action qui l'accompagne.

Quelques-uns objectent dans Aristote qu'encore que la Volupté ne soit pas un mal, il est neanmoins plus utile de la mettre au nombre des maux, acause de la multitude, qui ayant de la pente à la volupté, doit, à la maniere d'un bois courbé, estre flechie du costé opposé pour pouvoir estre ramenée au milieu. Mais Aristote mesme repond qu'il n'est pas à propos de tenir de tels discours au peuple; parceque quand il s'agit, comme icy, des Passions & des Actions, l'on n'ajoûte point tant de foy aux paroles qu'à la chose mesme; si bien que les paroles ne s'accordant pas avec ce qui s'apperçoit par le Sens, elles sont mesprisées, & mesme si elles contiennent sous soy quelque chose de bon, elles le detruisent.

C'est pourquoy Aristote semble insinuer qu'il est plus à propos, non point tant de mettre la volupté entre les maux, puisque le Sens s'y oppose manifestement, & qu'estant consideree precisement comme volupté il l'approuve, & la tient bonne, que de reconnoitre, & exagerer les maux qui accompagnent ou suivent certaines voluptez; ce qui fait qu'un homme prudent, & temperant doit plutost s'abstenir de ces sortes de voluptez, qu'à leur occasion tomber en de si grands maux.

Que si la Reponse d'Aristote ne plaist pas, rien n'empesche qu'on ne declame aussi contre la Volupté-mesme, entendant parler de ces Voluptez qui causent beaucoup plus de mal qu'elles ne contiennent de bien (& cela devant le peuple, qui selon Aristote n'est pas capable de distinguer entre ce qui est de soy, & ce qui est par accident soit bon soit mauvais.) parceque quand il s'agit de persuader, c'est la mesme chose soit qu'on dise que la Volupté est mauvaise, ou l'action qui accompagne la Volupté, pour pouvoir inferer que celle-cy, ou celle-là est à fuir, a cause des maux qui par connexion suivent de l'une & de l'autre.

Les Stoïciens semblent icy donner sujet à une grande dispute, quand ils pretendent qu'il n'y a aucun Bien que ce qui est honneste, ni aucun Mal que ce qui est deshonneste. Mais pour le dire en un mot, il est evident qu'ils ont fait une question de nom, lorsqu'ils ont ainsi restraint à leur phantaisie la notion du Bien laquelle tout ce qu'il y a d'hommes au Monde tiennent plus generale. Car au lieu que tout le reste des hommes met outre les Vertus plusieurs autres choses au nombre des Biens, comme la santé, la volupté, la gloire, les richesses, les amis, &c. Et outre les Vices plusieurs choses au nombre des Maux, comme la maladie, la douleur, l'ignominie, la pauvreté, les ennemis, &c. Les Stoïciens ont mieux aimé nommer ces choses *indifferentes*, c'est à dire ni bonnes ni mauvaises; & parceque cependant il estoit absolument absurde de tenir pour une mesme chose la santé, & la maladie, la volupté, & la douleur, & ainsi des autres, pour cette raison ils s'aviserent de faire des noms nouveaux, d'appeller la santé, la volupté, & la gloire προηγμένα, *promota*, comme voulant dire que ce n'eſtoit veritablement pas des biens, mais des choſes qui approchoient davantage de la Vertu qui eſtoit le ſouverain & unique Bien, & d'appeller la maladie, & la douleur ἀποπρογμένα, abducta, remota, comme qui diroit choſes moins nobles, & plus eloignées de la Vertu, parceque lors qu'il eſt queſtion de choiſir, celles-là ſont preferées, & celles-cy delaiſſées. Mais j'aurois honte de repondre autre choſe que ce que Ciceron meſme repond, lorſqu'il s'ecrie, *O magnam vim ingenij, cauſamque juſtam cur nova exiſteret diſciplina!* O la grande force d'Eſprit, & le beau ſujet de faire une nouvelle doctrine! *Concludunt ratiunculis Stoïci cur dolor non ſit malum, &c.* Les Stoïciens concluent par de petites raiſons que la douleur n'eſt pas un mal; comme ſi l'on eſtoit ſeulement en peine du mot, & non pas de la choſe. Pourquoy, Zenon, faut-il que vous me trompiez par vos ſubtilitez, & par vos nouveaux mots προγμένα, ἀποπρογμένα? Car quand vous me dites que ce qui me ſemble horrible n'eſt pas un mal, vous me ſurprenez fort, & je veux ſçavoir comment il ſe peut faire que ce qui me ſemble tres faſcheux ne ſoit nullement un mal. Rien n'eſt mal, dites-vous, que ce qui eſt deshonneſte & vicieux;

ce ne font que des paroles, car vous n'oftez point la difficulté. Ie fçais que la douleur n'eſt pas une choſe criminelle, ne vous mettez point en peine de nous enſeigner cela; mais montrez-moy ſi ce m'eſt une choſe indifferente de ſouffrir de la douleur, ou de n'en ſoufrir pas ? Cela, dites-vous, eſt indifferent pour la felicité de la vie, puis qu'elle conſiſte dans la Vertu ſeule ; mais cependant ce que vous appellez douleur eſt de ces choſes qui ſont à fuir, & eſt par conſequent mauvaiſe. Lorſque vous dites que la douleur n'eſt pas un mal, mais ſeulement quelque choſe de difficile à ſupporter, &c. c'eſt dire en pluſieurs manieres ce que tout le monde en un mot appelle mal, & quand vous dites qu'il n'y a rien de bien que ce qui eſt honneſte, rien de mauvais que ce qui eſt deshonneſte, c'eſt triompher en paroles, & ſuccomber au fond, c'eſt faire des ſouhaits, & ne rien prouver. Ce ſeroit certes parler plus ſincerement, & plus veritablement, de dire que tout ce que la Nature a en horreur eſt au rang des maux, & que tout ce qui luy eſt agreable eſt au rang des biens.

De tout cecy il eſt aiſé de decider la Queſtion, qui conſiſte à ſçavoir ſi la Douleur eſt quelquefois preferable à la Volupté ; car il est constant que s'il se presente une volupté de la nature de celles que Platon appelle *pures & separées du meslange de toute fascherie*, c'est à dire qui soit telle qu'elle ne doive jamais estre suivie d'aucune douleur ni presente, ni à venir, ni dans cette vie, ni dans l'autre, personne ne sçauroit dire pourquoy cette volupté ne seroit pas à embrasser. Ainsi s'il se presente une douleur qui puisse aussi estre dite pure, & separée de toute volupté, c'est à dire qui ne doive jamais estre suivie d'aucune volupté, il n'y a personne qui puisse dire pourquoy une telle douleur ne seroit pas à fuir. Et il en est de mesme d'une volupté qui en doit empescher une plus grande ; ou qui seroit suivie d'une douleur qui nous feroit à bon droit repentir de nous y estre laissez emporter, il n'y a raison aucune qui nous dicte qu'une telle volupté ne soit pas à fuir. Le mesme se doit aussi dire d'une douleur qui en detourne une plus grande, ou qui doit estre suivie d'une volupté tres-considerable, il n'y a point de raison qui ne persuade qu'une telle douleur ne soit à embrasser.

Aussi est-ce pour cela qu'Epicure, Platon mesme, & Aristote tiennent que la

DE LA FELICITÉ. 109

Volupté, & la Douleur sont le *Critere* ou la regle, & le principe par lequel l'on doit juger si quelque chose doit estre embrassée, ou fuïe, *Voluptas & Dolor sunt nobis principium & Criterium electionis ac fuga*. C'est la Regle, dit Aristote, par laquelle nous dirigeons nos actions. *Nos Voluptate, & Dolore quasi Canone dirigimus actiones*. Ou, comme dit Ciceron, c'est la Balance que nous tenons toujours en main lorsqu'il s'agit de faire une chose, ou de ne la pas faire. *Car si vous pesez*, dit-il, *les voluptez presentes avec les voluptez à venir, l'on doit toujours choisir celles qui sont plus grandes, & en plus grand nombre. Si les fascheries avec les fascheries, celles qui sont moindres & en moindre quantité : Mais si vous pesez les voluptez presentes avec les fascheries futures, alors il faut choisir les voluptez si elles pesent davantage, & tout le contraire si les fascheries pesent plus. Mais nous blasmons justement*, dit-il dans un autre endroit, *& tenons à bon droit pour haïssables ceux qui attirez & corrompus par les allechemens d'une volupté presente, & aveuglez par leur passion, ne prevoyent pas les douleurs, & les fascheries qui en doivent suivre. Nous condamnons de mesme ceux qui par une* mollesse d'Esprit, & en fuïant la douleur & le travail, abandonnent laschement leur devoir. Et l'on peut aisement distinguer tout cecy. Car dans un temps libre, & quand rien n'empesche que nous ne fassions ce qui nous plaist davantage, toute volupté se doit embrasser, & toute douleur se doit fuïr : Mais il est des temps que nous devons renoncer aux plaisirs, & ne rejetter pas les douleurs. Le choix du Sage consiste donc à rejetter les voluptez quand il en doit revenir de plus grandes voluptez, & à supporter les douleurs quand elles nous doivent exempter de quelques autres douleurs plus grandes.

CHAPITRE VI.

Si dans toutes nos Actions il y a toujours quelque Volupté meslée.

LA Volupté, dit Maxime de Tyr, n'a pas besoin de la Raison, elle est plus ancienne que l'Art, elle previent l'Experience, & n'attend pas le temps; car l'Animal l'aime naturellement dés sa naissance, & la Nature luy a imprimé cet amour comme le fondement & le soûtien de sa vie;

de sorte que si cet amour se detruisoit, ce qui seroit venu au Monde se detruiroit incontinent. L'homme par la suite des temps, par l'impression des Sens, & par l'experience s'acquiert la Science, & la Raison; mais pour ce qui est de la Volupté il en est instruit de luy mesme, & la Nature la luy donne en partage dés le commencement; il l'aime, il la cherit, comme il hait, & declare la guerre à la douleur; parceque c'est la Volupté qui le conserve, & la Douleur qui le corrompt. Que si la Volupté estoit une chose de rien, elle ne seroit pas née avec nous comme elle l'est, & elle ne seroit pas la premiere, & la plus ancienne des choses qui sont destinées pour la subsistance, & pour la conservation de l'Animal.

Ainsi ne disputons point, disoit Torquatus, & ne demandons point de raison pourquoy la Volupté est desirable, & la Douleur à fuïr. Cela se sent naturellement, comme l'on sent que le feu est chaud, que le miel est doux, comme l'on voit que la neige est blanche, &c. Admirons plutost la Sagesse, & la Prevoyance du Souverain Autheur de la Nature, en ce que toutes les operations devant estre de soy penibles & fascheuses, jusques à celles, dit Aristote, qui sont naturelles, comme voir, entendre, &c. il a voulu qu'elles fussent assaisonnées de volupté ; il a mesme voulu que cette volupté fust d'autant plus grande que l'operation devoit estre necessaire pour la conservation soit de l'espece, soit de l'individu. Car les Animaux negligeroient, ou oublieroient non seulement l'accouplement, mais aussi le boire, & le manger, s'il n'y avoit de certains aiguillons naturels qui en les excitant, en les picotant, & en leur causant quelque espece de douleur ou d'inquietude, les avertissent de l'action que la volupté qui doit appaiser cette sorte de douleur & d'inquietude accompagne ; marque certaine que ces sortes de voluptez ne doivent pas de soy estre mauvaises, quoy que les hommes en abusent ensuite par leur intemperance, au contraire des autres Animaux.

Ce devoit aussi estre la pensée d'Aristote, lorsqu'il dit *que tous les Hommes desirent la Volupté, parce qu'ils desirent tous de vivre, & que la vie est une operation, &c.* Il ajoûte, *que c'est avec raison que tous les Hommes desirent la Volupté, puisque c'est elle qui rend la vie desirable. Que la Vie est de ces choses qui d'elles mesmes sont bonnes & agreables. Que la Volupté est une chose commune à tous les*

Animaux, & qui accompagne & regle toutes nos elections ; veu que nous trouvons mesme que ce qui est Honneste, & ce qui est Vtile est delectable, Volupe est. *C'est pourquoy la Volupté se nourrit avec nous dés nostre enfance ; desorte que d'oster cette affection dont nostre vie est comme teinte, & imbuë, c'est une chose tres difficile.*

Sur quoy il faut remarquer qu'y ayant trois sortes de Biens selon la distinction ordinaire qu'on en fait, l'Honneste, l'Utile, & l'Agreable ou Delectable, l'Agreable qui est ce que l'on appelle Volupté, est de telle maniere meslé avec les deux premiers qu'il semble n'estre point tant une espece distincte & differente d'eux, que leur genre commun, ou du moins une affection commune qui fait qu'ils sont Biens, qu'ils sont desirables, ou qui est la cause pourquoy ils sont desirez : Comme si nous desirions l'Honneste, & l'Utile, & que nous-nous y portassions parce qu'ils sont agreables & delectables, ou parce qu'on les possede avec plaisir, & avec volupté.

En effet, il n'y a personne qui pourveu qu'il tasche de se defaire de toute préoccupation, ensorte que n'ayant en veuë que la verité seule, il vueille bien bonne foy descendre en luy-mesme ; il n'y a personne, dis-je, qui sans beaucoup de peine, & sans grande induction ne reconnoisse que tout ce que les hommes font, ils le font pour quelque volupté.

Au reste, il n'est pas necessaire d'avertir icy derechef, que par le nom de Volupté l'on n'entend pas les voluptez sales & deshonnestes, ou celles que les Sophistes, comme remarque Maxime, objectoient d'ordinaire, *Sardanapali scilicet luxus, Medica mollities, Ionica delicia, Sicula mensa, Sybaritica saltationes, Corinthia meretrices*, &c. mais generalement tout ce que l'on peut appeller, & que l'on appelle d'ordinaire joye, plaisir, contentement, satisfaction, delectation, douceur, gayeté, estat paisible, tranquille, serain, seur, sans trouble, Indolence, Tranquillité, &c. qui ne sont autre chose que des Sinonymes de la Volupté.

Il faut seulement icy faire reflection sur ce qu'Aristote enseigne, & ce qui a deja esté marqué plus haut, asçavoir que tout ce dont on fait choix est toûjours accompagné de volupté, & qu'y ayant trois genres de Biens selon la distinction vulgaire qu'on en fait, l'Honneste, l'Utile, & l'Agreable, estre agreable est quelque chose de general; parceque l'Honneste & l'Utile semblent aussi estre agreables : Ce qui fait que Bien, & Agreable semblent estre synonymes, & que rien n'est bien qui ne soit agreable; le bien estant defini ce que toutes choses desirent, & le bien n'estant desiré que parce qu'il est agreable. D'où il s'ensuit que l'Honneste, & l'Utile ne sont autre chose que deux especes d'Agreable, & qu'ainsi l'on ne devroit point faire trois especes distinctes de Bien.

Mais sans presser cecy, & supposant qu'il y ait trois especes, ou, si vous aimez mieux, trois differens genres de Bien; comme l'on ne doute pas que le bien Agreable ne soit desiré pour la volupté, il reste seulement à prouver que l'Honneste, & l'Utile sont aussi desirez pour la volupté.

Quant à l'Utile, il n'est pas fort difficile de montrer qu'il se rapporte au bien Agreable, ou à la Volupté qu'on en doit retirer; puis qu'il est constant que l'on ne desire pas l'Utile pour l'Utile, mais pour quelque autre chose qui est ou la volupté mesme, ou qui a rapport à la volupté. Je ne parle pas du boire, & du manger, du chant, des senteurs & autres choses semblables, l'on sçait assez que ces choses de soy, & de leur nature regardent la Volupté, ce qui se doit dire de plusieurs Arts, comme de celuy de la Cuisine, de celuy de la Chasse, de la Musique, de la Peinture, de la Pharmacie mesme, & de la Chirurgie, qui servent à nous delivrer de quelques incommoditez dont il est doux d'estre exempt: Mais pour ce qui est des terres, des voyages, & des heritages, des rentes, & des revenus, de la navigation, & du commerce, &c. il n'est pas moins constant que tout cela ne tend qu'à avoir de l'argent, ou quelque chose d'equivalent, & par là parvenir à quelque plaisir que l'on se propose.

Et certes, lorsque quelqu'un travaille assidument pour gaigner dequoy achepter une maison, des habits, des medicamens, des livres, une charge, &c. n'est-il pas vray qu'il songe au plaisir dont il joüira lorsqu'il aura assez dequoy vivre en repos, & sans travailler qu'autant qu'il voudra, lorsqu'il aura moyen de manger à son aise quand il aura faim, de boire quand il aura soif, de se chaufer quand il aura froid, d'etudier & de contenter sa curiosité quand l'envie luy en prendra, en un mot lorsqu'il se verra en estat de passer doucement la vie, seurement, honnestement, honorablement? C'est là le but general de tout le monde, du Laboureur, du perfide Cabaretier, du Soldat, du Marchand, du Pilote.

Ille gravem duro terram qui vertit aratro,
Perfidus hic caupo, miles, nautæq; per omne
Audaces mare qui currũt, hac mente laborẽ
Sese ferre, senes ut in otia tuta recedant,
Aiunt——

Il n'y a pas jusques aux Avares les plus sordides, qui ne se proposent le plaisir qu'ils auront de contempler leurs coffres pleins d'or, & d'argent.

——— quidam memoratur Athenis
Sordidus ac dives, populi contemnere voces
Sic solitus: Populus me sibilat; at mihi plaudo
Ipse domi, quoties nũmos contẽplor in arca.

Sans parler de ceux qui ne reconnoissant pas que la Nature se contente de peu, se plaisent à la profusion, acheptent par leurs rapines le luxe & la luxure, & taschent par toutes sortes de moyens d'amasser des richesses pour avoir le plaisir de les prodiguer; ce qui a donné sujet à ces justes plaintes de Manile.

Cumque sui parvos usus Natura reposcat,
Materiam struimus magna per vota ruinæ;

Luxuriámq; lucris emimus, luxúq; rapinas;
Et summũ census pretiũ est effundere cẽsum.

La chose paroit un peu plus difficile à prouver à l'egard du bien Honneste, parceque ce bien est censé estre desirable precisément & uniquement pour luy mesme, & non pas pour autre chose. Ciceron entre autres paroit extremement animé contre Epicure, lorsqu'ayant proposé une forme d'honnesteté telle qu'il veut qu'on l'entende, il s'addresse ainsi à Torquatus. *Ton Epicure dit qu'il ne comprend absolument point la pensée de ceux qui mesurent le souverain bien par la seule honnesteté ; que ceux qui tiennent que tout se rapporte à l'honnesteté, & qui disent que dans l'honnesteté il n'y a pas de la volupté, disent des choses en l'air, & qu'il ne comprend, ni ne voit aucunement ce qu'ils peuvent entendre sous ce mot d'honnesteté. Car, pour parler comme l'on parle communement, l'on n'appelle honneste que ce que la recommandation generale du peuple rend glorieux, & estimable ; & quoyque cela, dit-il, soit souvent plus agreable que certaines voluptez, il est neanmoins desiré pour la volupté.* Il poursuit, *Voyez-vous le grand different ? Vn noble Philosophe qui non seulement a remué la Grece, & l'Italie, mais* encore toute l'*Affrique*, *dit qu'il ne comprend point ce que c'est que l'Honneste s'il n'est dans la Volupté*. C'est ainsi qu'il propose l'opinion d'Epicure, laquelle Epictete chez Arrian exprime en ces termes μηδὲν εἶναι τὸ καλὸν, ἢ ἄρα τὸ ἔνδοξεν ou qu'il n'y a rien d'honneste, ou qu'il le faut mesurer par les opinions des hommes.

Et certes, pour parler premierement de la notion, ou description de l'Honneste, quel mal y a-t'il de la donner eu egard aux hommes envers lesquels il merite de la loüange, & de la recommandation ? l'Honneste chez les Latins est dit honneste de l'honneur qu'il merite, & chez les Grecs τὸ καλὸν ne semble pas avoir d'autre signification ; puisque si vous l'interpretez non seulement *Honneste*, mais encore *Beau, Honorable, Loüable*, &c. vous trouverez qu'il n'est point tel en soy, mais eu egard aux hommes au jugement desquels il convient, & ausquels par consequent il paroit beau, & honorable, & desquels il peut, ou doit estre loüé. Ce qui se doit de mesme entendre par le mot τὸ αἰσχρὸν qui est l'opposé de καλὸν, en ce que si vous l'interpretez *sale, vilain, ou blasmable, & honteux*, vous entendrez toûjours un rapport aux hommes ausquels il semble tel. Et n'est-il pas vray que Ciceron mesme, lorsqu'il pretend que l'Honneste doit plutost estre defini, *Ce qui est tel qu'il puisse, toute utilité estant ostée, & sans aucune recompense, estre loüé de soy, ou par soy*; n'est-il pas vray, dis-je, que de cela seul qu'il dit, *que l'Honneste est tel qu'il peut estre loüé*, il marque un rapport à ceux qui loüent, ou à la voix commune du peuple (sans en excepter les Sages) ce qui est justement la definition d'Epicure laquelle il combat ?

Aussi, lorsque Ciceron soûtient qu'on entend ce que c'est qu'Honneste *par le jugement commun de tous les Hommes, & par les actions des gens de bien, qui font plusieurs choses precisément parceque cela est honneste, & juste, quia decet, quia rectum est*, quoy que l'on voye qu'il n'en doive revenir aucun profit ; Epicure demeurera bien d'accord que les honnestes gens ne se proposent aucun profit ou avantage tel qu'est l'argent, ou quelque autre chose de la sorte ; mais non pas qu'ils ne se proposent aucun autre bien tel qu'est la loüange, la gloire, l'honneur, la renommée, la recommandation, &c.

Ciceron mesme demeurera d'accord
que

que cela se peut faire, puisque supposant qu'il y a plusieurs recompenses proposées aux gens de bien, il assure expressement, *que de toutes les recompenses de la Vertu la plus ample est celle de la gloire.* Voicy mesme encore ses termes. *La Vertu ne demande aucune recompense des travaux, & des dangers que la loüange & la gloire, laquelle estant ostée, qu'y a-t-il dans le cours si bref de cette vie pour quoy nous-nous devions tant donner de peine ?*

Epicure semble donc n'avoir pas mal definy l'Honneste, ce qui est glorieux, & honorable par la voix, & par la recommandation generale du peuple ; car si le peuple quelquefois fait une chose glorieuse, *& recommandable laquelle est tenuë pour sale ou deshonneste*, cette chose peut veritablement bien estre tenuë pour deshonneste chez d'autres peuples, hommes, ou Nations qui ont d'autres Loix, & d'autres Coûtumes selon lesquelles la notion de l'Honneste, & du Deshonneste est differente, mais non pas à l'egard du mesme peuple chez lequel cela peut estre tenu & censé honneste conformement à ses Loix, & à ses Coûtumes.

D'où vient que Ciceron mesme definit

quelquefois l'Honneur en general, *Vne recompense de la Vertu qui se fait à quelqu'un par le jugement des Citoyens. Præmium Virtutis judicio, studióque civium delatum ad aliquem*, comme voulant dire que l'Honneur, & par consequent l'Honneste, ou ce qui est glorieux par la Renommée, depend du jugement des Citoyens, ou du peuple qui se sert de ses Loix, & de ses Coûtumes quelles qu'elles soient.

Mais pour revenir à ce dont il s'agit, & parler de l'Honneste qu'on dit estre rapporté à la Volupté, il faut observer que ce rapport à la Volupté n'empesche pas que l'Honneste ne soit dit en quelque sens estre desiré par soy, ou acause de soy, entant qu'il est desiré, *nulla contingente, sive superveniente re*, comme dit Aristote; c'est à dire selon Ciceron, toute utilité estant ostée, sans aucune recompense, sans aucun profit, sans aucun fruit qui soit tel que nous avons dit estre l'Argent, ou quelque autre chose de la sorte. Car quelqu'un peut desirer l'Honneur, la Science, la Vertu pour joüir de l'honneur, pour posseder un Entendemét eclairé & sçavant, pour estre moderé dans ses passions, & non pas pour en tirer aucun gain, aucun profit, ou pour s'enrichir davantage.

Joint que la Vertu pouvant estre satisfaite de cette volupté qui est jointe à l'acte mesme, cela fait qu'on luy a donné tous ces beaux eloges, & qu'on dit qu'elle est sa propre recompense, *Ipsa sibi pulcherrima merces*, comme n'ayant pas mesme besoin de celle qui peut venir de dehors acause de l'Honneur.

Si le Desir de l'Honneur est blasmable.

JE dis de l'Honneur, car encore que ce soit une chose vicieuse de lerechercher avec trop d'empressement, & insolemment ; ou par une vertu feinte, & affectée, il ne semble neanmoins pas qu'on en doive generalement condamner le desir, comme quelques-uns s'imaginent, si principalement l'honneur n'est recherché que par une vertu solide, & par une moderation honneste ; ce qui est d'autant plus vray-semblable que ce desir est naturel, se faisant remarquer dans les Enfans, & mesme dans les Brutes, & qu'il n'y a personne qui bien qu'il fasse semblant d'avoir l'Honneur en aversion, ne reconnoisse qu'il le desire toujours, & qu'il ne sçauroit, le vouluft-il, se depoüiller de cette passion.

Joint que par tout on propose l'Honneur & la Gloire comme le prix de la Vertu, & qu'il n'y a ni Republique, ni Royaume qui n'anime ses Citoyens aux grandes actions par l'esperance de l'Honneur : Car il y a d'ailleurs cette difference entre un Esprit noble & elevé, & un Esprit bas & populaire, que celuy-là ne cherche que la Gloire, au lieu que celuy-cy ne cherche que le gain & le profit : Pour ne dire point que l'experience a fait remarquer, que si l'on tire de l'Eprit des hommes le desir de l'Honneur & de la Gloire, il ne se parle plus de ces grandes & illustres actions qui soûtiennent les Estats.

Cecy supposé, l'on peut distinguer deux sortes de Voluptez pour lesquelles l'Honneur est desiré. La premiere est cette joye extreme dont quelqu'un espere estre transporté lorsque sa renommée volera parmi les hommes, & qu'il sera connu de tout le monde. L'on sçait l'Histoire de Damocles, & comme il esperoit ressentir une joye admirable de l'Honneur Royal qu'on luy rendroit.

L'on sçait aussi comme Themistocle estant present aux Jeux Olympiques apres avoir remporté une fameuse Bataille, & qu'ayant remarqué que les Citoyens sans prendre garde aux Jeux avoient les yeux tendus sur luy, & se le montroient les uns aux autres & aux Etrangers, il avoüa à ses Amis qu'il remportoit ce jour-là une recompense tres grande de tous les travaux qu'il avoit souffert pour la Grece; sans parler d'Epaminondas, de Coriolan, & de quelques autres dont Plutarque dit la mesme chose.

Enfin l'on n'ignore pas combien Demosthene eut de joye d'entendre cette Femmelette qui retournant de la fontaine disoit tout bas à sa compagne, tiens le voilà ce Demosthene: Et c'est ce que Perse a voulu insinuër quád il remarque qu'il est doux à un homme de merite d'estre montré au doigt, & qu'ó dise le voilà, comme lorsqu'on dit icy, c'est là ce Chapelle le plus bel Esprit du Royaume; celuy-cy c'est Despreaux, le diseur de choses, l'Horace du téps; celuy là ce celebre Racine qui nous sçait tous faire pleurer quád il l'entreprend; celle-là cette sçavante Sabliere.
At pulchrum est digito monstrari, & dicier hic est.

Du moins en connoiſſons-nous un à qui il ne deplaiſt pas d'entendre dire, le voilà ce grand Voyageur,

Qui mores hominū multorū vidit & urbes.

La ſeconde Volupté qui porte les hommes à deſirer de l'Honneur, c'eſt cette Seureté dont il eſt ſi doux de joüir, d'autant plus que celuy qui vit en pleine & entiere ſeureté ſe voit en puiſſance de faire ce que bon luy ſemble, ſans que perſonne l'en empeſche. Or l'on ſe perſuade volontiers que la Seureté s'acquiert par l'Honneur : Car ſoit que l'honneur ſe rende ou acauſe de la Vertu, ou acauſe de la Dignité qui ſuppoſe la Vertu, il arrive toujours de quelque maniere que ce ſoit que celuy qui eſt honoré n'eſt pas dans le meſpris, ni dans un eſtat qui ſoit expoſé aux injures, & aux inſultes. En effet, ſi nous conſiderons l'honneur qui ſe rend pour la Vertu, comme il eſt accompagné de l'amour & de l'affection des Citoyens, cela paroit un appuy & un rampart aſſuré : Et à l'egard de celuy qu'on rend à la Dignité ou aux Charges eminentes, comme il ſe rend preſque toûjours en veüe de quelque bien qu'on eſpere, ou de quelque mal qu'on craint, il paroit auſſi d'ordinaire un tres grand

& ferme appuy. Et parceque l'honneur qui se rend acause de la Dignité a plus d'eclat, & eblouït davantage l'Esprit du vulgaire, cela fait qu'on en voit plusieurs brusler pour les Dignitez, & tres peu aspirer à la Vertu ; parceque ceux qui sont eslevez aux Dignitez ont de quoy servir aux uns, & de quoy nuire aux autres, & peuvent par consequent à l'egard de ceux-là estre en seureté acause de l'esperance, & à l'egard de ceux-cy acause de la crainte.

CHAPITRE VII.
Quel Bien produit la Vertu Morale.

Quant à la premiere partie de la Vertu qui comprend la Science, & l'Erudition, il ne faut que lire les Anciens pour voir le plaisir & la satisfaction que l'on reçoit de la Sagesse, & de la connoissance de la Nature. C'est ainsi qu'Aristote en parle. *La Nature cette Mere commune des Animaux, excite des voluptez ineffables dans ceux qui peuvent parvenir à connoitre les causes des choses, & qui philosophent ingenûment & sincerement. Si nous ne sçaurions sans plaisir re-*

garder de simples images de la Nature, parce qu'en les regardant nous contemplons le genie & l'art du Peintre qui les a tracées ; combien à plus forte raison la contemplation de la Nature mesme, de sa Sagesse, & de son industrie admirable nous doit-elle remplir l'Esprit de joye, & de satisfaction?

Ciceron semble vouloir encherir sur Aristote, lorsqu'il dit *que la consideration de la Nature est une douce & naturelle pasture des Esprits ; que c'est elle qui nous eleve aux grands sentimens, & qu'en contemplant des choses celestes si grandes, si vastes, & si etenduës, nous mesprisons celles d'icy bas comme petites, & de nulle consideration.*

O que l'Homme est mesprisable, s'ecrie Seneque, *s'il ne s'esleve au dessus des choses humaines! L'on peut dire que l'Esprit de l'Homme est parvenu au plus grand bon-heur dont sa nature soit capable, lorsqu'ayant foulé aux pieds tout vice, & tout mal, il s'eleve aux choses sublimes, & va penetrant dans l'interieur de la Nature. C'est alors que se promenant parmi les Astres, il se mocque des plafonds azurez, & de tout l'Or que la Terre reserve pour l'avarice de nos descendans. Il y a là haut des Espaces immenses dont l'Esprit prend* possession. Lorsqu'il y est parvenu, il se nourrit, il s'augmente, & comme s'il estoit libre des liens terrestres, il retourne à son origine ; ayant pour marque de sa Divinité que les choses divines luy plaisent, & qu'il les regarde non comme etrangeres, mais comme siennes.

L'on ne sçauroit exprimer les transports de joye que causent les Mathematiques. Eudoxe eust esté content d'estre bruslé comme Phaëton, pourveu qu'il luy eust esté permis d'approcher le Soleil d'assez prés pour voir sa figure, sa grandeur, & sa beauté. Pythagore fut tellement ravy de joye, pour avoir trouvé ce fameux Theoreme qui fait la quarante septieme du premier Livre d'Euclide, qu'il fit d'abord un Sacrifice solemnel. L'on sçait comme plusieursfois l'on fut obligé de retirer par force Archimede de ses profondes meditations, tant il y trouvoit de plaisir, & comme il pensa mourir de joye lorsqu'il eut trouvé le moyen de demontrer la quantité du cuivre qui pouvoit estre meslé dans cette couronne d'or que le Roy avoit consacrée aux Dieux, & enfin comme il sortit du Bain tout transporté en s'ecriant, je l'ay trouvé ἕυϱηϰα ἕυϱηϰα.

L'Histoire, la Poësie, & l'Eloquence ont aussi leurs plaisirs: Ciceron dit qu'elles nourrissent & entretiennent la Jeunesse, & qu'elles font le divertissement de la Vieillesse, qu'elles sont un ornement dans la prosperité, & un refuge dans l'adversité. *Hæc studia Adolescentiam alunt, Senectutem oblectant, secundas res ornant, adversis perfugium ac solatium præbent, delectant domi, non impediunt foris, pernoctant nobiscum, peregrinantur, rusticantur, &c.* Enfin, pour le dire en un mot avec le mesme Ciceron, les gens studieux veillent les jours & les nuits, & il n'y a point de travaux qu'ils ne souffrent, tant ils trouvent de plaisir dans l'etude, & dans la meditation, *Omnia perpetiuntur ipsâ cognitione & scientia capti, & cum maximis curis & laboribus compensant eam quam ex discendo capiunt voluptatem.*

Quant à l'autre partie de la Vertu qui est specialement dite Vertu Morale, nous serons obligez ensuite d'en parler plus au long, lorsque nous traitterons de ses quatre especes la Prudence, la Force, la Temperance, & la Justice. Maintenant, supposant qu'il n'y a rien de plus doux que de ne se reprocher rien à soy mes-

DE LA FELICITÉ. 131

me, de ne se sentir atteint d'aucun crime, de vivre sagement, & selon les regles de l'honnesteté, de ne manquer à aucun des devoirs de la vie, de ne faire tort à personne, de faire du bien à tout le monde autant qu'il est possible ; supposant, dis-je, ces sortes de Maximes que nous toucherons ensuite, je remarque seulement trois choses.

La premiere, que ce n'est pas sans raison qu'on a de tout temps comparé la Vertu à une Plante dont la racine est amere, mais dont les fruits sont tres doux, & que Platon, Xenophon, & plusieurs autres ont tant recommandé ces Vers d'Hesiode qui marquent que la Vertu ne s'acquiert que par les travaux, & par les sueurs, que le chemin qui y conduit est long & difficile, qu'il est d'abord rude, & fascheux, mais que lorsque l'on est parvenu au sommet il n'y a rien de plus doux, & de plus agreable.

Virtuti verò sudorem præposuere
Dij superi; & via longa, atque ardua ducit
 ad ipsam,
Aspera principio; sed ubi ad fastigia ventum est,
Occurrit (dura antè licet) mollissima deinceps.

Il faut ajoûter ce que dit Epicure dans Xenophon.

Labore nobis cuncta
Dij vendunt bona.

Et cependant n'oublier pas pour nous encourager au travail, cette judicieuse remarque de Maxime de Tyr. *Vous voyez, dit-il, dans Hercule des travaux immenses, mais vous ne voyez pas les plaisirs incroyables qui les suivoient, ou qui les accompagnoient. Quiconque oste le plaisir à la Vertu, il luy oste les nerfs & les forces. Les hommes ne se porteroient point aux grandes choses s'ils n'y trouvoient quelque plaisir, & celuy qui souffre volontiers les travaux qui accompagnent la Vertu, le fait en veüe de quelque plaisir soit present, soit avenir. Car de mesme que dans l'amour d'amasser des richesses personne ne change un talent avec une dragme, ni du cuivre avec de l'or, si ce n'est celuy à qui Iupiter a osté l'Entendement; ainsi à l'egard des travaux, personne ne travaille pour le travail; ce seroit là un pauvre dessein, mais il change les travaux presens avec l'honnesteté, comme parlent les plus grossiers, ou, pour parler plus veritablement, avec la volupté. Car qui dit honneste, dit agreable, & l'honneste sans l'agreable seroit ne-*

gligé. Ie suis d'un sentiment tout contraire à ce que l'on objecte, & je tiens que dans toutes nos actions nous butons à la volupté, & que c'est acause d'elle qu'on soufre la mort, les blessures, & les travaux ; car quoy que vous donniez d'autres noms à la cause pour laquelle on les souffre, & que dans Achille, par exemple, qui court volontiers à la mort pour Patrocle, vous la nommiez Amitié, dans Agamemnon qui veille, qui delibere, qui fait la guerre, le soin du Royaume, dans Hector qui commande, qui combat, qui gaigne des Batailles, le salut de la Patrie, tous ces differens termes dont vous-vous servez sont des noms de volupté. Car de mesme que dans les maladies du corps le malade se soumet volontiers à souffrir les incisions, le feu, la soif, la faim, & les autres choses fascheuses & incommodes dans l'esperance de la santé, ensorte que si vous ostiez cette esperance il ne s'y soumettroit jamais; ainsi dans les actions de la vie il se fait une compensation des choses fascheuses qu'on souffre avec la volupté que vous appellez veritablement Vertu, & que j'avoüe aussi estre Vertu, mais à l'egard de laquelle je demande neanmoins s'il est vray que vostre Esprit embrasse la Vertu sans qu'il ait de l'amour pour elle? Or si vous demeurez d'accord qu'il y a de l'amour, demeurez donc auſſi d'accord qu'il y a du plaiſir, qu'il y a de la Volupté : Et changez de termes tant qu'il vous plaira, ne dites pas Volupté, mais joye, mais ſatisfaction, je n'envie pas l'abondance des termes, je regarde à la choſe, & je reconnois la Volupté qui a fait agir Hercule, &c.

La ſeconde remarque que je fais, c'eſt que les Philoſophes meſme qui ſemblent avoir declaré la guerre à la Volupté, comme pour elever davantage la Vertu, & faire les hommes d'importance, ne different point tant d'Epicure dans la choſe que dans le mot. Je pourrois icy parler de leurs mœurs avec Lucian, & Maxime de Tyr, dont le premier leur dit que s'ils avoient l'Anneau de Gyges, ou le Caſque de Pluton qui fiſt qu'ils ne pûſſent eſtre apperceus de perſonne, on les verroit bientoſt abandonner là leurs cheres douleurs, leurs travaux, & leurs incommoditez, & ſe jetter dans le plaiſir, & dans des voluptez que les autres condamnent & abhorrent ; le ſecond, qu'ils ſont comme le Paſteur d'Eſope, qui eſtant interrogé par un Lion qui luy demandoit s'il n'avoit point veu le Cerf qu'il pourſuivoit, repondit au Lion que non, luy montrant cependant du doigt l'endroit où il eſtoit, c'eſt à dire qu'ils renoncent à la volupté, mais que ce n'eſt que de paroles ſeulement : Je pourrois, dis-je, icy m'etendre ſur leurs mœurs qui ne repondoient nullement à leurs paroles, mais il ſuffit de ſçavoir qu'Epicure admet auſſi & eſtime extremement la Vertu, & que lors qu'ils s'echauffent ſi fort contre luy de ce qu'il ſoutient que la Vertu eſt ſimplement un moyen tres propre pour parvenir à la fin derniere ou au ſouverain bien, au lieu de ſoutenir comme eux qu'elle eſt elle-meſme la derniere fin, ou le ſouverain bien meſme, ils ne diſent au fond que la meſme choſe que luy, quoy qu'en termes differens.

Et qu'ainſi ne ſoit, voicy en termes exprès ce qu'ils diſent, & ce qui eſt de plus celebre parmy eux, *La Vertu ſuffit à la Felicité*, ou comme parle Ciceron, *Pour vivre heureux la Vertu eſt contente d'elle-meſme*. Or à entendre ſeulement ce Dogme, qui eſt-ce qui ne voit, & qui ne comprend que la Vertu eſt, non le ſouverain bien, ou la fin derniere, mais un moyen qui contribuë de telle maniere à l'acquerir qu'il eſt ſeul ſuffiſant pour cela, ſans qu'il ait beſoin du ſecours d'aucun autre moyen? Et qui est-ce par consequent qui ne concluë que la vie heureuse, ou la Felicité qui s'obtient par le moyen de la Vertu, est le souverain bien, & la derniere fin, en ce que ce bien, & cette fin est maintenant pour soy, & n'est pas pour avoir ensuite quelque autre chose? Desorte que je laisse à juger à un chacun, si vivre heureusement peut estre autre chose que vivre agreablement, doucement, avec plaisir, ou, pour ajoûter le principal Synonime qui les choque si fort, avec volupté.

Je le diray encore, quoyque les Stoïciens n'en usent pas si ingenument qu'Aristote, qui tient *que la Volupté est meslée à la Felicité, & que par la Volupté la contemplation ou l'operation de la Felicité est augmentée*, je doute neanmoins fort que si la vie heureuse pouvoit estre sans l'accompagnement du plaisir, ou du moins sans cette satisfaction interieure qui se trouve dans l'exercice de la Vertu, ils abandonneroient bientost là cette pretenduë vie heureuse, & apparemment qu'ils ne souffriroient point tant de peines & de fatigues pour grimper au sommet de cette rude & difficile montagne de la Vertu, s'ils ne se figuroient qu'estant parvenus à ce sommet, ils y trouveroient de la douceur, de la satisfaction, en un mot, du plaisir, de la volupté.

Mais venons à Socrate mesme dont ils demandent la force & le courage, il est constant qu'il a definy la Felicité, *Vne Volupté qui ne soit suivie d'aucun repentir:* Et quoy qu'Antisthenes qui est le Pére des Cyniques, & celuy de qui le Dogme des Stoïciens a esté tiré, ait dit avec tant de severité, *qu'il aimeroit mieux devenir fol. que de prendre du plaisir,* il demeure neanmoins d'accord chez Stobée, *venandas esse eas voluptates, non quæ labores, aut molestias præcedunt, sed quæ consequuntur,* que l'on doit rechercher les Voluptez, non celles qui precedent les travaux, & les fascheries, mais celles qui les suivent.

Et de plus pour voir plus clairement comment la Volupté accompagne la vie Cynique mesme que les Stoïciens estiment d'ailleurs tres austere mais tres heureuse, il ne faut qu'entendre derechef Maxime de Tyr qui en fait merveilleusement bien la description dans Diogene. *Qu'est-ce qui a jetté,* dit-il, *ce Diogene dans le tonneau, si ce n'est la Volupté?* Car quoy que ce soit aussi la Vertu qui l'y a jetté, pourquoy neanmoins faites-vous la volupté eloignée de la Raison? Diogene s'est autant pleu dans son tonneau, que Xerxes dans Babilone; autant à manger sa boüillie d'orge, & du pain sec, que Smindrydes à ses mets, & à ses ragousts exquis; autant à la chaleur du Soleil, que Sardanapale dans ses vestemens de pourpre; autant à son baston, qu'Alexandre à sa Lance; autant à sa besace, que Crœsus à ses thresors. Que si vous comparez voluptez avec voluptez, celles de Diogene l'emportent; car la Douleur s'est toujours de tous costez meslée aux voluptez de ces pretendus heureux. Xerxes vaincu se plaint, Cambyses blessé gemit, Sardanapale bruslé pleure, Smindrydes chassé se tourmente, Crœsus captif fond en larmes, Alexandre empesché de faire la guerre se plaint; mais les voluptez de Diogene sont exemptes de plaintes, de cris, de pleurs, & de douleurs. Vous appellez douleur ou fascherie ce qui luy est Volupté, c'est mesurer Diogene à vostre pied, c'est à dire à vostre petite mesure; car si vous faisiez ce qu'il fait, vous en seriez affligez, & Diogene en fait son plaisir. I'oserois mesme asseurer que jamais homme n'eut plus de passion pour la volupté que Diogene. Il n'a point eu de maison; le sain d'une famille est fascheux. Il ne s'est point meslé des affaires civiles; c'est un estat plein d'inquietudes. Il ne s'est jamais marié ; il avoit oüy parler de Xantippe. Il n'a point elevé d'enfans ; il en connoissoit les difficultez : *Verùm depulsâ omni molestia plenus libertate, expers sollicitudinis, absque metu, citra dolorem habebat unus hominum universam rerum quasi unam domum, voluptatibus passim fruens incustoditis, patentibus, copiosis.* Mais parfaitement libre & exempt de fascherie, de soucy, d'inquietude, de crainte, & de douleur il consideroit luy seul toute la Terre comme une seule & unique Maison, joüissant abondamment des plaisirs dont tout le monde peut joüir librement, & sans que personne s'y oppose.

La troisieme remarque est, que ceux qui semblent ou qui se glorifient de faire tout par un pur amour de la Vertu, sans avoir aucun egard à eux-mesmes, ni à leur plaisir, font neanmoins au fond & en effet tout ce qu'ils font pour le plaisir. Nous parlerons ensuite de cette Volupté qui fait que l'on desire, & que l'on cultive par divers offices l'Amitié, jusques à donner sa vie pour un Amy, quoy qu'on objecte que l'Amy doit estre aimé pour luy mesme, & sans aucun retour sur soy, de peur que l'Amitié ne semble interessée, & mercenaire.

Le mesme se doit dire à l'egard de ceux qui s'exposent à divers dangers pour le salut de la Patrie, & qui affrontent mesme la mort qu'ils tiennent comme indubitable, & qu'ils voyent comme devant leurs yeux ; car quoy qu'ils ne fassent pas cela en veüe d'une volupté qu'ils doivent sentir apres la mort, ne pensant peutestre point du tout si vous voulez à ce temps là, ils le font neanmoins pour le plaisir present qui les transporte, & qui les anime, lorsqu'ils pensent que l'action qu'ils vont faire donnera la liberté à leurs pere, & mere, à leurs enfans, à leurs amis, & aux autres citoyens, ou qu'elle leur causera quelque grand avantage ; lorsqu'ils s'imaginent combien leur memoire sera chere à leurs descendans, & à toute la posterité ; lorsqu'ils prevoient les Trophées, les Statuës, & les loüanges qui ne leur manqueront pas; lorsqu'ils se representent que ce moment de mauvais temps qui reste à souffrir sera changé en une gloire immortelle ; ils le font, dis-je, pour le plaisir present qui les ravit, qui les transporte, & qui les anime : Ce qui se doit entendre de celuy qui va à une mort certaine, je dis à une mort certaine, car lors qu'il reste quelque esperance d'en echapper, les causes & les motifs autres que la Vertu ne manquent pas. *Vn de mes Ayeuls*, dit Torquatus, *arracha la Lance à l'ennemy, mais il se couvrit autant qu'il put pour n'estre pas tué; il affronta un grand danger, mais c'estoit à la veuë de toute l'Armée: Quel avantage luy en revint-il? La louange & l'amour de tout le monde, qui sont des ramparts assurez contre la crainte.*

Seneque ajoûte, qu'encore qu'a celuy qui fait l'action, qui se brusle, ou qui se precipite il n'en revienne aucun avantage apres la mort, neanmoins la contemplation de l'action future plaist extremement, ensorte que lors qu'un homme genereux & juste se represente le prix de sa mort, la liberté de son pays, le salut de ceux pour qui il donne sa vie, il est dans une joye, dans une satisfaction, & dans une volupté tres grande, & jouït du fruit de son peril, & que celuy-là mesme qui n'a pas cette joye (ce qui arrive au dernier moment de l'action) court à la mort sans hesiter, content & satisfait de faire une action bonne, pieuse, religieuse.

Le mesme se doit aussi dire de ces Peres severes qui punissent de mort leurs propres Enfans, comme fit ce mesme Ayeul de Torquatus, preferant le droit de l'Empire à la nature, & à l'amour paternel. Car ceux qui en viennent à cette extremité connoissent le naturel de leurs Enfans, & sçavent qu'il est meilleur soit pour eux, soit pour leurs enfans mesmes, de mourir que de vivre, qu'ils n'en recevroient jamais que des deplaisirs continuels, & que leur infamie perpetuelle rejailliroit sur eux. C'est pourquoy comme ils croient qu'il est meilleur, ils croient aussi qu'il est plus agreable de rachepter les deplaisirs & l'infamie avenir par une douleur presente, & d'effacer cette infamie par quelque belle action, que de se jetter par une foiblesse d'Esprit dans un abysme de malheurs. Aussi Torquatus ajoûte-t'il en parlant de la severité de son Ayeul, *Il fit mourir son fils; s'il l'avoit fait sans cause, je ne voudrois pas estre né d'un pere si cruel; s'il l'a fait pour establir, & affermir la discipline militaire, & par la crainte du chatiment retenir l'Armée dans son devoir pendant une guerre tres dangereuse, il a regardé le salut des Citoyens dans lequel il voyoit que le sien estoit compris.*

Mais sans m'arrester sur cecy davantage, je diray seulement un mot à l'egard de ceux qui croient que c'est trop ravaller la Vertu que de dire qu'elle est *ad aliud*, pour autre chose: Car ils inferent qu'il s'ensuit de là que la Vertu est dans le genre des choses utiles, lequel genre est different de celuy des choses honnestes, & qu'ainsi il seroit vray de dire que nous-nous en servirions, au lieu d'en joüir, la joüissance ne regardant que les choses qui sont & pour elles mesmes, & honnestes, selon la pensée de Ciceron qui dit *qu'on ne doit seulement pas acquerir la Sagesse, mais que l'on en doit joüir*, & selon celle de S. Augustin, qui tient que c'est mal fait de joüir des choses, dont il faut se servir, ou de se servir des choses dont il faut joüir, *Iniquum fieri hominem cùm fruitur utendis, aut utitur fruendis*. Mais encore qu'on accorde que tout ce qui est *ad aliud*, peut en quelque façon estre dit utile, l'on nie neanmoins que tout ce qui est utile soit rapporté à ce genre bas & sordide dans lequel l'Argent tient le premier lieu, & qui est opposé à l'honneste; puisque l'honneste mesme a aussi son utilité, asçavoir une utilité belle, genereuse, & liberale, & que Ciceron mesme, & quelques autres montrent qu'il n'y a rien de veritablement utile, que ce qui est honneste.

C'estpourquoy quand l'on tiendra la Vertu dans ce genre d'Utile genereux & liberal on ne luy oſtera rien de ſon luſtre, & l'on ne pourra point dire que nous-nous en ſervions comme on ſe ſert de l'argent, ou que nous n'en joüiſſions pas, comme nous ſommes dits joüir de quelque honneſte choſe que ce ſoit quand nous en prenons du plaiſir. Et certes, le meſme S. Auguſtin favoriſe ce ſentiment lorſqu'il dit dans un autre endroit, *Frui dicimur ea re, de qua capimus voluptatem; utimur ea, quam referimus ad id unde voluptas capienda eſt. Omnis itaque humana perverſio eſt, quod etiam vitium vocatur, fruendis uti velle, atque utendis frui, &c.* Nous ſommes dits joüir de cette choſe d'où nous prenons du plaiſir; nous-nous ſervons de celle que nous rapportons à ce d'où l'on doit prendre de la volupté, &c.

Mais direz-vous, ce qui ſe dit univerſellement de la Vertu, ſe peut-il auſſi dire de la Pieté envers Dieu, puiſqu'il ne ſemble pas qu'il puiſſe y avoir de la Pieté ſincere, ſi Dieu n'eſt purement & preciſément aimé pour luy meſme ou parce qu'il qu'il est infiniment bon , & s'il n'est aimé & honoré parcequ'il est infiniment excellent, ensorte que celuy qui aime,& qui honore ne se regarde aucunement,& ne considere aucunement son utilité, ou son plaisir ?

Pour moy, à Dieu ne plaise que je vueille ravaller la Pieté de qui que ce soit, puisqu'il y en a qui non seulement persuadent qu'il faut aimer Dieu de cette sorte,& qui supposant par consequent que cela se peut, se vantent pour auctoriser le Dogme, & prevenir l'Objection, qu'ils le font effectivement, je ne pretens point, dis-je, ravaller leur zele,ou aller au contraire de ce qu'ils disent, j'approuve mesme, & respecte extremement ce bon-heur,& cette grace particuliere que le Ciel repand sur eux ; car nous devons croire que c'est un don divin & surnaturel, qu'un homme se puisse porter à aimer, & à honorer Dieu de cette maniere : Mais il s'agit icy de la Pieté, ou universellement de la Vertu qui est selon la Nature, & selon laquelle tout ce que fait l'homme,il le fait par quelque rapport à soy-mesme.

Seroit-il point mesme permis d'ajouter, que Dieu s'est de telle maniere accommodé à l'infirmité de la Nature, que n'y ayant presque dans les Saintes Ecritures aucun temoignage qui exprime ce Dogme, il s'y en trouve neanmoins quantité qui loüent ceux qui aiment beaucoup Dieu parcequ'il leur a pardonné beaucoup de pechez, ou qu'il leur a fait beaucoup de graces, qui l'aiment pour l'esperance qui leur est promise dans les Cieux, & qui font divers offices de charité, soufrent la persecution, gardent la foy, &c. acause du Royaume qui leur est preparé dés le commencement du Monde, acause de la recompense abondante qui les attend dans les Cieux, acause de la couronne de Iustice que Dieu a promise à ceux qui l'aiment, &c. ce qui semble, certes, marquer que rien n'empesche qu'on n'ait en veüe ces delices eternelles dont doivent un jour joüir ceux qui auront aimé Dieu, & qui l'auront honoré?

Car quoy que dans la Maison de Dieu il soit plus decent d'agir en fils, qu'en serviteur; cela n'empesche pas que l'on ne puisse dire que le fils aime plus son pere que le serviteur n'aime le maistre, parceque le fils a plus receu de biens, & qu'il espere l'heritage: Autrement si le

DE LA FELICITÉ. 147

fils sçavoit que son pere le deust desheriter, & le serviteur que son maistre le deust faire heritier, je vous laisse à penser lequel des deux aimeroit davantage.

Je ne prens point à temoin la conscience de personne, ni ne demande point ce qu'ils feroient, si Dieu se contentant d'estre aimé, & honoré, ne se soucioit aucunement de ceux qui l'aimeroient, & qui l'honoreroient, s'il ne leur faisoit aucun bien, & s'il ne leur en donnoit aucun à esperer dans toute l'Eternité; je ne leur demande pas, dis-je, ce qu'ils feroient, & si de bonne foy ils ne l'en aimeroient, ni ne l'en honoreroient pas moins? Ie les prie seulement de ne trouver pas mauvais qu'on leur demande s'ils ne le font du moins pas parcequ'il est tres doux d'aimer Dieu, & de le servir de la sorte, & s'ils ne croient par consequent pas qu'il est tres Doux & tres satisfaisant d'estre de telle maniere disposé envers Dieu qu'on le fasse purement & absolument pour luy, & nullement pour soy? Cette Douceur n'est assurement pas desagreable à celuy qui crie que son joug est Doux, c'est à dire sa Loy dont il est le chef, afin que nous aimions Dieu de tout nostre Cœur, de toute nostre Ame, de tout

G 2

noftre Entendement, & de toutes nos Forces.

Et certes, cette dilection n'eft point fans un certain Contentement interieur par lequel Dieu nous attire à foy, ou à fon amour, conformement à ce paffage, *Attirez-nous apres Vous, & nous courrons dans l'odeur de vos parfums.* Auffi le mefme S. Auguftin dit admirablement bien, *Parum eſt voluntate trahi, etiam Voluptate traheris. Quid eſt trahi Voluptate? Delectari in Domino.* C'eſt peu d'eſtre attiré par la volonté, vous eſtes auſſi attiré par la Volupté. Qu'eſt-ce qu'eſtre attiré par la Volupté? C'eſt ſe delecter dans le Seigneur. Et incontinent apres, *S'il a eſté permis au Poëte de dire que la Volupté attire un chacun.*

Trahit ſua quemque Voluptas.
Non la neceſſité, mais la Volupté, non l'obligation, mais la delectation ; combien celuy-là eſt-il plus fortement attiré à IESUS-CHRIST *lequel ſe plaiſt à la Verité, à la Beatitude, à la Iuſtice? Et puis, Vous montrez un rameau vert à une brebis, & vous l'attirez, des noix à un enfant, & il eſt attiré : Si donc chacun eſt attiré par la Volupté,* IESUS CHRIST *revelé par ſon Pere n'attire-t'il pas? Et enſuite, Voicy comment*

le pere attire ; il delecte en enseignant, docendo Delectat, &c.

Au reste, tout ce qui s'est dit dans ce Chapitre n'estant qu'une suite, ou une confirmation de la raison d'Eudoxe, par laquelle il prouve que la Volupté est le souverain Bien, ou la derniere fin, parcequ'elle est de telle maniere desirée pour elle mesme, que toutes les autres choses sont desirées acause d'elle, il nous reste icy à exposer en peu de mots l'autre raison que le mesme Eudoxe touche dans Aristote : Elle est prise de la comparaison de la Volupté avec la Douleur qui luy est opposée, & elle est rapportée tout au long par Torquatus dans Ciceron.

Representez-vous, dit-il, *d'une part un homme qui jouisse de plusieurs grands, & stables plaisirs tant du corps que de l'Esprit, sans que ces plaisirs soient troublez par aucune douleur ou presente, ou à venir; y a-t'il estat aucun qu'on puisse dire estre meilleur, & plus desirable que celuy-là ? Car un homme disposé de la sorte sera dans une assiette d'Esprit inebranlable, & ne fremira point vainement & puerilement à la veuë de la mort, considerant qu'elle est inevitable, & qu'estant comme attachée à la condition de naistre, il est d'un Esprit rai-*

sonnable de s'y soûmettre volontairement: D'ailleurs il se consolera à l'egard de la douleur, se representant que si elle est violente elle ne peut pas durer long-temps: Son Esprit sera mesme en assurance à l'egard de la Divinité qu'il esperera luy devoir estre favorable, & la paix de sa conscience luy permettra de se souvenir agreablement de ses joyes passées, de jouïr des biens presens, & d'attendre patiemment ceux qu'il a à esperer de l'avenir : Cela estant ne doit-on pas estimer un homme heureux dans cet estat ? Et que luy pourroit-on souhaiter pour rendre sa condition meilleure ?

L'autre part, figurez-vous un homme travaillé de toutes les plus cruelles douleurs tant du corps, que de l'Esprit dont une personne malheureuse soit capable, sans esperance d'aucun soulagement, ni d'aucun plaisir soit present, soit à venir ? Que peut-on dire, ou s'imaginer de plus malheureux que cet homme ? Or si la vie douloureuse ou remplie de douleurs & de chagrins est à fuïr sur toutes choses, vivre avec douleur est certainement le souverain des maux, d'ou il s'ensuit par la loy des contraires, que vivre sans douleur, doucement, tranquillement, & avec plaisir, est le souverain des biens, n'y ayant rien au delà comme der-

DE LA FELICITÉ. 151
nier où noſtre Eſprit s'arreſte, & n'y ayant rien au de là de la douleur ſoit du Corps, ſoit de l'Eſprit qui puiſſe ebranler la Nature, ou en ſapper les fondemens.

Et qu'on ne diſe point que le Sage peut eſtre heureux dans les plus grands tourmens, du ſentiment meſme d'Epicure. Car lors qu'Epicure a dit dans Ciceron que le Sage pouvoit eſtre heureux dans le Taureau de Phalaris, il n'a pas pretendu qu'il fuſt auſſi heureux que s'il n'y eſtoit point, ou qu'il fuſt abſolument heureux, mais il a ſeulement entendu qu'il ſeroit moins malheureux que s'il n'eſtoit point Sage; parceque la Sageſſe luy ſeroit alors d'un tres grand ſecours contre les douleurs, non ſeulement pour ne les augmenter pas par ſon impatience, & par le deſeſpoir, comme pourroit faire un autre moins vertueux, mais pour les adoucir meſme par ſa conſtance, & ainſi les rendre en quelque façon plus douces ou plus legeres; d'autant plus que ſa conſcience qui ne luy reprocheroit rien, & l'innocence de ſa vie qu'il auroit en veüe luy ſeroient une conſolation merveilleuſe, & l'affermiroient puiſſamment, de telle ſorte qu'il pourroit dire, le feu me bruſle, mais il ne me ſurmonte pas.

G 4.

De la Vertu, & Felicité de Regulus.

LA Vertu, dit Ciceron, preferera Regulus à celuy que vous nous avez depeint comme le plus heureux homme du Monde. Il avoit fait de grandes guerres, il avoit esté deux fois Consul, il avoit triomphé, & cependant il ne croioit point tout cela ni si grand, ni si beau que cette derniere entreprise que sa foy, & sa constance luy suggererent, & cet estat qui à l'entendre depeindre nous semble miserable, luy estoit un estat de plaisir & heureux. Car ce n'est pas toujours la joye, la lasciveté, les ris, & les jeux qui font la Beatitude, mais souvent la fermeté, & la constance rend heureux ceux qui sont dans la souffrance & dans la tristesse. C'est ainsi que parle Ciceron, & c'est là cette pompe de paroles avec laquelle on a coutume d'exagerer la Felicité, & la Vertu de Regulus.

Mais certes il est bien difficile de se persuader que Regulus dans le plus fort de ses tourmens fust aussi joyeux, aussi content, & aussi heureux que lorsqu'il joüissoit d'une parfaite santé, que lorsqu'il gaignoit des batailles, & qu'il

DE LA FELICITÉ. 153

triomphoit. Car enfin, si nous en croions à Tubero, les Cartaginois apres son retour de Rome le mirent dans un estrange estat. Ils le tenoient, dit-il, enfermé dans des tenebres epaisses, & profondes, d'où ils le tiroient tout à'un coup, l'exposant aux rayons d'un Soleil tres ardent apres luy avoir cousu, ou coupé les paupieres, & l'avoir mis dans une machine, ou, comme dit Seneque, dans une espece de coffre herissé de pointes de clou, pour le faire mourir en veillant dans des douleurs inconcevables. Silius decrit de cette sorte la Machine.
*Præfixo paribus ligno mucronibus omnes
Armantur laterum crates, densusq; per artē
Texitur erecti, stantisque ex ordine ferri
Infelix stimulus; somnisque hac fraude ne-
gatis,*
*Quoscumq; in flexus producto tēpore tortor
Inclinavit iners, fodiunt ad viscera corpus.*
Voilà cet estat de Felicité tant vanté. Pour ce qui est de cette pretenduë Vertu qu'on exagere aussi avec tant d'ostentation, je remarque veritablement dans Regulus une grande dureté d'Ame, lorsque partant de Rome pour s'en retourner à Cartage sans avoir rien fait de ce qu'il avoit promis aux Cartaginois, il regarde affreusement la terre comme un

G 5

criminel, repousse sa femme, & ses petis enfans qui pleurent autour de luy, & ne permet pas seulement qu'ils l'embrassent pour la derniere fois.

Fertur pudica conjugis osculum
Parvosque natos, ut capitis minor
   A se removisse, & virilem
   Torvus humi posuisse vultum:
Donec labantes consilio Patres
Firmaret author nunquam aliàs dato,
   Intérque mœrentes Amicos
   Egregius properaret exul.
Atqui sciebat qua sibi Barbarus
Tortor pararet, non aliter tamen
   Dimovit obstantes propinquos
   Et populum reditus morantem,
Quam si clientum longa negotia
Dijudicata lite relinqueret
   Tendens Venefranos in agros,
   Aut Lacedæmonium Tarentum.

Ie remarque, dis-je, dans cet adieu de Regulus & dans tout son procedé une grande dureté d'Ame qui est toutefois accompagnée d'une grande resolution; mais si l'on considere les circonstances particulieres, je doute fort qu'on y puisse remarquer une vraye & solide vertu. Voicy la maniere dont Polybe raconte la chose.

Regulus, dit-il, *ayant fait la Guerre fort*

heureusement contre les Carthaginois, &
craignant que de Rome il ne vint en sa place
un Consul qui luy emportast la gloire de
ses belles actions, il exhorta les Carthaginois à la Paix, mais il proposa ensuite à
leurs Deputez des conditions tellement rudes que les Cartaginois se resolurent à tout
evenement; d'où il arriva qu'ayant choisi
pour Chef Xantippe Lacedemonien, ils livrerent la bataille à Regulus, remporterent
la victoire, & le prirent accompagné de cinq
cent hommes avec lesquels il s'enfuioit; marque authentique, ajoûte Polybe, de l'inconstance de la fortune, & du peu de confiance qu'on doit avoir dans ses caresses;
puisque celuy qui un peu auparavant ne
laissoit aucun lieu à la misericorde, & qui
n'avoit aucune compassion pour les affligez,
fut incontinent apres obligé de se jetter à
leurs pieds, & de leur demander la vie.

Polyænus écrit que Regulus jura aux
Cartaginois que s'ils luy vouloient donner
la liberté d'aller à Rome, il persuaderoit au
Senat de faire la Paix avec eux, & l'echange des prisonniers, & que s'il n'en pouvoit
venir à bout, il retourneroit à Cartage:
Mais qu'il persuada tout le contraire au
Senat, luy decouvrant la foiblesse des Cartaginois, & le moyen de les detruire, &

remontrant aux Senateurs, dit Ciceron, *que les prisonniers Cartaginois estoient jeunes, & bons Capitaines, & luy deja cassé de vieillesse.*

Ciceron rapporte *que son opinion prevalut dans le Senat, qu'on retint les prisonniers, & qu'ils retourna à Cartage. Et Tuditanus ajoûte, que dans le temps qu'il persuadoit au Senat de ne faire point l'echange des prisonniers, il dît que les Cartaginois luy avoient donné un poison qui le tueroit infailliblement, mais que ce poison estoit neanmoins lent, afin qu'il pûst vivre jusques à ce que l'echange fust fait.*

Voicy de plus ce que l'on en trouve dans les Fragmens de Diodorus Siculus. *Qui est-ce*, dit-il, *qui n'improuve extremement l'imprudence & l'arrogance d'Attilius Regulus, qui ne pouvant supporter la prosperité qui luy estoit comme une espece de fardeau fort pesant, se priva luy mesme du fruit d'une tres grande loüange, & jetta sa Patrie en de tres grands dangers? Car ayant pû faire une Paix glorieuse & avantageuse au peuple Romain, & remporter une gloire tres grande de clemence & d'humanité, il insulta superbement aux affligez, & leur imposa des conditions de Paix tellement rudes & insupportables, qu'il s'attira*

DE LA FELICITÉ. 157
l'indignation de Dieu, & fut cause que les vaincus contractant une inimitié implacable, reprirent courage, & s'exposerent à tout evenement : Et les choses par sa faute changerent tellement de face, qu'il fut defait avec toute son Armée, y ayant eu trente mille hommes de tuez sur la place, & quinze mille de pris avec luy, &c. D'où l'on doit conjecturer que Regulus considerant qu'il ne pourroit jamais reparer la faute qu'il avoit fait, & qu'il ne pourroit desormais passer dans Rome que pour un homme imprudent, & arrogant, il aima mieux s'en retourner à Carthage, & prefera le peril qu'apparemment il ne croyoit pas si grand acause des prisonniers Carthaginois qui estoient entre les mains des Romains, à une infamie certaine, & à une vie qu'il prevoyoit devoir estre languissante & de peu de durée acause du poison que les Carthaginois luy avoient donné.

Quoy qu'il en soit, que Regulus n'ayant rien fait à Rome ait retourné à Carthage, & ait en cela gardé sa foy, c'est assurement ce qu'on ne sçauroit trop estimer ; mais qu'il ait dissuadé au Senat ce qu'il avoit promis de luy persuader, comment cela peut-il passer pour une chose loüable, puisque c'est un parjure evident? Si du moins il s'estoit contenté d'exposer simplement ce dont il s'estoit chargé sans rien persuader, ni dissuader, la chose pourroit sembler tolerable; mais de profaner ainsi ouvertement les sacrées loix du jurement, de quelle maniere est-ce que cela se peut excuser? Car qu'il l'ait fait en cachette, comme il est à croire, de crainte, dit Appian, que les Ambassadeurs qui estoient venus avec luy n'en eussent la connoissce, cela mesme augmente le soupçon, & noircit l'action.

Ne pretexterez-vous point le salut & la gloire de la Patrie? Veritablement il faut aider la Patrie par le conseil, & par la fermeté de courage, il n'est rien de plus genereux, mais la doit-on aider par de mauvais artifices, & par la perfidie? L'on ne doit pas certes pour estre bon Citoyen, n'estre pas homme de bien.

Ne direz-vous point ce qu'Euripide rapporte, qu'il n'avoit juré que de la langue, & non pas du cœur, *illum jurasse linguâ, mentem geßiße injuratam*? Mais cela n'est autre chose que chercher une couverture au parjure. Car, comme dit Ciceron, *ce n'est pas estre parjure que de jurer à faux*, mais de ne pas faire ce que le jurement porte suivant l'intelligence ordinaire des termes. Et certes, si sans blesser la conscience il estoit permis d'entendre une chose, & d'en dire une autre, ce seroit admettre qu'il est permis de mentir en effet, & de tromper celuy qui nous ecoute parler, ou qui nous interroge, ce qui rendroit suspecte la foy de qui que ce soit, & feroit par consequent une etrange confusion dans les affaires humaines.

Direz-vous qu'il luy estoit permis, parceque les Carthaginois n'avoient pas aussi eux-mesmes gardé la foy qu'ils avoient donnée ? Mais si vous estes un meschant homme, je ne dois pas pour cela n'estre pas homme de bien : Autrement quelle difference y aura-t'il entre moy & vous ? L'on agit envers les perfides avec precaution, ou à force ouverte, mais il n'est point permis d'agir avec qui que ce soit en faussant sa foy : C'est une Maxime, ou qu'il ne faut pas promettre, ou qu'il faut tenir sa promesse. Aussi semble-t'il que les Cartaginois ne le tourmenterent ainsi de ces horribles supplices, que parceque contre la foy qu'il leur avoit donnée il dissuada les

Romains de faire la paix, & l'echange des prisonniers.

D'ailleurs, encore que ce soit une grande consolation au milieu des tourmens que de sentir sa conscience pure & nette, & de voir qu'on soufre pour le salut de plusieurs, pour conserver l'honneur de la dignité, & pour l'honnesteté; il ne semble neanmoins pas pour cela qu'on soit plus heureux que si vivant d'ailleurs honnestement, & ne faisant tort à personne, taschant de faire du bien à plusieurs, & s'acquitant du devoir d'un homme de bien, & d'un bon Citoyen, on passoit doucement sa vie avec beaucoup de plaisir, & peu de douleur ou de fascherie.

Enfin si quelqu'un estoit dans cette disposition d'Esprit qu'il fust tout prest à s'exposer à quelque danger que ce fust, de soufrir tous les travaux possibles, & d'exposer mesme sa vie & son sang pour s'acquiter dignement de son devoir, & de son Employ, & qu'il eust de telle maniere le choix des deux genres de vie que Torquatus a proposez, qu'il pust prendre l'un ou l'autre des deux sans faire tort à son devoir; qui est-ce, je vous prie, entre ces grands blasmeurs de Volupté, & grands loüangeurs de Douleur qui estimeroit qu'on deust preferer le dernier, & qui le voulust embrasser?

Nous pourrions icy ajoûter, pour montrer que la Douleur est le souverain mal, & par consequent que la Volupté est le souverain bien, que la Nature ayant imprimé à tous les Animaux un amour naturel pour le plaisir, elle leur a en mesme temps imprimé une haine naturelle pour la douleur, mais observons icy plutost quatre ou cinq choses qui regardent immediatement nostre sujet.

La premiere, que par le mot de Douleur l'on n'entend seulement pas celles que l'on appelle douleurs de corps, mais aussi celles qui sont dites douleurs d'Esprit ; d'autant plus que les douleurs de l'Esprit sont plus rudes & plus fascheuses que celles du corps. Et certes, comme la douleur du corps n'est point sans quelque solution de continuité, ainsi il n'y a point de douleur d'Esprit que l'Esprit ne soit comme deschiré, tiraillé, &c.

La seconde, que lorsque l'on dit que la Douleur est le souverain mal, cela ne se doit pas entendre, comme si toute douleur estoit le souverain mal ; car comme il y a des degrez de douleur, & que toute douleur n'est pas extreme, ainsi toute douleur n'est pas le souverain mal, ou ne doit pas estre reputée le souverain mal. Or la raison pourquoy le genre de douleur est principalement reputé mal, c'est que la pauvreté, par exemple, la perte des Enfans & des Amis, l'ignominie, & ces autres sortes de maux estant hors de nous, & n'estant que par opinion, il est en nostre pouvoir de corriger l'opinion, & par consequent de faire ensorte qu'ils ne nous touchent pas l'Esprit, & ne le tourmentent pas, au lieu que la douleur est en nous, & nous tourmente effectivement, soit qu'elle ne depende pas de l'opinion comme la douleur du corps, soit qu'elle depende de l'opinion comme la douleur de l'Esprit, qui bien qu'elle puisse estre detournée en corrigeant l'opinion, depuis neanmoins qu'ayant negligé cette correction nous luy avons donné lieu, elle ne nous tourmente pas moins, & souvent mesme davantage que la douleur du corps.

La troisieme, que ces sortes de maux externes ne semblent par consequent point estre d'une autre maniere maux à l'egard de l'Esprit, que le feu, une epée, & autres semblables sont reputez maux à l'egard du Corps : Parceque comme ceux-cy ne font maux qu'entant qu'ils caufent de la douleur dans le corps; ainfi l'infamie, la perte des enfans, & des amis, &c. ne font maux qu'entant qu'ils caufent de la douleur dans l'Efprit.

D'où l'on doit derechef concevoir que l'effence ou la nature du mal confifte dans la Douleur, de mefme que l'effence ou la nature du bien confifte dans la Volupté. Car comme ce que toutes chofes defirent eft bien, & ce que toutes chofes fuient eft mal, il faut que comme c'eft la volupté, le plaifir, la douceur, &c. qui fait qu'une chofe eft defirable, & par confequent bonne, il faut, dis-je, par une fuite neceffaire que ce foit la douleur, le chagrin, la triftesse, &c. qui faffe qu'une chofe foit à fuïr, & par confequent mauvaife; enforte que comme par la participation de ce qui caufe du plaifir toutes chofes font bonnes, ainfi par la participation de ce qui caufe de la douleur toutes chofes foient mauvaifes; & par confequent, que comme l'effence, ou la nature du bien confifte dans le plaifir; ainfi l'effence, ou la nature du mal confifte dans la douleur.

La quatrieme, que comme il a efté dit

que la Vertu, ou l'Honnesteté a en soy de quoy causer une tres grande volupté, ainsi l'on peut maintenant dire que le Vice, ou ce qui est infame & deshonneste a en soy dequoy causer une tres grande douleur. D'où vient que comme la Vertu, ou l'honnesteté est accompagnée d'un tres grand bien, ainsi le Vice, ou ce qui est deshonneste & infame est accompagné d'un tres grand mal; desorte que comme entre les choses qu'on demande pour obtenir le souverain bien la Vertu est ce que l'on doit principalement embrasser, ainsi entre les choses que l'on doit fuïr pour eviter le souverain mal, le Vice, ou ce qui est deshonneste & infame, est ce que l'on doit principalement fuïr.

La cinquieme, que ce Dogme semble estre fort conforme au Sacré Dogme de la Foy, par lequel de mesme que nous tenons que la Felicité, ou le souverain bien consiste à joüir un jour dans le Ciel des delices eternelles, ainsi nous croyons que la souveraine misere, ou le souverain mal consiste à estre un jour tourmenté dans les Enfers de ces douleurs ineffables, & de l'ardeur de ces feux terribles & eternels.

CHAPITRE VIII.
Qu'il n'y a de Sage que celuy qui embrasse la Vertu Morale.

CE qui a esté dit jusques icy de la Volupté devroit, ce semble, estre plus que suffisant pour nous faire voir que ce n'est pas dans la volupté mobile, mais dans la volupté stable que consiste la veritable Felicité; neanmoins comme il n'est rien de plus important dans la vie que de ne prendre pas le change dans cette matiere, nous ajouterons (deussions-nous plusieurs fois redire les mesmes choses) que cette volupté stable à laquelle se reduit le Sage est non seulement tres naturelle, tres facile à obtenir, mais aussi tres durable, & exempte de tout repentir.

Nous disons qu'elle est *tres naturelle*; parce que c'est proprement à elle que la Nature semble tendre en dernier lieu, en ce qu'ayant institué les autres voluptez qui sont dans le mouvement pour rendre les operations delectables, elle a voulu que les operations tendissent uniquement à l'obtenir : Car elle a, par exemple, institué la volupté qui est dans le Goust, pour rendre l'action de manger agreable, & y provoquer par consequent l'Animal, & l'action de manger pour appaiser la faim qui est cette douleur ou ce mouvement inquiet & fascheux de l'orifice de l'Estomac: Mais elle a eu comme pour fin derniere l'appaisement mesme, ou cet estat de repos & de tranquillité qui se ressent lorsque la douleur est ostée, & elle a institué, & eu en veüe cet estat comme la Fin, comme le souverain & dernier Bien.

Je dis *tres aisée à obtenir*; parceque chacun est en puissance de dompter ses passions, & par là de posseder un Esprit tranquille, & d'avoir sans beaucoup de peine les choses qui sont veritablement necessaires au Corps, & capables de luy procurer l'Indolence.

Je dis *tres durable*; parceque les autres voluptez ne durent qu'un moment, & ne font, pour ainsi dire, que sautiller, au lieu que celle-cy est d'une mesme teneur, & n'est presque interrompuë, ou ne perit presque que par nostre faute.

Ie dis *exempte de tout repentir*; parce que les autres peuvent bien estre suivies de quelque mal, mais celle-cy est abso-

DE LA FELICITÉ. 167

lument innocente, ou n'est jamais cause d'aucun dommage.

Il est vray que Ciceron fait d'abord un long procez à Epicure, sur ce qu'il attribuë le mot de Volupté à la Tranquillité, & à l'Indolence, soûtenant que par le mot de Volupté l'on ne doit entendre que celle *qui est dans le mouvement, ou qui est un mouvement doux & agreable qui chatoüille les Sens, &c.* Mais à quoy bon faire un procez sur un mot? Si dans l'usage ordinaire l'on ne donne pas le nom de volupté à cet estat de Tranquillité, & d'Indolence, qu'est-ce qui peut absolument empescher qu'en un discours de doctrine on ne se serve de ce terme, dautant plus qu'il n'y a volupté aucune qui soit comparable à celle-là, & que la volupté, & le bien, ou ce qui est desirable estant une mesme chose, il n'y a rien de plus desirable, ni de meilleur que cet estat?

Ioint, que l'on pourroit peuteftre opposer Ciceron à Ciceron mesme; du moins luy peut-on evidemment opposer non seulement Aristote qui dit en termes exprés, *qu'il y a plus de volupté dans le repos que dans le mouvement*, mais encore S. Chrysostome qui dit aussi expressement, que la Volupté n'est autre chose qu'estre libre de soins, d'inquietude, de crainte, & de desespoir, & generalement estre exempt de ces passions. Car lequel est-ce des deux, ajoûte-t'il, qui est dans la Volupté, ou celuy qui entre en furie, qui est agité par la convoitise, & qui ne se possede jamais, ou celuy qui est exempt de toutes ces agitations, & qui se repose dans la Philosophie comme dans un port tranquille & assuré ? J'appelle Volupté veritable lorsque l'Ame est en un tel estat qu'elle n'est ni troublée, ni dechirée par aucune passion corporelle.

Et que l'on ne dise point que les Bestes, & les Enfans n'appetent que la Volupté qui est dans le mouvement, & n'ont point en veüe cet estat d'Indolence, ou cette Volupté qui est dans le repos, & dans la privation de douleur ? Car quoy qu'il en soit de la nature des bestes, qui ne naist veritablement pas depravée, mais qui naist bien instruite pour obtenir sa fin, & qui apres avoir appaisé la douleur qui est causée par quelque indigence se tient naturellement en repos, au contraire de plusieurs hommes qui depravez dans leur opinion, se feignent, ou se font des besoins en irritant l'appetit, & ne se reposent

DE LA FELICITÉ. 169

posent en rien ; quoy qu'il en soit, dis-je, de la nature des bestes, & pour parler des hommes, il est constant que tout ce que l'on objecte est detruit aisement par ce qui a esté insinué plus haut : Car il est sans doute que la Nature a institué la Volupté stable pour la principale fin, & qu'ayant institué l'operation comme un moyen necessaire pour l'obtenir, elle se sert de la Volupté qui est dans le mouvement afin que l'operation se fasse avec plus d'allegresse. D'où vient qu'encore que l'Homme, ou quelque autre Animal semble estre plus expressément, & plus distinctement excité à la Volupté qui est dans le mouvement, cela n'empesche toutefois pas que tacitement, & en effet elle ne tende aussi à celle qui est stable, & ce par un instinct de la Nature qui a institué celle-cy comme le but principal, ou primitif.

Car à l'egard de ce que Ciceron pretend, que le but principal soit de l'Homme, soit de l'Animal est plutost de subsister sain & sauve, *ut salvum esse se velit*, c'est absolument la mesme chose. Parce que comme la douleur qui naist, par exemple, du defaut d'aliment, est accompagnée de quelque solution de con-

Tome VII. H

tinuité, & que cette solution n'estant pas empeschée, ou reparée elle seroit ruineuse; pour cette raison la Nature a pourveu à ce que par le manger & par l'aliment cet empeschement, & ce restablissement se fist, & qu'en mesme temps on obteint cet appaisement de douleur, & cette integrité, ou conservation.

D'ailleurs, parceque l'Homme dans la suite du temps est corrompu par diverses Opinions, & que faisant, comme on dit, τὸ πάρεργον ἔργον *le principal de l'accessoire*, il regarde la Volupté qui est dans le mouvement comme le but primitif, & qu'en abusant de cette volupté par son intemperance, il s'attire du dommage lorsqu'il perd celle qui est dans la stabilité, & que la Nature a faite la premiere ou principale, d'où il suit de la tristesse & du repentir; pour cette raison Epicure veut que la Sagesse survienne au secours, laquelle enseigne l'Homme *à regler la Volupté*, c'est à dire à considerer l'accessoire comme accessoire, & le principal comme principal.

Et il ne faut pas s'arrester à ce que disent les Cyrenaïciens, que cette Volupté d'Epicure est *comme l'estat d'une personne dormante*; car il ne vouloit pas que sa

Tranquillité, & son Indolence fussent comme un assoupissement ou une espece d'engourdissement, mais plutost un estat dans lequel toutes les actions de la vie se fissent doucement, & agreablement, ce qui a deja esté marqué plus haut; & s'il n'a pas voulu que la vie du Sage fust comme un torrent, il n'a pas aussi voulu pour cela qu'elle fust comme une eau morte & croupissante, mais plutost comme l'eau d'un fleuve qui coule doucement & paisiblement.

Aussi est-ce un de ses Axiomes, *que la douleur estant ostée la volupté n'est point augmentée, mais seulement diversifiée.* Comme s'il vouloit dire qu'apres qu'on a acquis cet estat tranquille, & exempt de douleur, il n'y a veritablement rien à desirer de plus grand, ou qui luy soit comparable, mais qu'il reste neanmoins des voluptez pures & innocentes dont cet estat est diversifié à la maniere d'un champ dont on tire divers fruits quand il est une fois devenu fertile, ou à la maniere d'un pré qu'on voit diversifié d'une varieté admirable de fleurs, lorsque la terre est une fois bien temperée.

Car cet estat est comme un fond d'où ce qu'il y a de volupté pure & sincere se tire; desorte que cela mesme le doit faire considerer comme la souveraine volupté, en ce qu'il est comme une espece d'assaisonnement general par lequel toute action de la vie est adoucie, & par lequel toute volupté est par consequent temperée, & est agreable, ou, pour dire en un mot, sans lequel nulle volupté n'est volupté.

Et de fait, que peut-il y avoir d'agreable si l'Esprit est dans le trouble, ou le Corps tourmenté de douleur? C'est une Maxime que si le vaisseau n'est pas net, tout ce que l'on y met s'aigrit.

Sincerum est nisi vas, quodcumque infundis acescit.

C'est pourquoy si quelqu'un desire des voluptez pures, il faut qu'il se prepare à les recevoir purement; ce qui se fait enfin lors qu'autant qu'il est possible l'on parvient à cet estat de repos & de tranquillité que nous venons de dire.

Ie dis autant qu'il est possible, car selon ce qui a deja esté remarqué, la condition mortelle ne permet pas qu'on soit absolument & parfaitement heureux, & cette souveraine Felicité exempte de tout trouble, & de toute douleur; & comblée de toute volupté n'appartient qu'à

Dieu seul, & à ceux que sa bonté transmet à une meilleure vie: Si bien, que dans cette vie les uns estant plus agitez de troubles, & tourmentez de douleur, & les autres moins, celuy qui veut estre Sage doit tascher autant que sa nature & son imbecillité le permettent, de se mettre en un estat dans lequel il puisse ressentir le moins de trouble, & le moins de douleur qu'il est possible.

Ainsi il sera sain de Corps, & d'Esprit, qui sont les deux biens qui font le souverain bien, & que les Sages ont toujours reconnu estre presque les seuls biens solides, & desirables de la vie.
Sunt Sanitas, & Mens gemina vita bona. Optādū est, vt sit Mēs sana in corpore sano.

Ioint que de cet estat il naist une certaine pensée qui est la chose du Monde la plus douce, lorsque quelqu'un vient à considerer de quelles tempestes il s'est tiré, & celles qu'il a echapées dont les autres sont encore agitez, *comme s'il estoit dans un repos tres profond, & dans un port tranquille & asseuré.* C'est cette consideration qui fait dire à Lucrece, qu'il est bien doux de voir du sommet d'une montagne un Navire en pleine Mer battu des vents & des vagues, non certes qu'il y ait plaisir de voir le mal d'autruy, mais parce qu'il est doux de se voir exempt des maux dont les autres sont travaillez : Que c'est aussi une chose bien douce de voir du haut de quelque Tour fort elevée deux puissantes Armées en bataille.

Suave mari magno turbulantibus æquora
   Ventis
E terra magnum alterius spectare laborem;
Non quia vexari quemquam'st jucunda
   voluptas,
Sed quibus ipse malis careas quia cernere
   suave 'st.
Suave etiam belli certamina magna tueri
Per campos instructa tua sine parte pericli:

Mais qu'il n'est rien de si doux que de se voir elevé par la Science, & par les grandes connoissances au faiste des temples de la Sagesse, d'où comme d'un lieu elevé, serain, & tranquille, l'on puisse voir les hommes aller çà & là à travers champs, sans sçavoir ce qu'ils font, ni ce qu'ils cherchent, les uns se tourmenter à qui paroitra avoir plus d'Esprit, les autres disputer de leur Noblesse, & les autres travailler jour & nuit pour parvenir aux grandes richesses, & aux Commandemens.

*Sed nil suavius est bene quàm munita tenere
Edita doctrinâ Sapientum templa serena,
Despicere unde queas alios, passimque videre
Errare, atque viam palanteis quærere vitæ:
Certare ingenio, contendere Nobilitate:
Noctes atque dies niti præstante labore
Ad summas emergere opes, rerúmq; potiri.
O miseras hominũ mentes, O pectora cœca!*

Ne voyez-vous pas, ajoûte-t'il, que la Nature ne nous crie autre chose, sinon qu'estant exempts de douleur à l'egard du Corps, nostre Esprit joüisse d'une agreable tranquillité, exempt de soucy, de crainte, & d'inquietude?

*—— nonne videre 'st
Nil aliud sibi Naturam latrare, nisi ut cùm
Corpore sejunctus dolor absit, mente fruatur
Iucundo sensu, curâ semotâ, metúque?*

Mais pour dire principalement quelque chose de la Tranquillité : Souvenons-nous bien que par ce mot l'on n'entend pas une paresse froide & lente, ou une oisiveté languissante, & insensible, mais comme Ciceron l'interprete de Pytagore, & de Platon, *placida, quietáque constantia in Animi parte rationis principe.* Vne constance douce & paisible de l'Esprit, ou comme dit Democrite, *une belle, loüable, egale, & douce constitution, ou assiette*

H 4

d'Esprit, qui fait qu'il est si bien disposé, & avec tant de justesse, de moderation, & de fermeté, que soit qu'il s'applique aux affaires, soit qu'il s'en abstienne, soit qu'il experimente ou la prosperité, ou l'adversité, il demeure toujours egal, toujours semblable à soy mesme, sans se laisser emporter par une joye extreme, ou se laisser abattre par le chagrin, & par la tristesse; en un mot, sans estre troublé par aucune autre passion de la sorte.

Cette Tranquillité d'Esprit est justement comparée avec celle de la Mer. Car de mesme qu'un Navire est dit joüir de la tranquillité, non seulement lorsqu'il est en repos au milieu de la Mer, mais principalement aussi lorsqu'il est porté par un vent favorable, qui le fait veritablement aller viste, mais toutefois doucement, & egalement; ainsi un Esprit est dit tranquille, non seulement lorsqu'il demeure dans le repos, mais principalement aussi lorsqu'il entreprend de belles & grandes choses sans estre agité interieurement, & sans rien perdre de son egalité. Et au contraire, de mesme qu'un Navire est dit estre agité, non seulement lorsqu'il est emporté par les vents contraires, mais lorsqu'il est tourmenté par ceux-là mes-

mesme qui s'elevent du dedans des eaux; ainsi l'Esprit est dit estre troublé, non seulement lorsque dans ses actions il est emporté par diverses passions; mais aussi lorsqu'au milieu du repos le soucy, le chagrin, & la crainte le rongent, le dessechent, & le consument.

Ce sont donc ces Passions, & autres de la sorte qui troublent entierement la tranquillité & la vie heureuse. *Les mouvemens turbulens,* dit Ciceron, *& les troubles de l'Esprit qui sont excitez par une impetuosité inconsiderée, & qui repoussent toute raison, ne laissent aucun lieu à la vie heureuse. Car comment est-il possible que celuy qui craint effroyablement la mort, ou la douleur, dont l'une est souvent presente, & l'autre menace toujours, ne soit miserable? Que si de mesme il apprehende la pauvreté, l'ignominie, l'infamie, s'il craint de devenir infirme, & aveugle, si enfin il apprehenda ce qui peut arriver non seulement à chaque personne en particulier, mais aux peuples les plus puissans, je veux dire la Servitude, peut-il estre heureux en craignant toutes ces choses? Peut-il joüir seulement d'une ombre de Felicité? En quel estat est un Esprit, non seulement qui craint les calamitez, mais qui les sent, & qui les*

H 5

voit deja presentes ? Ajoutez à cela les bannissemens, la perte des biens, & des enfans ? Peut-on s'imaginer que celuy qui est accablé par tant d'accidens, & qui se laisse vaincre par la tristesse ne soit miserable ? Quand d'ailleurs vous voyez un homme furieux, & enflammé par ses appetits, qui desire toutes choses avec une espece de fureur, & qui est d'autant plus avide des voluptez qu'il en jouit avec abondance ; n'est-ce pas avec raison que vous le jugez miserable ? Que penserez vous de celuy qui est dans une inconstance perpetuelle, & qui se laisse emporter par une joye ridicule, & immoderée ? Ne vous semble-t'il pas d'autant plus miserable qu'il s'imagine estre heureux ? C'est pourquoy comme ceux-cy sont miserables, ceux-là au contraire sont heureux qui ne sont point epouvantez par la crainte, qui ne se laissent point surmonter par la tristesse, qui ne s'enflamment point par les convoitises, qui ne sont point touchez par des joyes immoderées, & pour qui les molles voluptez n'ont que des attraits inutiles, & incapables de les amollir.

Voicy ce que Torquatus dit sur ce sujet. Epicure, celuy que vous dites estre trop addonné à ses plaisirs, crie qu'il est impossible de vivre agreablement si l'on ne vit sagement, honnestement, justement, & que l'on ne peut vivre sagement, honnestement, justement, qu'on ne vive agreablement. Car si une Ville ne peut estre heureuse dans la sedition, ni une Maison dans la discorde des Maistres, beaucoup moins le pourra estre un Esprit qui n'est pas d'accord avec soy mesme, ou qui est agité de passions differentes. Il est incapable d'aucune volupté pure, & libre, & il ne voit rien que dans le trouble, & dans la confusion. Si les maladies du Corps empeschent la Felicité de la vie, combien davantage les maladies de l'Esprit la doivent-elles empescher ? Or les maladies de l'Esprit sont les desirs vains & immoderez des richesses, de la gloire, de la domination, & des voluptez sales & deshonnestes. Ajoutez les ennuys, les chagrins, & les soins qui rongent & consument l'Esprit de ceux qui ne considerent pas que l'on ne doit point s'affliger de ce qui ne cause point de douleur presente au Corps. Ajoutez la mort qui nous menace perpetuellement, & qui pend toûjours sur nos testes, comme la pierre sur celle de Tantale. Ajoutez la Superstition qui ne laisse jamais en repos celuy qui en est imbu. Ajoutez qu'ils ne se souviennent point des biens passez, qu'ils ne joüissent point des presens, & que *voyant que ceux qu'ils attendent ne sont pas certains, l'ennuy & la crainte les consument.*

Au reste, quoy qu'Epicure, & Aristote preferent la Felicité Contemplative à celle de l'Action, cela n'empesche neanmoins pas que ceux que la naissance, ou le genie, le hazard, ou la necessité auront engagé dans les affaires, ne puissent au milieu mesme des affaires garder une certaine tranquillité d'Esprit honneste, grave, & convenable. Car celuy qui s'estant elevé au dessus du vulgaire, & qui contemplant l'estat des choses humaines comme de quelque lieu eminent, reconnoit qu'il n'est pas le maistre des accidens, qu'il peut survenir mille choses que la sagacité humaine ne sçauroit prevoir, qui se propose qu'il sera souvent obligé de prendre conseil sur le champ, qui pourvoit cependant, sinon specialement, du moins generalement aux difficultez qui se peuvent presenter, & qui apres avoir fait tout ce que la prudence luy inspire, & ce que ses forces luy permettent, croit, quoy qu'il puisse desormais arriver, devoir estre content & satisfait : Celuy-là, dis-je, qui entreprend les choses dans ces veües, & dans cette disposition d'Esprit, peut de telle maniere agir au dehors, qu'au milieu de la tempeste, & du tumulte des affaires, il garde interieurement une paix douce, & tranquille.

Tel est le Prince dont la Valeur & la Sagesse soutiennent aujourd'huy si glorieusement le pesant fardeau de cet Estat. On le voit toujours libre, comme disoit Claudian du Grand Theodose, & toujours egal à soy-mesme, sans que l'embaras d'une infinité de grandes & differentes affaires trouble jamais la tranquillité de son Esprit. Ainsi le haut sommet de l'Olympe, ajoute le mesme Poëte, toujours serain, & toujours tranquille laisse bien loin au dessous de soy les Vents & les Hyvers, voit les Nuës se former, & se dissoudre sous ses pieds, & entend les Tonnerres vainement gronder dans les vallons.

—— nec Te tot limina rerum,
Aut tatū turbavit onus, sed ut altus Olympi
Vertex qui spatio Ventos, Hyemésq; relinquit
Perpetuum nulla temeratus Nube serenum,
Celsior exsurgit pluviis, auditque ruentes
Sub pedibus nimbos, & rauca tonitrua calcat;
Sic patiens Animus per tanta negotia liber
Emergit, similisque sui ——

Vne retenuë modeste dans ses paroles, dans son port, & dans ses yeux montre qu'un grand homme est maistre de soy, & que sans colere & sans emotion il peut corriger les vicieux, & punir les coupables.

Servat inoffensam divina modestia vocem,
Temperiem servāt oculi; nec lumina fervor
Asperat, aut rabidas diffūdit sāguine venas.
Quinetiam sonteis expulsâ corrigis irâ,
Et placidus delicta domas, nec dentibus un-
quam
Instrepis horrēdū, fremitu nec verbera poscis.

Le Nil coule doucement, & ne vante point ses forces par le bruit, & par le fracas, cependant c'est le plus utile de tous les Fleuves du Monde. Le Danube tout rapide qu'il est, coule sans bruit le long de ses bords; & le Gange large & profond va roulant ses eaux avec une pareille douceur dans le sein de l'Ocean.

Lenè fluit Nilus, sed cūctis Amnibus extat
Vtilior, nullas confessus murmure vires.
Acrior at rapidus tacitas pratermeat ingens
Danubius ripas : Eadem clementia sævi
Gurgitis immēsum deducit ad ostia Gāgem.

Que les Torrens mugissent au travers des Rochers, & que dans leur furie ils renversent les Ponts, & entraînent les

Forests ; la Douceur est le partage des grandes choses, une puissance tranquille, & un repos imperieux agissent plus fortement que la violence & l'impetuosité. *Torrentes immane fremãt, lapsisq; minentur Pontibus, involuant spumoso vortice Sylvas; Pax majora decet; peragit trãquilla potestas Quod violẽta nequit, mãdatáq; fortiùs urget Imperiosa quies* ⸺

C'est là l'Esprit, & le Caractere d'un Prince qu'on peut dire estre veritablement Sage, & qu'on ne voit par consequent jamais ni s'elever insolemment par les bons succez, ni s'abbatre laschement par les mauvais, ni se repentir puerilement de ses entreprises quand mesme elles ne reussiroient pas, parceque toutes choses pesées & examinées il estoit plus vray-semblable qu'elles reussiroient, ce qui fait qu'il entreprendroit derechef les mesmes choses si les mesmes circonstances se rencontroient.

L'on sçait la Repartie de Phocion, qui avoit dissuadé une Guerre qui ne laissa pas d'avoir un succez heureux : *Ie suis,* dit-il, *tres aise que la chose soit arrivée de la sorte, mais neanmoins je ne me repens pas du conseil que j'avois donné.* Ciceron devoit avoir la mesme pensée lorsqu'il dit, qu'il est d'un homme Sage de ne rien faire dont il puisse se repentir, de ne rien faire à regret, de faire tout magnifiquement, constamment, gravement, honorablement, de n'attendre rien comme s'il devoit certainement arriver, de n'admirer rien de ce qui arrive comme chose nouvelle & inopinée, & de se tenir ferme à son jugement.

Non que le Sage doive mespriser les conseils des autres, & se fier trop temerairement à son sens, mais parce qu'apres avoir meurement deliberé sur une affaire, il ne doit pas par une certaine mesiance trop grande de soy mesme, souffrir que le jugement de la multitude l'emporte sur le sien.

Et c'est pour cela qu'on loüe avec raison ce fameux Temporiseur, qui prefera le salut de sa Patrie aux vains discours du peuple. On loüe de mesme Phocion de ce que sans se soucier que les Soldats l'accusassent de lascheté, parce qu'il ne les vouloit pas mener au combat, ne se fiant pas trop à leur force, & à leur courage, il repondit tout simplement, *O Braves vous ne me ferez pas courageux, & je ne vous feray pas poltrons, il suffit qu'un chacun connoisse ce qu'il est.*

Apres tout, quelle que soit cette Tranquillité ou Felicité Active, Aristote a raison d'estimer davantage la Contemplative; parceque la Contemplation est l'action de la partie qui est en nous la plus excellente, & la plus divine, & que d'ailleurs c'est l'action la plus noble, la plus pure, la plus constante, la plus durable, & la plus aisée à exercer. Ciceron est admirable là dessus. *De quel contentement, dit-il, ne joüit donc pas l'Esprit du Sage, estant occupé nuit & jour dans des estudes si agreables? Quelles delices ne remplissent pas son Ame quand il considere le mouvement & le circuit de l'Univers, ce nombre infiny d'Etoiles qui brillent dans le Ciel, les sept Planettes qui sont plus ou moins eloignées les unes des autres selon qu'elles sont ou plus hautes, ou plus basses, & qui bien qu'elles semblent vagabondes & incertaines dans leurs mouvemens, ne manquent neanmoins jamais d'achever leur cours dans les temps qui leur sont prescrits? C'est l'aspect & la consideration de tant de belles choses qui ont poussé les anciens Philosophes à de nouvelles recherches, à examiner les causes, & les principes de l'Univers, d'où les choses ont pris leur naissance, d'où elles sont engendrées, & quelles* diverses qualitez sont entrées dans leur composition ; d'où vient la vie, d'où vient la mort ; comment se font les vicissitudes, & les changemens d'une chose en une autre ; par quels poids la Terre est soutenuë & balancée ; dans quels goufres elle renferme ses eaux, & comment toutes choses emportées par leur pesanteur tendent naturellement au poinct qui fait le milieu du Monde. C'est en discourant sur tant de merveilles, & en les repassant nuit & jour, qu'on acquiert cette connoissance que Dieu commandoit autrefois à Delphes, asçavoir que l'Ame pure & depoüillée de tout vice se connoisse elle mesme, & se sente estre unie avec la divine Intelligence, ce qui luy cause une joye eternelle, & inexprimable ; car les meditations qu'elle fait sur la puissance & sur la nature des Dieux luy donnent de la passion pour l'Eternité, & lorsqu'elle voit la suite & l'enchaînement necessaire des causes moderées & temperées par une raison eternelle, elle ne croit point estre limitée dans les bornes etroites de cette vie. De là vient qu'elle considere les choses humaines avec une tranquillité admirable, qu'elle se porte à la Vertu, qu'elle recherche en quoy consiste le souverain des biens, & le souverain des maux, ce à quoy se doivent rap-

porter toutes nos actions, & quelle est la regle de vie que nous devons suivre & choisir.

Deplus, celuy qui aura consideré l'estrange vicissitude des choses depuis tant d'années que le Monde subsiste, la naissance, le progrez, la consistance, le declin, & la ruine des Royaumes, des Republiques, des Religions, des Opinions, des Loix, des Coûtumes; les mœurs, & les manieres particulieres de vie qui sont presentement en vigueur & que nos Ayeulx auroient rejetté, celles que les Anciens regardoient serieusement & dont nous-nous mocquons maintenant, & celles qui plairont à nos descendans & dont neanmoins nous-nous mocquerions si nous les pouvions voir ; comment les Mœurs & les Coûtumes, quoy que changeant en particulier, peuvent neanmoins generalement estre dites les mesmes, & sont toujours une marque de la constante legereté & imbecillité des hommes ; comment il arrive toujours que les hommes par leur aveuglement vivent perpetuellement miserables, lors qu'emportez ou par l'ambition, ou par l'avarice, ou par quelque autre passion, ils ne reconnoissent pas combien il leur seroit avantageux de se defaire de ces soins, de se contenter de peu, d'habiter en eux-mesmes, & de passer la vie tranquillement & sans tant d'agitation : Celuy-là, dis-je, qui se sera occupé l'Esprit dans ces grandes meditations, aura sans doute ressenty des joyes extremes, & aura esté tres heureux dans sa contemplation, si principalement il a consideré toutes choses comme du haut de cette Forteresse d'où la Vertu regarde les actions humaines.

Pour dire aussi maintenant quelque chose de l'Indolence, il semble qu'il n'est point tant en nostre pouvoir de n'avoir pas de douleur au Corps, comme il est en nostre pouvoir de n'avoir pas de trouble dans l'Esprit. Car quoy qu'il soit difficile d'arrester les passions, & de calmer leurs mouvemens, toutefois si l'on met à part celles qui ont de la liaison avec la douleur, comme sont principalement la faim, & la soif, ou la cupidité de boire & de manger, pour ce qui est des autres, comme elles ne sont nées en nous que de l'opinion, il semble que pourveu que l'on se garde de l'opinion, elles peuvent estre reprimées ou empeschées : Mais pour ce qui regarde les douleurs du Corps, quoy que nous-nous donnions de garde de les attirer exterieurement, ou de les exciter interieurement, neanmoins il arrive souvent que le temperament que nous apportons du ventre de la mere est tel, que du moins de ce costé-là nous avons, beaucoup de douleurs à souffrir dans le cours de la vie.

Ce n'est pas certes sans raison qu'Esope a feint que Promethée en detrempant le limon dont il devoit former l'homme, ne se servit pas d'eau, mais de larmes, nous ayant voulu signifier par là que la nature du corps est telle, qu'elle est sujette en partie aux injures externes, & en partie aux internes, & qu'estant impossible qu'il n'en survienne toujours quelqu'une, il luy faut de necessité soufrir quelque douleur.

Ce ne seroit jamais fait de rapporter celles qui peuvent venir de la part des Tyrans, des fols, des imprudens, de divers Animaux, du chaud, du froid, de la fievre, de la goutte, des fluxions, &c. je remarque seulement que celuy qui en a quelquefois esté tourmenté peut dire avec quelle passion il a desiré d'en estre delivré, & combien il auroit donné pour en estre exempt.

Il n'y a assurement personne qui estant

malade & tourmenté de douleur, & qui considerant les autres qui se portent bien, ne les tienne tres heureux, & ne s'étonne de ce qu'ils ne reconnoissent pas qu'ils joüissent d'un bien si grand, & si considerable, qu'il n'y en a aucun qui ne deust volontiers estre changé pour celuy-là, & qui en comparaison de la santé ne soit moins estimable que rien. Aussi a-t'on de tout temps donné de grandes loüanges à la Santé, mais comme tous les Livres en sont pleins, je remarqueray seulement ce que dit un ancien Poëte, qu'à un homme qui est de sa nature foible & debile, le plus grand bien qui luy puisse arriver c'est de se bien porter.

Fragili viro optima res bene valere.

Et un autre, que si l'on est sain, & que l'on ne soit point tourmenté ni de Colique, ni de Goutte, toutes les richesses des Rois ne sçauroient rien ajoûter de plus grand, & de plus considerable.

Si ventri bene est, si lateri est, pedibúsque tuis, nil
Divitia poterunt Regales addere majus.

Or je remarque tout cecy, afin de faire entendre que ce n'est pas sans raison que nous tenons que l'Indolence fait partie de la Felicité. Et certes quoy que les

DE LA FELICITÉ. 191

douleurs qui font legeres, ou de peu de durée se puissent aisement supporter, & quoyque l'on supporte aussi volontiers celles qui sont grandes, mais qui nous donnent toutefois le moyen d'en eviter de plus grandes, ou d'obtenir de plus grandes voluptez, toutefois il n'y a personne qui soit dans la douleur, qui ne voulust bien absolument n'y estre point, ou qui ne la laissast là volontiers s'il pouvoit obtenir les mesmes choses sans douleur qu'avec douleur.

On loüe Zenon, & Anaxarque pour la constance qu'ils ont temoignée contre les Tyrans dans les plus grands tourmens. On loüe de mesme Calanus, & Peregrinus pour s'estre de leur bon gré bruslez tout vifs; mais supposez qu'il eust esté en leur choix d'obtenir autant de gloire par une autre voye que par ces douleurs, je vous laisse à penser de bonne foy ce qu'ils auroient fait.

Ciceron loüe beaucoup Posidonius de ce qu'estant tourmenté de la goutte, il dit gravement à Pompée qui l'estoit venu voir à Rhode, & qui luy disoit honnestement qu'il estoit bien fasché de ne le pouvoir entendre, *Vous le pouvez, & je ne souffriray point qu'un si grand Hom-*

ne me soit venu trouver en vain. Il ajoûte qu'il commença à luy faire un beau discours pour luy montrer *qu'il n'y a rien de bon que ce qui est honneste*, & que la douleur le pressant extremement dans la dispute, il dit plusieurs fois, *Tu ne gaignes rien, ô douleur, quelque fascheuse que tu sois je ne confesseray jamais que tu sois un mal.* Mais encore que Posidonius supportast patiemmment les douleurs qu'il ne pouvoit eviter, croyez-vous neanmoins qu'il n'eust pas mieux aimé estre sans douleur, & disputer sans douleur s'il eust esté possible?

L'on pourroit icy ajoûter, que si selon ce qui a esté dit, la douleur est le souverain mal, il s'ensuit assurement que l'Indolence soit le souverain bien, & ce d'autant plus que la Nature semble ne nous avoir donné d'inclination que pour l'Indolence. Car lorsqu'il nous est survenu quelque douleur soit de la faim, soit de quelque autre cupidité, nous sommes naturellement portez à l'action par laquelle nous la puissions appaiser; & s'il intervient du plaisir dans le mouvement, nous avons remarqué que la Nature l'a joint comme un assaisonnement à l'action qui est necessaire pour obtenir l'Indolence. L'on

DE LA FELICITÉ. 193

L'on pourroit auſſi ajoûter que le moyen le plus general, & le plus facile pour obtenir ce ſouverain bien, ou cette heureuſe Indolence, c'eſt la Temperance & la Sobrieté, lors principalement qu'elle eſt exacte, & exquiſe; dautant que c'eſt par elle que nous pouvons ſinon oſter entierement, dû moins beaucoup corriger les maladies hereditaires, eviter celles que nous contractons par noſtre propre faute, & nous delivrer de celles qui ſont deja contractées, mais cecy ſera enſuite traitté plus particulierement.

Diſons ſeulement que celuy qui joüit de l'Indolence, peut joüir ſans amertume des differentes eſpeces de Volupté, tant de celles qui regardent le Corps, que de celles qui regardent l'Eſprit, & les gouſter pures & ſans meſlange. Car l'Indolence n'eſt autre choſe que la ſanté meſme que Plutarque compare avec la tranquillité de la Mer, en ce que comme celle-cy donne le moyen aux Alcyons d'engendrer, & d'elever leurs petits commodement, ainſi la Santé donne moyen aux hommes de faire toutes les fonctions de la vie commodement & ſans peine.

Prodicus ajoûte à Plutarque, *que le feu eſt le plus grand aſſaiſonnement de la vie,*

TOME VII. I

mais que quelqu'un diroit avec plus de raison que la Santé est un assaisonnement divin; puisque ni le boüilly, ni le rosty, ni aucune autre viande cuite ne donne point de plaisir à ceux qui sont malades, ou à ceux que la crapule a jetté dans le degoust, au lieu qu'un appetit pur & net de l'estomac rend toutes choses douces & agreables à un corps qui joüit de la santé.

Le mesme se peut dire non seulement des voluptez qui regardent les autres Sens, puisque dans un corps malade, ou qui est tourmenté de douleur, toutes les voluptez qui d'ailleurs sont licites & honnestes languissent & deplaisent, mais aussi de celles qui regardent l'Esprit, puisque l'experience fait voir qu'un homme malade ne prend point de plaisir à l'estude, ni à la meditation. Car tant que l'Entendement est joint à ce corps fragile, & mortel, il y a une telle liaison entre ces deux parties, que le corps ne sçauroit souffrir que l'Entendement ne s'en ressente, & qu'il ne soit, quoy que malgré soy, distrait de ses plus agreables occupations; la douleur qui tourmente attirant à soy toute la pensée, & toute l'attention de l'Esprit.

Heureux sont donc ceux-là, dont la

constitution naturelle est telle qu'il leur est permis de vivre dans l'Indolence, & de joüir des doux plaisirs de l'Estude, & de la Contemplation! Heureux sont encore ceux qui bien qu'ayants naturellement un corps maladif, le gouvernent neanmoins avec tant de prevoyance, & le corrigent avec tant de temperance, que s'ils n'evitent absolument les douleurs, ils les rendent du moins tellement legeres & tolerables, qu'elles ne les empeschent pas beaucoup de joüir des voluptez de l'Esprit! De là vient que les premiers se doivent bien donner de garde de troubler ou corrompre par leur intemperance leur bonne constitution naturelle, que les derniers doivent s'attacher à corriger la leur, & à la ramener autant qu'il est possible à l'Indolence, & que les uns & les autres doivent avoir soin de leur corps, quand ce ne seroit qu'en consideration de l'Esprit, qui ne sçauroit estre bien lorsque le corps est mal. Il faut donc consequemment avoüer qu'encore que la principale partie de la Felicité consiste dans la Tranquillité de l'Esprit, l'on ne doit neanmoins pas mespriser l'autre partie qui consiste dans l'Indolence du Corps.

Il est vray qu'il y en a qui croient que c'est un crime, lorsqu'il s'agit du souverain bien, ou de la felicité de l'homme, de joindre aux biens de l'Esprit les biens du Corps, & qui croient par consequent qu'il est indigne d'associer l'Indolence du Corps avec la Tranquillité de l'Esprit; mais comme ce sont les Stoïciens, ou ceux qui affectent de les imiter, je ne sçaurois m'empescher d'inserer icy ce que Ciceron mesme apporte contre eux, lorsque parlant à Caton, il commence par ce principe des Stoïciens, *que nous sommes recommandez à nous mesmes, & que le premier desir que la Nature nous a imprimé est de nous conserver nous mesmes.* Car cela posé, il dit qu'il s'ensuit *que nous prenons garde à ce que nous sommes, afin de nous pouvoir conserver tels que nous devons estre,* & ainsi il poursuit, *nous sommes donc hommes, nous sommes composez d'Esprit, & de Corps, & conformement au premier & naturel appetit nous devons aimer ces choses, & en faire la fin de ce souverain & dernier bien qui consiste à acquerir les choses qui sont selon la Nature, & c'est ce qu'ils croient estre le souverain bien. Or comment sur ces principes pouvez-vous dire que vivre honnestement soit simplement &*

absolument le souverain bien ? Comment avez-vous si tost abandonné le Corps, & toutes les choses qui sont selon la Nature, & comment est-ce que la Sagesse a sitost laissé là les grandes recommandations qui viennent de la Nature ? Que si nous cherchions quel est le souverain bien non de l'Homme, mais de quelque Animal qui fust tout Esprit, cette fin que vous dites ne seroit pas mesme la fin de cet Esprit. Car il desireroit la Santé, & d'estre exempt de Douleur, il desireroit sa conservation, & ce qui pourroit y contribuër, & il se proposeroit pour fin, de vivre selon la Nature, ce qui est, comme j'ay dit, avoir les choses qui sont selon la Nature, ou toutes, ou plusieurs, ou les plus grandes. La Vertu, disent-ils, suffit pour estre heureux, ou pour vivre heureux, & les biens du Corps ne sont que comme de petits accessoires qui ne rendent point la vie plus heureuse ; mais certes c'est se mocquer que de parler de la sorte, & il est sans doute qu'un Homme qui seroit dans quelque grande douleur seroit tres obligé à celuy qui l'en delivreroit, & qu'un homme sage qui seroit condamné par un Tyran à de grands tourmens, se prepareroit fortement comme ayant à combattre contre la douleur son ennemy capital, & qu'il reveilleroit en soy toutes les raisons de force & de patience pour les secourir dans un si grand, & si difficile combat.

Voicy comme il poursuit incontinent aprés, *Toute nature, quelle qu'elle soit, s'aime soy-mesme; car qui est celle qui s'abandonne jamais, ou aucune de ses parties, ou l'habitude, ou la force de cette partie, ou aucune des choses qui sont selon la Nature, ou le mouvement, ou l'estat, & la constitution? Il n'y a certes personne qui ait oublié sa premiere institution, & qui ne retienne sa premiere faculté depuis le commencement jusqu'à la fin. Comment se pourroit-il donc faire que la seule nature de l'Homme laissast l'Homme, oubliast le corps, & mist le souverain bien, non dans tout l'homme, mais dans une partie de l'homme? La Sagesse n'a pas engendré l'Homme, mais elle l'a trouvé commencé par la Nature. S'il n'y avoit rien à perfectionner dans l'homme que quelque mouvement de l'Esprit, c'est à dire la Raison, la Sagesse ne devroit point avoir d'autre but que la Vertu qui est la perfection de la Raison. Si au contraire il n'y avoit rien à perfectionner que le Corps, sa derniere fin seroit la Santé, la privation de douleur, la beauté, &c. Mais il est icy question du souve-*

rain bien de l'Homme, qui est un Composé d'Esprit, & de Corps : Que ne cherchons-nous donc le souverain bien dans toute sa nature ? Ceux qui ne le mettent que dans l'un ou dans l'autre font tout de mesme que s'ils prenoient grand soin de la main droite, & qu'ils negligeassent la gauche. Quoy, parce que la Vertu, comme tout le monde avouë, tient le plus haut & le plus excellent lieu dans l'homme, & que nous reputons parfaits ceux qui sont Sages, vous ne considererez que la seule Vertu, & vous nous eblouïrez l'Esprit de sa splendeur ? Veritablement la Vertu est ce qu'il y a de meilleur, & de plus excellent dans l'Homme, mais il me semble que vous ne vous considerez pas assez. L'on ne demande pas que la Vertu laisse la Nature, mais qu'elle la garde, & la conserve. Cependant selon vous elle en conserve une partie, & laisse l'autre. Si l'institution de l'homme parloit, elle diroit que ses premiers commencemens de desirs ont esté de se conserver dans cette nature qui s'est trouvée dans la naissance, &c.

Au reste, nous n'ignorons pas ce que l'on a coutume de dire en declamant contre la Volupté, que c'est la peste capitale de l'Homme, que c'est l'ennemy mortel de la Raison, qu'elle eteint les yeux de l'Entendement, & qu'elle n'a aucun commerce avec la Vertu, que c'est la source des trahisons, la ruine des Republiques, & l'origine de tous les crimes, qu'elle dissipe les patrimoines, qu'elle fait perdre la bonne reputation, qu'elle enerve le corps, & le rend sujet aux maladies, & qu'enfin elle avance la vieillesse & la mort.

Quippe nec ira Deum tantum, nec tela, nec ignes,
Quantū sola noces animis illapsa voluptas.
───── hunc alea decoquit ; ille
In Venerem est putris ; sed cùm lapidosa Cheragra
Fregerit articulos ─────
Luxuries pradulce malū, qua dedita sēper
Corporis arbitriis, hebetat caligine sensus,
Membraq; Circæis effeminat acriùs herbis:
Blanda quidē vultu, sed quâ non tetrior ulla
Interiùs fucata genas, & amicta dolosis
Illecebris, torvos auro circumligat hydros.

Mais comme nous-nous sommes deja plusieurs fois expliquez sur la Volupté, & que nous avons plusieurs fois protesté que quand nous disons que la Volupté est la fin, la felicité, le souverain bien, nous n'entendons pas les voluptez sales

& deshonnestes, mais simplement la Tranquillité de l'Esprit, & l'Indolence du Corps, il est evident que ces Objections ne nous regardent nullement.

CHAPITRE IX.

Quelle, & combien grande est la Vertu qui sçait se passer de peu.

CE n'est pas sans raison que nous avons insinué que le vray & general moyen d'obtenir, & de conserver la Volupté qui fait la Vie heureuse est de cultiver la Temperance, par laquelle nous moderions tellement les cupiditez, que retranchant les non-necessaires, & inutiles, & nous reduisant aux seules necessaires, & naturelles, nous-nous accoutumions à estre contens, & à nous passer de peu : Car c'est par là que l'on peut conserver cette douce Tranquillité d'Esprit qui fait la principale partie de la Felicité, en ce qu'il n'est pas besoin que celuy qui s'est reduit aux seules choses necessaires à la Nature s'inquiette, & se tourmente tant comme il se fait d'ordinaire, puisque ces choses se rencontrent par tout, & font fort aifées à obtenir, & que le foin & l'agitation d'Efprit ne travaille que ceux qui non-contens des neceffaires, fongent inceffamment aux fuperflues, de telle forte que s'ils ne les obtiennent pas, cela les afflige cruellement, s'ils les obtiennent, ils apprehendent de les perdre, s'ils les perdent, ils en meurent de chagrin, ou fi elles leur demeurent, ils ne font jamais raffafiez, & fe fervant de leur Efprit comme du tonneau des Danaïdes, ils ne fe donnent jamais de repos, mais toûjours agitez par quelque nouvelle cupidité comme par quelque efpece de fureur, on les voit toûjours entreprendre de nouveaux travaux.

C'eſt auſſi le vray moyen d'obtenir, & de conferver cette agreable Indolence qui fait l'autre partie de la Felicité; en ce que celuy qui fe contente des chofes neceffaires ne fe donne point auſſi toutes ces peines & fatigues immenfes que ceux qui recherchent les fuperfluës font obligez de prendre, il ne fait rien qui foit contraire à fa Santé, & il ne s'attire aucune de ces incommoditez que caufe l'Intemperance, confiderant que ceux qui vivent frugalement, & fimplement ne sont pas d'ordinaire sujets aux maladies, mais plutost ceux ou qui mangent excessivement, ou qui usent de viandes non-naturelles & corrompuës par les ragousts, & par l'artifice des Cuisiniers.

Epicure devoit bien avoir reconnu l'importance, & l'excellence de cette mediocrité ou moderation qui se contente de peu lorsqu'ils s'ecrie, *Que c'est estre tres riche que de se contenter du necessaire! Que c'est un grand fond de richesses qu'une pauvreté accommodée à la loy de la Nature! Or voulez-vous sçavoir quelles sont les bornes que cette loy de la Nature nous prescrit? N'avoir pas faim, n'avoir pas soif, n'avoir pas froid, Non esurire, non sitire, non algere:* Et c'est ce qu'il avoit experimenté en luy-mesme, si nous-nous en rapportons au temoignage de Juvenal.

*———— mensura tamen quæ
Sufficiat census, si quis me consulat, edam;
In quantũ sitis, atq; fames, & frigora poscũt;
Quãtũ, Epicure, tibi parvis suffecit in hortis
———— quis non Epicurum
Suspicit exigui lætum plantaribus horti?*

Le mesme Epicure dit dans Seneque, que le pauvre n'est pas celuy qui a peu, mais celuy qui desire beaucoup; & qu'encore que la privation des richesses soit vulgairement appellée pauvreté, ce nom se devroit neanmoins plutost attribuër à une opulence triste & chagrine, comme estant une privation de cette veritable fin pour laquelle les richesses sont desirées & recherchées, asçavoir une privation de joye, de contentement, de plaisir.

En effet, de deux hommes qui sortent en mesme temps de la vie, lequel est-ce je vous prie qui meurt le plus riche, ou celuy qui estant destitué de ce que l'on appelle d'ordinaire des richesses, n'a pas laissé de vivre joyeusement, ou celuy qui accablé de biens, a passé sa vie dans l'inquietude & dans le chagrin?

Ciceron devoit bien aussi estre charmé de cette vertu & moderation d'Esprit qui nous porte *à vivre, & à estre contents de peu* : Car apres avoir montré par les exemples de Socrate, & de Diogene, que le fardeau de la pauvreté se fait plus leger en faisant reflection sur ces paroles d'Epicure, *O que la Nature desire peu de choses, ô que peu de chose luy suffisent!* Il soutient que la Sagesse ne laisse pas de se trouver aussi souvent sous un pauvre & petit manteau.

Sæpe etiam est sub palliolo sordido Sapientia.
Et comme s'il avoit entrepris de faire

l'Eloge de ce Philosophe, voicy comme il poursuit. Quoy, ces magnifiques parleurs sont-ils donc plus forts & plus genereux qu'Epicure contre la pauvreté qui inquiette tellement les hommes? Tous les autres Philosophes ne semblent-ils pas estre autant preparez que luy contre tous les maux? Cependant y en-a-t'il aucun que la pauvreté n'epouvante? Quant à luy, il se contente de tres peu de chose, & personne n'a jamais mieux parlé de la frugalité que luy. Il dit souvent d'excellentes choses, & ses instructions seroient bien receües, si elles venoient de la part d'un Socrate, ou d'un Platon. Et certes, comme il estoit tres eloigné de tout ce qui cause la cupidité de l'argent, de l'amour, de l'ambition, des depenses somptueuses & journalieres, &c. Pourquoy se seroit-il beaucoup soucié de l'argent, ou pourquoy l'auroit-il desiré avec passion? Quoy, le Scythe Anacharsis aura pû mespriser les richesses, & nos Philosophes ne le pourront pas faire? Voicy la teneur d'une des lettres de ce Scythe.

Anacharsis à Hanno, salut. I'ay pour habits superbes un simple vestement de Scythe, pour souliers la plante endurcie de mes pieds, la Terre pour lict, la faim pour ragoust, je vis de laict, de fromage, & de chair. C'est pourquoy si vous venez me trouver, vous trouverez un homme fort tranquille : Et pour ce qui est de ces presens dont il vous a plû m'honnorer, donnez-les à vos Citoyens, ou en faites une offrande aux Dieux immortels.

Tous les Philosophes de quelque Secte qu'ils puissent estre, si l'on en excepte ceux qu'une nature vicieuse a eloigné de la droite raison, ont pû estre dans ces sentimens. Socrate voyant dans une pompe publique que l'on portoit beaucoup d'or, & beaucoup d'argent, s'ecria, Combien il y a de choses que je ne desire point ! Xenocrate ayant appris que les Ambassadeurs d'Alexandre luy avoient apporté cinquante talens qui faisoient alors à Athenes une somme tres considerable, convia ces Ambassadeurs à un souper dans l'Academie, & leur fit servir ce qui pouvoit honnestement suffire sans aucun appareil, & le lendemain comme ils luy demandoient à qui il souhaitoit que l'on contast la somme, il leur dit, Quoy, ne remarquastes vous pas hyer par le repas que je vous fis que je n'ay pas besoin d'argent ? Neanmoins s'estant aperceu que ce refus leur causoit quelque tristesse, il accepta trente mines pour ne sembler pas mespriser la liberalité du Roy. Quant à Diogene, comme il estoit Cynique, il repondit à Alexandre le Grand qui luy demandoit s'il n'avoit point besoin de quelque chose, presentement, luy dit-il, que vous vous retiriez un peu de mon Soleil, car Alexandre s'estoit mis devant luy. Ce Cynique avoit coûtume d'entrer en dispute sur la Felicité du Roy de Perse, & de montrer de combien sa vie, & sa fortune estoit plus heureuse que la sienne ; que pour luy rien ne luy manquoit, mais que ce Roy ne sçauroit jamais en avoir assez ; qu'il ne desiroit point des voluptez dont le Roy ne pouvoit jamais estre rassasié, mais qu'il se contentoit des siennes dont il n'estoit pas possible au Roy de joüir.

Ce que vous venez d'entendre de Diogene, me remet en pensée ce que Seneque, & Maxime de Tyr en ont écrit. Ce premier, apres avoir montré que les Riches supportent plus difficilement les pertes de biens que les Pauvres, qu'il est beaucoup plus tolerable & plus facile de ne pas acquerir que de perdre, & qu'ainsi ceux que la fortune n'a jamais regardé, semblent estre plus heureux que ceux qu'elle a abandonné ; apres, dis-je, qu'il a enseigné cela fort au long, voicy comme il poursuit. C'est ce que Diogene ce grand Esprit reconnut fort bien, car il fit ensorte que rien ne luy pust estre osté. Appellez cela pauvreté, indigence, & donnez quelque ignominieux nom qu'il vous plaira à la seureté, je croiray que Diogene n'est pas heureux si vous en trouvez un autre à qui rien ne puisse estre osté. Certes si quelqu'un doute de la Felicité de Diogene, il peut douter de la condition des Dieux immortels, & s'ils sont moins heureux pour n'avoir pas des possessions sujettes au caprice de la Fortune, & dont on puisse estre depoüillé.

Pour ce qui est de Maxime de Tyr, voicy comme il en parle au sujet de la dispute que l'on faisoit sur la vie Cynique, si elle estoit preferable à toute autre. Diogene, dit-il, n'estoit ni Attique, ni Dorien, ni elevé dans l'Ecole de Solon, ni dans celle de Lycurgue (car ni le lieu, ni les loix ne donnent pas les Vertus) mais il estoit né de la Ville de Synope du fond du Pont-Euxin. Apres avoir consulté Apollon, il quitta toutes les occasions de chagrin, & d'inquietude, rompit ses liens, & à la maniere d'un oyseau intelligent & libre, parcourut le Monde sans craindre les Tyrans, sans s'attacher à une Loy particuliere, sans s'appliquer à l'administration des affaires civiles, sans estre inquieté par l'education des enfans, sans estre lié par le mariage, sans s'occuper à la culture de la terre, sans s'engager dans les emplois de la guerre, & sans courir les Mers & les Terres pour le commerce ; mais se mocquant de toutes ces sortes de gens, & de toutes ces sortes de conditions, comme nous-nous mocquons d'ordinaire de ces Enfans qu'on voit tellement attachez à joüer aux osselets qu'ils se battent, & se depoüillent les uns les autres, il menoit la vie d'un Roy libre, exempt de crainte & d'inquietude : Il ne se transportoit point l'Hyver loin de là chez les Babiloniens, ni l'Esté chez les Medes, mais il passoit simplement de l'Attique dans l'Isthme suivant la Saison, & de l'Isthme dans l'Attique. Ses maisons Royales furent les Temples, les Colleges, & les Bois sacrez ; ses richesses tres amples, tres seures, & qui ne craignent point les embusches estoient toute la Terre, & ce qu'elle porte de fruits, & les fontaines qu'elle nous donne plus excellentes que les Vins de Lesbos, & de Chio. Il se fit aussi à toute sorte d'air à le maniere des Lions, & n'evita point les changemens des Saisons etablies par Iupiter, ni n'inventa aucunes machines pour s'en parer, mais il s'accoûtuma tellement à toute la Nature par cette maniere de vie qu'il affermit sa santé & ses forces sans avoir besoin de medicamens, sans experimenter ni le fer, ni le feu, sans implorer l'assistance de Chiron, ni d'Esculape, ni des Asclepiades, & sans se soumettre ni aux predictions des Devins, ni aux lustrations magiques, ou supersticieuses, ni aux vaines paroles des Enchanteurs : Et lorsque toute la Grece estoit en armes, & que toutes les Nations estoient aux mains les unes contre les autres à qui se detruiroit.

Quis prior inferret socio lacrymabile bellũ, il joüissoit luy seul comme d'une Treve commune, & comme s'il eust fait alliance avec toute la Terre, il demeuroit sans armes au milieu des gens armez & des combattans. Cependant les Scelerats mesmes, les Tyrans & les Calomniateurs avoient du respect pour luy, & s'abstenoient de luy faire du mal, quoy qu'il leur fist des corrections, non à la maniere des Sophistes, mais en leur objectant, & leur remettant devant les yeux leurs propres actions, qui est une maniere de reprendre tres salutaire, & fort convenable pour ramener les Esprits à la Paix, & à la Raison.

Nous pourrions icy ajoûter cette espece de Sentence que rapporte Seneque comme venant de l'Ecole d'Epicure. Que celuy qui n'a pas besoin de richesses, c'est principalement celuy-là qui joüit des richesses, parce que celuy qui en a besoin est dans l'apprehension de les perdre, & qu'on ne jouit pas d'un bien dont on est en peine. Celuy qui est dans l'apprehension de ses biens tasche toujours de les augmenter de quelque chose, & lorsqu'il songe à les augmenter, il oublie ou ne songe pas à en jouir, il fait ses receptes, il soude ses contes, va à la Place, fueillete son Kalendrier, de Riche il devient Procureur : Nous serons riches avec bien plus de seureté, lorsque nous sçaurons qu'estre pauvres, ou n'estre pas riches, n'est pas une chose si fascheuse.

Souvenons-nous seulement de ce beau mot de Socrate, qui en considerant la grande quantité & diversité de denrées & de marchandises qui se vendent çà & là dans les ruës, & dans les marchez, s'ecria joyeux & content, *O combien il y a de choses dont je n'ay point de besoin!* Et de là faisons cette Remarque, que si quelqu'un se trouve par hazard en possession de toutes ces choses, & que cependant en considerant ses maisons, ses meubles, ses serviteurs, sa table, ses vestements, & cent autre choses de la sorte, il se trouve interieurement en disposition & en estat de pouvoir dire, j'ay veritablement toute cette grande abondance & diversité de Biens, mais je pourrois absolument m'en passer, mais je n'en n'ay pas absolument besoin, je pourrois dormir commodement dans une maison moins superbe, & moins parée, je pourrois bien aisement me passer de ce grand nombre de valets, de ces mets exquis, de ces vêtements superbes, &c. Remarquons, disje, qu'une personne qui se trouve dans cette heureuse disposition d'Esprit, peut joüir tres agreablement de sa magnificence, & de l'abondance de ses richesses.

Car il connoitra qu'il peut tres commodement manquer d'une infinité de choses qui troublent beaucoup la tranquillité de l'Esprit par la passion qu'on a pour elles, & ainsi il sera dautant plus prest à en supporter doucement la perte si quelque malheur les luy ravit, qu'il connoitra qu'elles ne luy sont pas absolument necessaires.

Il sera aussi bien eloigné de se donner tant de peine, tant de fatigues, & tant d'inquietudes, comme il se fait d'ordinaire pour augmenter ses possessions, lorsqu'il considerera qu'il ne peut pas prendre davantage de vray & pur plaisir d'une plus grande opulence que de celle

DE LA FELICITÉ. 213

dont il joüit, ou d'une qui seroit mesme beaucoup moindre, que ce qu'il amasseroit de plus ne seroit pas pour luy, mais pour des Heritiers ou ingrats, ou prodigues, mais pour des Flatteurs, ou pour des Voleurs, & que cependant pour l'obtenir il luy faudroit perdre le repos, & se jetter dans une Mer d'inquietudes, de peines & de chagrins.

A l'egard de ce que dit Epicure, *que ce qui est necessaire à la Nature est facile à acquerir, & que si quelque chose est difficile à acquerir elle n'est pas necessaire*, c'est une Sentence que Stobée exprime en ces termes. *Graces soient rendues à la bien-heureuse Nature qui a fait que les choses necessaires sont aisées à obtenir, & que celles qui sont difficiles ne sont pas necessaires.* Et c'est ce qu'avoit en veüe Ciceron lorsqu'il dit d'Epicure, *qu'il tenoit que la Nature seule enrichit le Sage, & que les richesses naturelles sont faciles, parceque la Nature se contente de peu*. Et Seneque, *que n'avoir pas faim, n'avoir pas soif, n'avoir pas froid, sont les bornes que la Nature selon Epicure s'est prescrite: Que pour chasser la faim, & la soif il n'est pas necessaire d'habiter des Palais superbes, ni de se contraindre soy mesme avec cette sourcilleuse & ennuyeuse gravité, ni de tenter les Mers, ni de suivre les Armées: Que ce que la Nature demande est aisé, & exposé à tout le monde : Que la sueur est pour les choses superflues, que ce sont elles qui font vieillir les Magistrats dans la robe, les Capitaines sous les tentes, & les Pilotes parmi les dangers de la Mer.*

ad manum est quod satis est. Divitiæ grandes homini sunt vivere parcè, Æquo animo ; neque enim est unquam penuria parvi.

Il est vray qu'il y a de certains hommes dont la tyrannie ou la dureté est telle, que les innocens manquent quelquefois du necessaire ; il y a mesme aussi des hommes à qui ce necessaire manque quelquefois soit par quelque accident, soit par leur propre faute, mais cela n'empesche pas qu'il ne soit toujours vray de dire que la Nature qui est la Mere nourrice de tous les Animaux, n'est certainement pas marastre aux hommes, & si elles les a fait sujets à la faim, elle leur donne ses fruits, ses herbes, & ses grains pour l'appaiser : Si elle a voulu qu'ils fussent sujets à la soif, elle leur fournit de l'eau par tout abondamment: Si l'Air est froid, ou s'il est chaud, elle leur a fait le cuir affez epais, & affez dur pour supporter ces injures, comme il est visible dans la peau du visage, & si elle leur a fait les autres parties du corps plus molles, & plus delicates, elle leur a donné d'un costé les ombres des bois, les cavernes, & les autres rafraichissemens, & de l'autre le Soleil, le feu, la laine des brebis, & plusieurs autres secours de la sorte.

Elle ne leur a pas aussi moins donné d'Esprit, & de prudence qu'aux Fourmis pour se pourvoir des choses necessaires pour l'avenir, quoy que tres souvent ils negligent l'exemple de ce petit animal, qui depuis que l'Hyver est venu ne sort plus de sa petite caverne, & qui prudent & sage, dit Horace, joüit doucement l'Hyver de ce qu'il a amassé durant l'Esté. *Quæ simul inversum contristat Aquarius annum*
Non usquam prorepit, & illis utitur antè Quæsitis sapiens.
Car à voir la pluspart des Hommes se travailler sans cesse pour acquerir des biens, l'on diroit qu'ils en auroient oublié l'usage, & qu'ils ne seroient nez, & destinez que pour accummuler.

A considerer mesme les Hommes dans

cette Société civile, y en a-t'il aucun qui pour peu qu'il vueille s'evertuer ne trouve de quoy survenir à la faim, à la soif, & aux diverses injures de l'Air? Que s'il n'a pas pour cela les tables delicieuses, les vins delicats, les vestemens superbes, les maisons magnifiques, les vases precieux, les serviteurs bien mis, & bien couverts, &c. ce ne sont pas là des choses dont nous devions rendre graces à la bien-heureuse Nature comme absolument necessaires, l'usage de celles qui sont faciles à obtenir n'est assurement pas moins agreable que de celles qui sont si difficiles, & c'est une erreur de croire qu'il n'y ait que les riches qui puissent gouster la joye.

Nam neque divitibus cõtingũt gaudia solis.
Mais nous parlerons ensuite de cecy, il suffira cependant de remarquer ce beau passage de Seneque qui fait merveilleusement à ce sujet.

Tout ce qui devoit estre pour nostre bien, dit-il, Dieu le pere commun des hommes nous l'a mis en main : Il n'a pas attendu nos demandes, il nous l'a donné volontiers & de luy mesme, & les choses qui estoient capables de nous nuire il les a cachées bien avant ; desorte que nous ne nous pouvons

plaindre

plaindre que de nous-mesmes, qui malgré la Nature sommes allez les tirer des entrailles de la Terre. Nous-nous sommes aveuglement jettez dans les plaisirs, ce qui a esté l'origine de tous les maux. Nous-nous sommes laissez emporter à l'ambition, à la gloire, & à la vanité. Que vous puis-je donc maintenant conseiller ? Rien de nouveau, car ce ne sont pas de nouveaux maux ausquels on cherche le remede ; la premiere chose qu'il faudroit faire, seroit de regarder en nous-mesmes, & de bien distinguer le necessaire du superflu. Les choses necessaires se presentent par tout, il n'y a que les superflues qui donnent de la peine, & de l'inquietude à les chercher. Ne croyez pas avoir beaucoup sujet de vous estimer si vous avez mesprisé les licts dorez, les joyaux, & les ameublemens magnifiques : Vous-vous admirerez lorsque vous aurez mesprisé les necessaires. Ce n'est pas grande chose que de pouvoir vivre sans tout ce grand appareil Royal, que de ne souhaiter pas des cervelles de Paon à son disner, ni des langues de Faisans, ni tous ces autres monstres de la Luxure qui ne choisit maintenant que de certains membres des animaux, & mesprise le reste. Ie vous admireray quand vous ne mespriserez pas un morceau de pain sec, & quand vous serez persuadez que les herbes dans la necessité ne naissent pas seulement pour les bestes, mais aussi pour les hommes, & quand vous aurez appris que les branches des arbres portent de quoy vous rassasier.

O misere, ô aveuglement humain, disoit Lucrece! Est-ce qu'il n'est pas evident que la Nature ne nous crie autre chose, sinon que n'ayant en veüe que l'indolence, & la tranquillité, nous-nous passions de peu, & que sans toutes ces delices superfluës nous vivions doucement & agreablement?

O miseras hominum mentes! ô pectora cœca!
Qualibus in tenebris vitæ, quantisq; periclis
Degitur hoc ævi, quodcunque est. Nonne videre
Nil aliud sibi Naturam latrare, nisi ut, cùm
Corpore sejunctus dolor absit, mente fruatur,
Iucundo sensu, curâ semotâ, metuque?
Ergo corpoream ad naturam pauca videmus
Esse opus omnino, quæ demãt quæq; dolorem,
Delicias quoq; uti nullas substernere possint,
Gratius interdũ neq; Natura ipsa requirit.

Les viandes, dit Epicure dans Ciceron, & les breuvages les plus simples, comme la boüillie, le pain sec, le fromage, & l'eau pure, ne donnent pas moins de plaisir que les mets, & les vins les plus delicieux, & voicy comme il parle dans Stobée, *Mon* corps abonde en plaisirs avec du pain, & de l'eau, *Voluptate abundo in corpusculo, aqua & pane vescens, ac nuncium remitto Voluptatibus quæ ex epularum magnificentia percipiuntur.* Dans Elian, *Pourveu que j'aye de l'orge mondé, de la boüillie, & de l'eau, je suis prest à disputer de la Felicité avec Iupiter.* Dans Seneque, *Il faut retourner à la loy de la Nature, ses richesses sont toutes prestes & exposées à tout le monde, & les choses dont nous avons besoin sont ou gratuites, ou à vil prix. La Nature demande du pain, & de l'eau, personne n'est pauvre pour cela, & celuy qui renferme ses desirs dans ces limites peut se reputer tres heureux. Tournez-vous vers les vrayes richesses, apprenez à estre content de peu, & écriez-vous hautement & courageusement ayons de l'eau, ayons du pain, ayons de l'orge mondé, & du reste disputons de la Felicité avec Iupiter?*

Si vous n'avez pas la nuit à vos Banquets des chandeliers d'or, ni des Musiques qui fassent retentir vos lambris dorez, du moins pouvez-vous sur le bord d'un ruisseau à l'ombre d'un grand arbre vous reposer doucement sur l'herbe, & sans toutes ces grandes richesses prendre vos petis repas, & vous divertir agreablement, lors principalement que la Saison nous y convie, & que le Printemps a tapissé la terre de fleurs.

Si non aurea sunt juvenum simulacra per
ædes,
Lāpadas igniferas manib° retinētia dextris,
Lumina nocturnis epulis, ut suppeditentur;
Nec domus argento fulget, auroque renidet,
Nec citharis reboant laqueata, auratáque
Templa:
Attamen inter se prostrati in gramine molli,
Propter aquæ rivum sub ramis arboris altæ,
Non magnis opibus jucundè corpora curant;
Præsertim cùm tempestas arridet, & anni
Tēpora conspergūt viridātes florib° herbas.

La fievre vous quitte-t'elle plutost pour estre couchez dans une chambre peinte, & dorée, & sous une couverture en broderie, que sous une simple couverture du commun?

Nec calidæ citiùs decedunt corpore febres,
Textilibus si in picturis, ostróque rubenti
Iacteris, quàm si plebeia in veste cubādū' st.

Il faut bien certes se donner de garde, de croire qu'un Apicius prene plus de plaisir de ses mets exquis & magnifiques, qu'un Laboureur de ses viandes simples & ordinaires. Car celuy-là estant toujours rempli, est presque dans un degoust continuel, & celuy-cy ayant presque toujours faim, trouve tout ce qu'il mange excellent ; desorte que lorsque l'un mesprise le Faisan, & le Turbot, l'autre trouve ses Noix, & ses Oignons d'un goust merveilleux. Certes celuy-là semble n'avoir jamais experimenté ni la faim, ni la soif, lequel ne sçauroit se persuader qu'un homme du commun puisse aussi delicieusement ou aussi agreablement souper qu'un Prince, pourveu qu'il attende à se mettre à sa petite & simple table une heure plus tard que le Prince à sa table magnifique : Que les hommes puissent une fois comprendre cecy, & ils reconnoitront combien il est inutile de se tant travailler à acquerir ces immenses richesses pour satisfaire leur gourmandise, puis qu'ils peuvent sans tous ces soins obtenir les mesmes plaisirs, & que ces plaisirs sont mesme plus purs, & plus innocens ! Et c'est ce que le Poëte devoit avoir en veüe lorsqu'il dit qu'il faut fuïr la magnificence, & que l'on peut dans une petite maison vivre plus heureux que les Roys & les Grands dans leurs Palais.

——— *fuge magna, licet sub paupere tecto Reges, & Regum vitâ præcurrere Amicos.*

Mais apprenons de Porphyre jusques où Epicure a poussé la vie simple, & frugale, & comme il croioit qu'elle pouvoit mesme aller jusques à une totale abstinence de chair, voicy ses termes.

De là vient, dit-il, *que non seulement les Stoïciens, & generalement tous les Philosophes qui preferent la frugalité au luxe, estiment plus celuy-là à qui peu de chose suffit, que celuy qui a besoin de plusieurs choses; mais ce qui est incroyable au vulgaire, c'est que l'on observe que les Epicuriens mesmes qui font consister la fin de la vie heureuse dans la Volupté, se contentent la pluspart depuis le temps de leur Coryphée, de fruits, de legumes, & de boüillie, faisant voir combien la Nature a besoin de peu de choses, que le manger le plus simple, & le plus aisé à obtenir satisfait abondamment à la necessité, & que le reste regarde le luxe, & la cupidité qui n'est ni necessaire, ni causée à l'occasion de quelque chose qui par son absence menace de ruine e composé, mais qui ne vient que des vaines & fausses opinions dont on est prevenu.*

Ils disent aussi qu'un Philosophe doit estre dans cette confiance, que rien ne luy manquera le reste de ses jours. Or rien n'est plus capable de luy nourrir cette esperance, que d'estre persuadé par sa propre experience qu'il n'a besoin que de tres peu de choses, & que ces choses sont fort communes, & tres faciles à acquerir, que tout le reste est superflu, qu'il ne regarde que le luxe, & qu'il ne s'acquiert qu'avec beaucoup de difficultez, desorte que tout le bien & le plaisir qui en pourroit revenir ne merite pas qu'on se donne tant de peine, comme n'estant nullement comparable avec les inquietudes qu'il faut souffrir pour l'obtenir, & pour le conserver. Ioint que lorsque la pensée de la Mort vient, l'on se resout aisement à quitter les petites choses, ou celles qui sont mediocres & vulgaires.

Ils disent de plus, que l'usage de la chair nuit plutost à la Santé qu'il ne luy est utile; parce que la Santé est conservée par les mesmes choses qu'elle est recouvrée lorsqu'on la perdue, & qu'estant recouvrée par la Diette, par la frugalité, & par l'abstinence de la chair, elle est conservée par ces mesmes choses. Qu'au reste ce n'est pas merveille que le vulgaire croye que l'usage de la chair soit necessaire à la Santé, veu qu'il croit que toutes les voluptez qui sont dans le mouvement & dans le chatouillement y contribuent, jusques aux plaisirs mesmes de l'Amour, qui constamment ne servent jamais de rien, & qui sont d'ordinaire tres tres nuisibles.

Horace devoit bien aussi avoir reconnu les avantages qu'apporte une vie sobre & frugale, lorsqu'il dit qu'il n'y a rien qui contribuë tant à la santé que de boire, & manger peu, & de se contenter des breuvages, & des viandes les plus simples, & que pour estre persuadé de cette verité, il ne faut que se souvenir d'un petit souper simple & frugal qu'on ait fait autrefois, au lieu que lorsqu'on se gorge de toutes sortes de viandes, les unes se convertissent en bile, & les autres en pituite, ce qui cause des vents, & des indigestions dans l'estomac.

Accipe nunc victꝰ tenuis quæ quantáq; secū
Afferat ―――
――― *imprimis valeas bene; nam varia res*
Vt noceant homini, credas memor illius escæ
Quâ simplex olim tibi cesserit: At simul assis
Miscueris elixa, simul conchylia turdis ;
Dulcia se in bilem vertent, Stomacóque tumultum
Lenta feret pituita. Vides ut pallidus omnis
Cœnâ desurgat dubiâ ―――

Il y a certainement lieu de s'etonner que les hommes qui d'ailleurs sont capables d'intelligence, & de raison, songent si peu à la maniere dont il en usent à l'egard du boire & du manger, & qu'entre autres choses ils ne prenent pas garde.

Premierement, qu'il faut attendre l'heure ou la necessité de manger, qu'il n'est besoin que de la faim pour nous avertir de cette heure, & de cette necessité, & que comme la faim est l'assaisonnement le plus innocent, c'est aussi le plus doux & le plus agreable.

Secondement, qu'un manger simple & frugal repare les forces du corps, & donne de la vigueur à l'Esprit, ce qui ne se doit point esperer de cette diversité, abondance, mixtion, & alteration de viandes qui se trouve dans les tables magnifiques; parce qu'encore que les gourmands ayent leurs plaisirs brutaux, & de peu de durée, cela neanmoins appesantit le corps, & hebete l'Esprit, & si dés l'heure mesme l'on ne sent pas les fluxions, les fievres, les gouttes, & les autres incommoditez, les semences de ces maux demeurent cachées dans le corps, ayant esté portées aux parties avec un sang superflu & impur formé de la masse superflue & impure des alimens.

Troisiemement, qu'apres que la faim est appaisée, & la table levée, il reste à celuy qui a beu & mangé moderement cette agreable pensée, qu'il n'a rien fait qui soit contraire à sa santé, & qu'il se trouvera bien de sa moderation, & il n'est point fasché de n'avoir pas joüy d'un plaisir dont les gourmands se sont gorgez, d'autant plus que le plaisir se seroit deja evanoüy, & qu'il ne luy en resteroit que le seul danger du repentir à quoy il n'est pas sujet comme celuy qui s'estant rempli l'estomac de viandes & de ragousts ou se repent deja, ou soupçonne qu'il s'en repentira, & qu'il portera sinon bientost, du moins quelque jour la peine de sa gourmandise.

Quatriémement, qu'il y a beaucoup de prudence à ne se jetter pas dans le corps, à l'appetit d'un plaisir de peu de durée, la matiere de tant de maladies si fascheuses, & si longues, laquelle matiere ne pourroit estre tirée qu'en se soumettant ensuite à plusieurs potions, purgations, vomitoires, & saignées qui ruinent le corps, & qui cependant pourroient aisément estre evitées par la simple abstinence, ensorte qu'on ne soit pas obligé d'en dire autant que Lysimachus apres s'estre rendu aux Getes pour appaiser la soif dont il estoit travaillé avec toute son

Armée, *O Dieux le grand bien que je viens de perdre pour un plaisir qui a si peu duré!*

Cinquiemement, qu'à la reserve de quelque peu de maladies hereditaires, & qui peuvent sinon estre ostées tout à fait, du moins estre corrigées, la matiere comme generale de toutes les autres est le boire, & le manger ou non-naturel, ou pris outre mesure. Car encore que le travail, la chaleur, le froid, & quelques autres causes de la sorte puissent engendrer des maladies, cela n'arrive neanmoins d'ordinaire que parcequ'elles remuent les humeurs croupissantes & superfluës que l'excez du vin, & la bonne chere auront auparavant introduit dans le corps.

Aussi remarqua-t'on durant cette grande Peste qui infecta toute l'Attique, qu'il n'y eut que Socrate, qui pour estre extraordinairement sobre, n'en fut point atteint, & nous connoissons un homme que la sobrieté a aussi sauvé de mesme dans une grande peste; sans parler d'une personne de grande qualité, qui estant cruellement tourmenté des gouttes, & s'estant opiniastré en quelque façon par mon conseil, à vivre tres sobrement une année durant, & à ne manger presque point de chair, à la maniere des Indiens qui ne laissent pas pour cela d'estre sains, & robustes, se trouve presentement délivré de toutes ses incommoditez, comme il arriva autrefois au Senateur Rogatianus dont parle Porphyre dans la vie de Plotin; tant il est vray que la Sobrieté est un remede souverain pour eviter les maladies, ou pour s'en delivrer.

Sixiemement, que pour une personne qui est malade d'inanition, il y en a toujours vingt qui sont malades de repletion; desorte que Theognides avoit bien raison de dire que la Gourmandise en tue beaucoup plus que la faim.

Per plures quàm dira fames, satias malè
 perdit,
Qui justo cupiunt amplius esse sibi.

Et Horace apres Epicure, qu'un homme sobre, ou qui boit & mange peu, est toujours vigoureux, & toujours prest aux fonctions qui regardent sa charge & son devoir, au lieu que la crapule rend le corps pesant & paresseux, abbrutit l'Esprit, & attache à la terre cette parcelle de la Divinité.

———— quin corpus onustum
Hesternis vitiis, animũ quoq; prægravat unà,
Atque affigit humo divinæ particulā auræ.
Alter ubi dicto citius curata sopori

Membra dedit, vegetus præscripta ad munera surgit.

L'on peut mesme ajoûter que celuy qui cherche le plaisir du Goust dans la bonne chere perd le plaisir qu'il y trouveroit, si s'estant accoûtumé à vivre sobrement & simplement, il ne prenoit cette bonne chere que par intervalles, ce qui n'est pas hors de la bien-seance, & qui peut quelquefois estre permis aux plus honnestes gens, soit comme dit le Poëte qu'une Feste solemnelle nous invite à la rejoüissance, soit que l'on veüille quelquefois reparer les forces que l'abstinence, ou la vieillesse aura affoibli.

Sive diem festum rediens advexerit annus;
Sive recreare volet tenuatū corpus; vbique
Accedent anni, & tractari mollius ætas
Imbecilla volet. ———

Ce n'est pas que l'on se doive proposer comme fin ce plaisir extraordinaire du Goust, mais parceque le pouvant considerer comme par accident, il se trouve que la vie sobre & frugale est bonne à tout.

Neanmoins il est constant que le Sage doit bien plutost, autant que l'estat & la condition de la vie le peuvent permettre, suivre toujours une mesme maniere, & une mesme regle ou teneur de vie. Je dis autant que l'estat & la condition de la vie le peuvent permettre; parce qu'encore que le genre de vie dans lequel on se trouve fasse naistre des temps où il est difficile de garder exactement la regle & la maniere de vivre que l'on s'est prescrite, toutefois il n'est pas fort difficile de la garder, & de s'y tenir à peu pres, pourveu qu'un homme ait autant de constance & de fermeté qu'un veritable Sage & vertueux en doit avoir, Car si d'ailleurs il est tellement mol & flexible qu'à la premiere occasion il se laisse aller, & se laisse emporter aux cupiditez, il est evident que la Sagesse & la Vertu n'ont pas jetté des racines fort profondes dans son Esprit.

Certes, si la necessité nous oblige quelquefois de nous trouver à des tables où il semble qu'il y auroit de l'incivilité à ne se pas laisser vaincre par les prieres, & par les sollicitations qu'on nous fait, c'est principalement alors qu'il faut montrer de la force, & de la fermeté, & si une excuse civile & honneste ne suffit pas, l'on doit se defaire de cette δυσωπία ou honte ridicule tant blasmée des Grecs, & selon le conseil de Plutarque, dire nettement & courageusement à son Hoste ce que Creon dit dans une de ses Tragedies : Il vaut mieux que vous soyez presentement fasché contre moy, que si demain j'estois malade pour vous avoir obey.

*Te præstat infensum, Hospes, esse nunc mihi,
Quàm si obsequut° deinde graviter ingemā.*

Car de se jetter, dit-il ensuite, dans des douleurs de colique, & mesme dans la folie pour ne pas vouloir passer pour rustique & incivil, c'est estre & rustique & insensé, & ne sçavoir pas comment il en faut user avec les hommes à l'egard du vin & de la bonne chere.

Nous ne devons pas icy oublier cette belle Reponse de Seneque à Epicure, comme si celuy-cy luy avoit semblé vouloir se glorifier de ce qu'il ne depensoit pas un sou entier chaque jour pour son vivre. *Dans ce vivre*, dit-il, *pensez-vous qu'il n'y ait pas de quoy se rassasier ? Sçachez qu'il y a mesme de la Volupté, non pas certes une volupté legere, & passagere, mais une Volupté stable, & certaine. Car il y a un plaisir bien grand à se pouvoir passer d'eau, & d'orge mondé, ou d'un morceau de pain, à pouvoir prendre du plaisir de ces choses, & à s'estre reduit à ce qu'au-*

cun accident de la Fortune ne sçauroit nous oster. Qu'il y a de grandeur d'Ame, ajoûte-t'il, à descendre de son bon gré dans un estat qui n'est pas à craindre aux plus miserables ! C'est là prevenir les traits de la Fortune, c'est luy fermer toutes les avenuës, & c'est luy dire avec le celebre Diogene de Perse,

  Mara ke ver-ne-dachte
  Tche-son ber zemin zened ?
Tu ne m'as pas eslevé, comment me jetteras-tu par terre ?

Accommodons icy ce que Xenophon a remarqué de Socrate, qu'il vivoit de si peu de chose, qu'il n'y avoit Artisan qui pour peu qu'il voulust travailler ne gaignast plus qu'il n'eust fallu pour le nourrir : Accommodons-y encore ce qui a déja esté rapporté d'Anacharsis, qu'il refusa l'argent comme ne luy estant pas necessaire pour le peu de depense qu'il faisoit, & ce qu'on a ecrit d'Epaminondas, qu'il renvoya les Ambassadeurs du Roy avec l'Or qu'ils luy avoient apporté, & qu'apres leur avoir fait un repas fort simple, il leur dit, *Allez & faites le recit de ce disner à vostre Maistre, afin qu'il entende qu'un homme à qui cela suffit ne se prend point par Argent.* Considerons

DE LA FELICITÉ. 233
dis-je, tous ces illustres exemples, & concluons qu'il y a non seulement beaucoup de grandeur d'Ame, mais aussi beaucoup de bon sens & de prudence à se reduire à une juste & honneste mediocrité, & que celuy qui se contente de ce dont la pauvreté mesme ne sçauroit manquer, n'a point sujet de craindre ni les atteintes de la Fortune, ni la pauvreté qui fait l'horreur de tout le monde.

LIVRE II.
DES VERTVS.

CHAPITRE I.

Des Vertus en general.

ARISTOTE distingue trois choses dans l'Esprit, asçavoir des Facultez, des Actions, & des Habitudes. Les Facultez sont les Puissances mesmes, ou ce par quoy nous sommes capables d'agir. Les Actions sont les Actes de ces mesmes Facultez, comme se mettre actuellement en colere, avoir de la compassion, &c. Les Habitudes, ce qui nous rend propres, ou enclins, & disposez aux bonnes, ou aux mauvaises actions.

De plus il distingue deux parties de l'Esprit, l'une qui raisonne, l'autre qui ne raisonne pas mais qui suit pourtant les mouvemens de la Raison. La premiere est d'ordinaire comprise sous le mot d'Entendement, la seconde sous celuy de Volonté, & quelquefois aussi sous celuy d'Appetit.

Il enseigne ensuite Premierement que la Vertu n'est ni Faculté, ni Acte. Secondement que c'est une perfection ou une habitude loüable de l'Esprit disposé à bien agir. *Virtus est perfectio animi laudabiliter comparati.* Troisiemement que l'une & l'autre partie de l'Esprit a ses facultez, ses actions, & ses habitudes, avec cette difference toutefois que les habitudes de la premiere tendent au vray, celles de la seconde au bien, ou à ce qui est bon, & qu'y ayant cinq Vertus dans la premiere, la Prudence, la Sagesse, l'Intelligence, la Science, & l'Art, il n'y en a que trois dans la seconde, asçavoir la Force, la Temperance, & la Justice. Quatriemement que l'on ne doit pas trouver etrange qu'il mette des Vertus dans la seconde partie; parce qu'encore qu'elle n'ait pas la Raison, elle peut neanmoins estre dite l'avoir, en ce qu'elle l'ecoute, & la suit, comme nous avons deja insinué, & qu'elle est à l'egard de la premiere comme un fils à l'egard de son pere, par les enseignemens duquel il est conduit.

Or il ne s'agit pas precisément icy des Vertus de la Premiere, qui sont dites *Intellectuelles* parcequ'elles regardent la pensée, mais de celles de la Seconde, qui sont dites *Morales* parcequ'elles regardent les mœurs. Je dis precisément, pour mettre à part la Prudence qui passe pour une vertu morale, & mesme pour la principale de toutes, parce que c'est la Prudence ou la droite Raison qui est la guide de toutes les autres Vertus : Et c'est pour cela que dans la definition qu'Aristote donne de la Vertu, il y comprend la droite Raison ou la Prudence ; la Vertu selon luy estant une habitude elective qui consiste dans une mediocrité definie par la Raison, & par la Prudence. *Virtus est habitus electivus, in mediocritate quæ ad nos est consistens, ratione definitus, ac prout vir prudens definierit.*

Où il est à rematquer que tous les Philosophes, & les Stoïciens mesme demeurent bien d'accord avec Aristote, premierement que la Vertu est *une habitude definie, ou reglée par la Raison, & par la Prudence,* d'où vient que Ciceron, & les autres disent que c'est *une constante & perpetuelle raison* ; secondement que ce doit estre *une habitude constante ou perpe-*

tuelle, parceque l'Esprit n'est pas censé vertueux, ou doüé de Vertu lorsqu'il fait seulement quelques actions loüables par hazard, ou par dissimulation, ou avec repugnance, & difficulté, mais lorsqu'il est tellement bien disposé, & habitué qu'il agit toujours prudémment, volótairement, gayement, facilement, loüablement; troisiemement qu'elle doit aussi estre *une habitude elective*, parce que c'est par là quelle est distinguée des habitudes de l'Entendement qui ne demandent pas absolument que leurs actes se fassent par choix, au lieu qu'une habitude n'est morale qu'entant que ses actes se font par choix ou par election ; mais les Stoïciens ne peuvent demeurer d'accord du reste, ils ne sçauroient souffrir qu'Aristote mette la Vertu dans la mediocrité, & ils soutiennent que de la mettre ainsi au milieu comme il fait entre deux vices opposez, c'est la soüiller, & en quelque façon la faire participante des deux vices, mais voicy, ce me semble, la maniere dont la chose se doit entendre.

Comment la Vertu est dite consister dans le Milieu ou dans la Mediocrité.

Dans l'objet de la Vertu, dit Aristote, l'on peut distinguer deux Milieux, l'un qui peut estre appellé Milieu de la chose, *Medium rei*, l'autre Milieu à nostre egard, *Medium quoad nos*. Le premier est celuy qui de part & d'autre est egalement distant de ses extremes, & est le mesme chez tous les hommes : Tel est, par exemple, *le nombre de six entre deux, & dix, car il est eloigné de l'un & de l'autre de quatre unitez* ; d'où vient qu'il peut aussi estre appellé Milieu Arithmetique, parcequ'il est *en proportion Arithmetique*.

Le second Milieu est celuy qui n'est ni au dessus, ni au dessous de ce qui nous est convenable; d'où vient qu'il ne peut pas estre le mesme à l'egard de tous les hommes, parce qu'une chose ne convient pas egalement à tous, & qu'il se peut faire qu'elle soit au dessus, ou au dessous de ce qui est convenable, comme *si manger six livres, est trop, & que deux soit peu*, il ne s'ésuit pas que quatre livres soient la juste mesure de tous : Ce Milieu est aussi appellé le Milieu de raison, parceque c'est la droite raison qui le prescrit, & qu'il n'appartient qu'au Sage de le connoitre.

Aristote enseigne donc que la Vertu consiste non dans *le Milieu de la chose*, mais dans *le Milieu à nostre egard*, ou ce qui est le mesme, dans le milieu de raison ; en ce que la Vertu ayant pour objet les Passions, & les Actions, telles que sont par exemple craindre, avoir de la confiance, desirer, avoir en aversion, se mettre en colere, avoir pitié & compassion, & generalement estre affecté de plaisir, & de douleur, la Vertu, dis-je, ayant pour objet les Passions, & les Actions dans lesquelles il y a de l'Excez, du Defaut, & un Milieu, le devoir de la Vertu est de prescrire un certain milieu, lequel soit & tres bon, & dans le temps, & dans les choses, & à l'egard de ceux qu'il faut, & acause de ce qu'il faut, & comment il faut, en un mot, qui soit le Milieu de Raison, conformement à ces deux Vers d'Horace.

Est modus in rebus, sunt certi denique fines
Quos ultra citráque nequit consistere rectū.

Le mesme Aristote enseigne consequemment, que la Vertu eu egard à l'excellence & à la perfection est quelque chose de tres relevé, & au dessus de tout, *aliquid summum,* mais qu'estant occupée à prescrire un Milieu qui soit entre deux extremes, l'on peut dire qu'elle est elle mesme une certaine Mediocrité, c'est à dire une habitude Moyenne entre deux vicieuses, dont l'une tende à l'excez, & l'autre au defaut.

Virtus est mediũ vitiorũ, & utrinq; reductũ.

Il prouve ensuite la chose par Induction ; car la Force, dit-il, est moyenne entre la Lascheté, & l'Audace ; la Temperance entre l'Insensibilité, & l'Intemperance ; la Liberalité entre la Prodigalité, & l'Avarice ; la Magnificence entre la Chicheté, & la Somptuosité ; la Magnanimité entre la Pusillanimité, & la vaine Ostentation ; la Modestie entre n'avoir aucun soin de son honneur, & l'Ambition ; la Clemence, la Douceur, la Mansuetude entre la Lenteur, & la Colere ; la Verité, ou la Veracité entre la Dissimulation, & la Vanterie ou *Hablerie* ; l'Agrement *festivitas,* entre la Rusticité & la Boufonerie ; l'Amitié entre la Flatterie, & l'inclination à contrarier *Pugnacitas* ; la Pudeur entre la Stupidité, & l'Impudence ; l'Indignation juste entre

DES VERTUS. 241

tre l'envie ou la Jalousie, & la Mal-veillance ou mauvaise volonté *malevolentia*.

Il ajoûte que la Prudence est entre la Folie ou la Sottise, & la Finesse ou fourberie ; & pource qui est de la Justice, qu'encore qu'elle ne soit proprement pas entre deux extremes, parce qu'il n'y a que la seule Injustice qui luy soit opposée, neanmoins comme c'est une Vertu qui regarde autruy, c'est à elle à reduire tellement la chose à la rectitude ou à l'egalité, que celuy-cy n'ait pas davantage, ni celuy-là pas moins qu'il ne faut, ensorte que l'Injustice tienne lieu d'excez à l'egard de l'un, & de defaut à l'egard de l'autre.

Il enseigne d'ailleurs qu'il y a de certains Vices qui n'admettent point de mediocrité, comme l'Adultere, le Larcin, l'Homicide, parce qu'il y a toujours peché en cela, & qu'il n'y a aucune Vertu qui consiste, par exemple, à prescrire avec quelle femme, en quel temps, & comment se doit commettre un Adultere ; *dautant, dit-il, que de chercher un milieu là dedans, c'est tout de mesme que d'en chercher dans l'Intemperance, dans la Lascheté, & dans les extremes des autres Vertus.*

Tome VII.   L

Il veut aussi que les extremes combattent non seulement entre eux, mais aussi avec le Milieu mesme ; desorte que le Courageux à l'egard du Lasche semble Audacieux, & Lasche au regard de l'Audacieux, comme le Liberal semble prodigue au regard de l'Avare, & Avare à l'egard du Prodigue, & ainsi des autres: Il veut mesme qu'il y ait des extremes dont l'un paroisse estre plus opposé au milieu que l'autre, & que ce soit pour cela que quelquefois la Vertu semble plus approcher de l'excez que du defaut, comme la Force approcher plus de l'Audace que de la Lascheté, & quelquefois plus du defaut que de l'excez, comme la Temperance approcher plus de la Privation de volupté que de l'Intemperance : D'où il conclut qu'il est difficile de devenir Vertueux, parcequ'il est difficile de trouver le milieu convenable en toutes choses ; & c'est pour cela qu'il conseille à ceux qui buttent à ce milieu, de s'ecarter principalement de l'extreme qui est le plus contraire, de prendre garde au vice où ils ont plus de pente, & de faire comme ceux qui redressant un bois courbé, le flechissent tellement du costé opposé qu'ils le reduisent enfin à un estat moyen qui est celuy de Rectitude.

Enfin, au lieu que les Stoïciens tiennent que les Passions sont *dans la partie principale ou raisonnable de l'Esprit*, comme estant des Opinions ou jugemens, il enseigne ce qu'a aussi depuis enseigné Epicure, *que la partie principale est exempte de Passion*, & que toutes les Passions qui sont dans l'Esprit ont leur siege dans l'Appetit.

Ajoûtons à l'occasion des Stoïciens, qu'il y a cela de difference entre eux & Epicure, qu'ils soûtiennent que le Sage doit absolument estre exempt de passion, au lieu qu'Epicure distinguant les Passions ou Cupiditez en vaines & non-necessaires, & en naturelles & necessaires, tient que les premieres doivent veritablement estre bannies du Sage, mais que les dernieres doivent estre de telle maniere retenuës qu'elles soient reduites à une juste mediocrité : Et comme ils veulent entre autres choses que le Sage ne souffre point de douleur, ou que dans la douleur il se tienne dans cette austerité que nous avons dit, il croit que cela ne se dit, & ne se fait que par une certaine vanité & ambition immoderée, & qu'il est bien meilleur d'estre touché de quelque tristesse, & de donner quelque lieu aux larmes, aux soupirs, & aux gemissemens, *que d'estre Sage à leur maniere, & cependant estre tourmenté interieurement par cette especes d'inhumanité, & ferocité;* d'où vient qu'il approuve davantage avec Aristote *la moderation des Passions, que cette pretenduë Apatie ou exemption absolue de Passion des Stoïciens.*

De tout cecy il est aisé de voir si Ciceron a eu sujet de declamer si fort contre les Peripateticiens, & les Epicuriens; car ils ne croyent point, comme il leur objecte, que le Vice se doive de telle maniere moderer ou temperer qu'il demeure en quelque façon Vice, ou qu'il le soit en partie: Et lorsqu'ils disent que la Vertu est un Milieu ils n'entendent pas que ce soit un milieu formé de deux extremes temperez, comme le tiede de chaud & de froid, le brun de blanc & de noir, mais ils la tiennent un Milieu parcequ'elle est entre deux extremes comme le centre entre les extremitez du diametre, comme une ligne droite entre deux courbes, comme la poitrine entre la main droite & la gauche, &c. En un mot ils ne veulent pas que la Vertu soit un Vice temperé ou un extreme reduit à la médiocrité, ce que supposent neanmoins toutes ces objections de Ciceron, & des Stoïciens; puis que comme dit expressément Aristote, *de chercher de la mediocrité dans l'Adultere, & autres semblables, c'est tout de mesme que d'en chercher dans l'Injustice, dans la Lascheté, & dans l'Intemperance.*

Il est aussi aisé de voir si Ciceron a eu raison de tant s'ecrier contre le Raisonnement des Peripateticiens. Ces *Philosophes*, dit-il comme en colere, *soutiennent que les Passions sont non seulement naturelles, mais qu'elles ont mesme esté utilement données par la Nature. Ils loüent la Colere comme la pierre qui aiguisse le courage, & tiennent que l'impetuosité d'un homme en colere est bien plus vehemente contre un ennemy public, ou contre un mauvais Citoyen, que s'il combattoit de sang froid. Ils veulent que de se representer simplement que la guerre est juste, & qu'il est honneste de combatre pour les Loix, pour la liberté, &c. soient des raisons fort legeres, qu'il n'y a point de commandemens severes sans quelque pointe de colere, & que si un Orateur n'en a pas il feigne d'en avoir. Ainsi ils pretendent qu'un homme n'est pas homme s'il ne sçait se mettre en* colere, & que ce qu'alors l'on appelle douceur est plutost une espece de lenteur vicieuse. Que l'on ne sçauroit rien faire de grand sans passion, temoins Themistocle, & Demosthene, que sans cet aiguillon les Princes de la Philosophie n'auroient point fait de si grands progrez dans les sciences, & que sans quelque ardente passion Pytagore, Democrite, & Platon n'auroient point aussi voyagé comme ils ont fait par toute la Terre. De plus que ce n'est pas sans quelque grande utilité que la Violence a esté establie par la Nature, afin que les chastimens, les reprimandes, & l'ignominie pussent attrister les hommes lorsqu'ils commettent des fautes, & les en faire repentir, en ce qu'il semble que ceux qui supportent l'ignominie, & l'infamie sans douleur & sans tristesse ne sont pas punis de leurs fautes, & qu'ainsi il est meilleur d'avoir du regret, & des remors. Ils pretendent de mesme que la misericorde est utile pour nous porter à secourir les affligez, & que d'avoir mesme de l'Emulation n'est pas une chose inutile : Enfin ils soutiennent que qui auroit osté la Crainte auroit osté toute la diligence qui est necessaire dans la vie, & qu'il est bon qu'on apprehende la Pauvreté, l'Ignominie, les Loix, les Magistrats, la Mort, la Douleur, &c. Et c'est là ce Raisonnement contre lequel les Stoïciens se recrient si fort; mais sans nous mettre en peine de montrer qu'il semble estre fondé dans le bon sens, Ciceron y repond luy mesme lorsqu'il ajoûte enfin. *Ils disputent neanmoins de telle sorte de toutes ces choses, qu'ils avoüent que veritablement ils les faut retrancher, mais qu'il est impossible, & n'est pas mesme à propos de les arracher entierement, de sorte qu'ils estiment que presque en toutes choses la mediocrité est tres bonne.* C'est pourquoy sans nous arrester icy davantage, disons un mot de la Connexion mutuelle des Vertus.

De la Liaison, ou Connexion mutuelle des Vertus.

Deux Chefs font principalement connoitre la Connexion des Vertus; l'un que toutes les Vertus sont conjointes avec la principale qui est la Prudence, comme les membres avec la teste, ou comme les ruisseaux avec leur source; l'autre que la Prudence, & toutes les autres Vertus sont de telle maniere conjointes avec la vie agreable, que la vie agreable ne sçauroit estre sans les Vertus, ou les Vertus sans la vie agreable ; d'où il est aisé d'inferer par le principe commun de Logique, que les Vertus estant jointes à un troisieme, elles doivent estre jointes ensemble.

Quant au dernier Chef, il n'est pas necessaire de nous y arrester icy, la chose s'entendra assez ensuite à l'occasion de ce que dit Epicure *que les Vertus sont à desirer, non acause d'elles, mais acause de la Volupté*, ce qui a donné sujet de declamer contre luy ; nous-nous contenterons seulement icy d'inserer un passage d'Aristote qui fait voir clairement qu'il estoit en cecy de mesme sentiment qu'Epicure. *Comme dans les jeux Olympiques*, dit-il, *ce ne sont pas les plus beaux, & les plus robustes qui sont couronnez, mais ceux qui combattent, & qui en combattant sont victorieux ; ainsi dans la vie, ceux qui font bien à l'egard des choses qui sont honnestes & bonnes remportent le prix. Or leur vie est d'elle mesme agreable, car le plaisir vient des choses qui regardent l'Esprit : Et dautant que la chose qu'on aime est agreable, comme le cheval à celuy qui aime les chevaux, le spectacle à celuy qui aime les spectacles, il arrive que les* choses qui sont justes sont agreables à celuy qui aime la Iustice, & generalement les choses qui sont vertueuses à celuy qui aime la Vertu. Il est vray que les choses qui sont agreables chez le vulgaire sont discordantes entre elles, parce qu'elles ne sont effectivement pas telles de leur nature, mais celles qui sont agteables à ceux qui aiment l'Honnesteté, sont d'elles mesmes & de leur nature agreables. Telles sont les actions de Vertu qui leur sont par consequent agreables, & qui sont d'elles mesmes agreables. Leur vie n'a donc pas besoin de la volupté comme d'un accessoire, mais elle possede en soy & interieurement la volupté. Car pour dire deplus, celuy-là n'est pas homme de bien, lequel ne se plaist pas aux actions honnestes, & l'on n'appellera point celuy-la homme juste, ou liberal auquel les actions honnestes, ou liberales ne donnent pas du plaisir, ce qui se doit entendre des autres Vertus. Or cela estant, il est constant que les actions vertueuses sont d'elles mesmes & de leur nature agreables.

Pour ce qui est du premier Chef, le sentiment d'Aristote est encore plus evident ; car comme il definit universellement la Vertu, *Vne habitude qui regarde la mediocrité definie par l'homme prudent*,

L. ſſ

Virtus est habitus circa mediocritatem quam vir prudens definierit, il est assez visible que selon luy aucune Vertu ne peut estre sans Prudence, & que toutes les Vertus estant jointes avec la Prudence, elles sont aussi jointes entre elles.

Et il est inutile d'objecter qu'un homme n'est pas de sa nature propre à toutes les Vertus, & qu'ainsi il en peut avoir une avant que d'en avoir acquis une autre ; car cela peut veritablement arriver à l'egard des Vertus naturelles, ou plutost à l'egard des semences naturelles de Vertu, puisque selon Aristote *nous sommes propres à la Iustice, à la Temperance, à la Force, & aux autres Vertus dés nostre naissance*, mais cela ne peut pas arriver à l'egard des Vertus qui font qu'un homme est absolument dit homme de bien & vertueux, parceque selon le mesme Aristote *elles viennent toutes conjointement avec la seule prudēce, & à proprement parler, un homme de bien ne peut pas estre sans prudence, ni un homme prudent sans vertu.*

De là vient qu'a l'egard de ce que l'on objecte derechef, qu'il se peut faire qu'un homme soit prudent, & juste, & soit neanmoins *intemperant & incontinant*, l'on peut repondre que ceux qui semblent estre doüez de certaines Vertus sans avoir les autres, n'ont que des vertus en apparence, & imparfaites, en ce que leurs actions pretenduës de vertu ne sont pas animées de cette passion interieure, & generale d'honnesteté, par laquelle l'Ame est disposée à ne rien faire sans la conduite de la raison.

Ce qui est autant que dire qu'ils ont la Vertu materielle, mais non pas la Vertu formelle, en ce que la forme, ou la perfection, & le complement de toute Vertu est cette affection ou constitution generale d'Esprit, par laquelle un homme ne fait rien qu'honnestement, & par un motif de vertu, n'y ayant que cette seule disposition qui selon Aristote donne proprement le nom d'homme de bien.

Cela estant, celuy qui n'est pas riche, & qui par consequent ne semble pas pouvoir estre Liberal, ou Magnifique, ne doit pas moins pour cela estre censé avoir en soy la Liberalité, & la Magnificence, parce qu'il a l'Esprit disposé d'une telle maniere, que si vous augmentiez ses possessions, il ne feroit rien qu'honnestement, qu'honorablement, que magnifiquement: Car quoy qu'il n'ait pas l'habitude à faire de grandes largesses, il l'a neanmoins à en faire de proportionnées à ses facultez, & ne se montre jamais chiche de ce qui est en son petit pouvoir. D'où vient que la largesse de ce pauvre Paysan qui n'ayant rien autre chose offrit au Roy de l'eau qu'il avoit puisée avec ses mains, ne fut pas moins bien receüe que celle des Princes qui offroient des meubles riches & magnifiques.

Joint qu'on pourroit dire avec Alexander, qu'il est impossible qu'un homme ait par exemple la Justice, qu'il n'ait en mesme temps toutes les autres Vertus; parceque s'il est Intemperant, ou Timide, ou Avare, il cessera d'agir justement lorsqu'il se presentera quelque occasion de plaisir, quelque danger, ou quelque esperance de gain, & ainsi des autres vices, dont il n'y en a aucun qui ne soit capable de violer, & de corrompre quelque partie de la Justice.

De là viennent ces trois Axiomes des Stoïciens. *Qu'un meschant homme n'a aucune vertu, ni un homme de bien aucun vice, mais que celuy-là peche en toutes choses, & que celuy-cy fait bien toutes choses. Que tout ce que fait le Sage, il le fait aidé de toutes les vertus. Que la Raison ne per-*

met seulement pas au Sage de remuër le doigt fortuitement, & sans sujet ou consideration.

Ni tibi concessit ratio, digitū exsere peccas.
ce qui se doit entendre de la vertu complete & parfaite, comme nous avons deja remarqué.

Division generale de la Vertu.

POur ne nous arrester pas à ceux qui tenoient qu'il n'y avoit qu'une seule Vertu, asçavoir la Prudence laquelle estoit appellée de plusieurs noms, l'on sçait que la Vertu est ordinairement divisée en quatre celebres Especes, la Prudence, la Temperance, la Force, & la Justice : Ces Especes depuis le temps de S. Ambroise & de S. Hierome sont appellées Cardinales, non seulement parce qu'elles sont considerées comme les gonds sur lesquels toutes les autres sont comme appuyées, mais parceque toutes les autres sont reduites à quelqu'une de ces quatre principales Especes ou comme parties Sujettes, c'est à dire comme Especes, ou comme parties Integrantes, c'est à dire qui à la maniere des parties qui composent un tout entier, doivent necessairement concourir pour l'acte parfait d'une certaine vertu, ou comme parties Potentielles, c'est à dire qui à la maniere des puissances de l'Ame accompagnent une vertu, car c'est dans ces termes que parlent les Scholastiques, & principalement S. Thomas.

Ainsi les parties Sujettes ou Especes de la Prudence sont la Privée, par laquelle un chacun modere & regle ses mœurs particulieres, l'Economique par laquelle quelqu'un gouverne sa famille, la Politique qui regarde le gouvernement des Estats, la Militaire qui regarde la conduite d'une Armée, la Royale qui regarde la conduite d'une Cité, ou de tout un peuple: Ses parties Integrantes sont la Memoire, la Docilité, la Sagacité, la Raison, la Providence, la Circonspection, & la Prevoyance ou precaution: Les Potentielles qui tiennent encore de leur ancien nom Grec, sont l'Ebulie, la Synese, la Gnome.

Les parties Sujettes de la Justice sont la Generale, la Legale, & la Speciale qui a pour especes la Commutative, & la Distributive: Les parties Integrantes sont les preceptes du Droit, comme Ne faire tort à autruy, Donner à un chacun ce qui luy appartient, ou, pour nous servir des termes de la Sainte Ecriture, Fuir le mal, & Faire le bien : Les Potentielles sont la Religion, la Sainteté, la Pieté, la Charité, l'Observance, l'Obeissance, la Verité, la Gratitude, la Liberalité, l'Affabilité, l'Amitié.

Les parties Sujettes de la Temperance sont l'Abstinence, & la Sobrieté, celle-là à l'egard du manger, & celle-cy à l'egard du boire, la Chasteté, & la Pudicité : Les Integrantes la Pudeur, & l'Honnesteté : Les Potentielles la Clemence, l'Humilité, la Modestie, la Douceur, la Misericorde, la Moderation, la Bien-seance *decor*, estre Officieux *studiositas*, estre Agreable, Plaisant *festivitas*.

Pour ce qui est de la Force, comme l'on ne luy assigne pas des parties Sujettes ou Especes, acause qu'elle est occupée alentour d'une matiere fort speciale, on en designe seulement quatre parties qui sont censées estre ou Integrantes, si on les considere entant qu'elles sont occupées dans une matiere difficile, ou Potentielles, si la matiere a moins de difficulté. Ces parties sont premierement la Confiance, & la Magnanimité ou grandeur de courage, secondement la

Magnificence, troisiémement la Patience ou Longanimité, quatriémement la Constance ou Perseverance, les deux premieres estant pour entreprendre ou attaquer, & les deux dernieres pour soûtenir.

CHAPITRE II.

De la Prudence, & de ses parties la Prudence Privée, l'Economique, la Politique, la Royale, la Militaire.

LA Prudence dont il s'agit icy est cette Vertu morale qui regle & modere toutes les actions de la vie, & qui distinguant les biens des maux, c'est à dire les choses utiles des nuisibles, prescrit ce qui se doit suivre, ou fuir, & dirige ou instruit par consequent l'homme à bien & heureusement vivre. C'est pour cela qu'elle a esté definie par Ciceron *La Science des choses que l'on doit desirer*, par S. Augustin *La Science des choses que l'on doit desirer, & fuir*, & par Aristote *Vne habitude d'agir avec la vraye raison dans* les choses qui sont bonnes, ou mauvaises à l'homme.

Où il faut remarquer que lors qu'Aristote dit que *c'est une habitude d'agir avec la vraye raison*, il n'entend pas qu'il ne puisse arriver que l'homme prudent se serve quelquefois d'une raison fausse, ou à laquelle l'evenement ne reponde pas, mais il veut seulement qu'il ne fasse jamais rien que la balance à la main, & qu'apres avoir tellement examiné toutes choses, qu'eu egard au lieu, & au temps auquel il delibere, il ne voye aucune raison plus vraye, ou plus vray-semblable que celle qu'il se propose de suivre, estant cependant disposé à en suivre une autre qui auroit plus de vray-semblance si elle se presentoit : Ce qui nous fait voir que la Prudence n'est pas une habitude certaine, mais conjecturale, & qu'elle differe de la Science prise à la maniere d'Aristote, en ce que la Science ayant pour object des choses necessaires, ou qui ne peuvent estre autrement, la Prudence regarde des choses contingentes, & qui peuvent estre, ou n'estre pas, ou estre tellement de cette maniere, qu'elles peuvent encore estre d'une autre.

Il faut aussi remarquer qu'Aristote par

les choses bonnes, ou mauvaises entend principalement les Moyens lesquels soiét dits ou bons, ou mauvais selon qu'ils sont ou utiles, ou nuisibles aux fins des Vertus ; le devoir de la Prudence n'estant point tant de prescrire des fins aux Vertus, puis qu'elles les ont de leur nature, que d'ordonner des moyens propres pour les obtenir. Car quoy qu'on delibere quelquefois d'une fin, elle n'est neanmoins pas fin absolument, mais elle est effectivement un moyen pour en obtenir une plus avancée laquelle peut mesme encore estre considerée comme moyen, jusques à ce que l'on en vienne à la derniere qui est la Felicité, de laquelle l'on ne delibere point, parce qu'il n'y a personne qui ne vueille estre heureux, & que chacun ne se met en peine que des moyens de parvenir à la Felicité. Ce qui est cause qu'en definissant la Prudence nous avons dit que c'est elle qui dirige ou instruit l'homme à bien & heureusement vivre, & ailleurs que c'est l'Art de la Vie, & de plus pour parler avec Platon, que c'est la Science productrice de la Felicité.

Des Devoirs ou Offices generaux de la Prudence.

LE premier Devoir, Office, ou Acte de la Prudence est de bien consulter ou deliberer, ce que les Grecs appellent ἐυϐουλεύειν. L'on ajoûte expressément ce mot de *bien*, tant parce qu'il n'est pas d'un homme prudent, mais d'un homme qui agit avec precipitation, ou qui est negligent, de se porter à une chose sans l'avoir bien examinée, que parce que la consultation qui regarde la prudence doit estre *bonne*, ou tendre au bien, & par des voyes bonnes & legitimes ; en sorte que si quelqu'un en prenant de mauvaises mesures reussissoit, cela ne s'appelleroit pas Euboulie, ou bonne consultation, parce qu'encore qu'il obtint ce qu'il faut obtenir, ce ne seroit neanmoins pas par les voyes qu'il le faut faire. Aussi Epicure disoit *qu'il valloit mieux estre malheureux ayant pris des voyes raisonnables, qu'estre heureux en ayant pris de mauvaises ou injustes* ; & c'est pour cela que la Finesse, laquelle ne se soucie pas que les moyens qu'elle employe pour parvenir à ses fins soient bons ou mauvais, est opposée comme un des extremes à la Prudence, & que le Fin ou le rusé ne se souciant point de la probité, est à l'egard de l'homme prudent comme le Meschant à l'egard de l'homme de bien, en ce que dit Ciceron *c'est la Malice qui veut imiter la Prudence.*

La seconde est *d'entendre, & de discerner,* ou, comme on interprete d'ordinaire, *de juger, determiner, arrester* ce qu'il faut faire apres avoir consulté, & de choisir effectivement le moyen dont il se faut servir, & c'est ce que les Grecs appellent Συνεἶναι, & d'où est venu Σύνεσις, *Synese.* Aristote considere la Stupidité comme l'autre extreme de la Prudence, desorte que selon luy le Stupide soit à l'egard du Sage comme la Brute à l'egard de l'Animal raisonnable, & le Prudent entre le Fin, & le Stupide, (ce sont ses termes) comme l'Homme entre le mauvais Demon, & la Brute.

Le troisieme est *de commander* ἐπιτάττειν, ou de prescrire l'execution actuelle de la chose qui a esté jugée & decretée par la consultation qui a precedé, ou, ce qui est le mesme, de commander que le moyen qui a esté choisi soit actuellement pris ou mis en execution. Car *la Pru-*

dence, dit Aristote, *est de sa nature ἐπιτακ-τικὴ imperatoria*, ou *née & destinée pour commander*, de sorte qu'au lieu de γνώμη, qui selon le mesme Aristote ne signifie autre chose qu'un droit jugement, l'on auroit deu se servir du terme ἐπίταξις qui veut dire *commandement*.

Des Parties Integrantes de la Prudence.

LEs Devoirs ou Offices de la Prudence estant ceux que nous venons de dire, il est constant qu'il est requis dans l'Esprit des dispositions, & de certaines Facultez ou perfections pour pouvoir executer ces offices : Et ce sont proprement ces Facultez qu'on a coûtume d'appeller parties Integrantes, en ce que les unes servent specialement pour la Consultation comme la Sagacité, les autres pour le Jugement, comme la Docilité, & la Memoire, les autres pour le Commandement, comme la Prevoyance, la Circonspection, &c. & les autres servent à tous les trois devoirs.

Or il y en a qui font icy de grands discours, & de grandes distinctions sur ces Facultez, ou parties Integrantes, mais ceux-là me semblent agir plus raisonnablement, qui en peu de mots demandent pour l'execution des Devoirs de la Prudéce, la Memoire des choses passées, l'Intelligéce des choses presentes, & la Prevoyance ou Providéce des choses à venir.

En effet, si nous considerons la Memoire, l'on voit assez combien elle est necessaire pour la Prudence; veu que dans la suite des affaires, les choses qui se doivent faire ont souvent une telle liaison avec celles qui sont deja faites, que si nous ne nous souvenons de ce qui s'est fait, & de la maniere dont il a des-ja esté fait, afin que conformement à cela l'on fasse ce qui reste à faire, il arrive ou que ce qui a deja esté fait devient à rien, ou que ce qui est à faire ne reussit point, ou reussit mal. D'ailleurs comme nostre Entendement ne raisonne, ni ne juge que selon les connoissances qu'il a, & qu'il ne peut appuyer son jugement sur un principe plus asseuré que celuy-cy, asçavoir Que de causes semblables il en doit probablement suivre des effets semblables, il est constant que pour faire cette comparaison de cause à cause, le souvenir du passé luy est absolument necessaire.

Cependant, comme il n'arrive presque

jamais qu'une affaire soit entierement, & selon toutes les circonstances semblable à une autre, pour cette raison il faut avoir dans son Esprit, & dans sa memoire un nombre d'affaires qui soient veritablement semblables en general, mais qui soient toutefois differentes selon plusieurs circonstances, afin que dans le jugement qu'on doit faire l'on puisse aussi avoir egard aux circonstances.

C'est ce qui a fait dire à Aristote que les Jeunes-gens peuvent veritablement bien devenir Geometres, ou apprendre ces autres sortes de Sciences, mais qu'ils ne peuvent neanmoins pas estre prudens; parce que la Prudence regarde les choses particulieres dont on n'acquiert la connoissance que par l'experience, & par l'usage.

C'est aussi pour cela qu'Afranius disoit de la Prudence sous le mot de Sagesse, que l'Usage l'avoit engendrée, & que la Memoire estoit sa Mere.
Vsus me genuit; Mater peperit Memoriæ Σοφίαν vocant me Graij, vos Sapientiam.
Ainsi Euripide dit, *que la vieillesse n'est pas accompagnée de tous les maux, comme ayant cet avantage sur la jeunesse qu'elle peut parler prudemment*, & Ovide, que

l'Experience, & la Prudence ne viennent que dans la suite des années.

—— *seris venit Vsus ab annis.*

Pource qui est de l'Intelligence des choses presentes, elle est aussi absolument necessaire pour la Prudence: Car soit que l'on doive prendre conseil sur le champ, ou qu'on ait du temps pour deliberer, si l'on ne connoit parfaitement la nature, la condition, & les circonstances de l'affaire dont il s'agit, les liaisons & les repugnances qu'elle peut avoir avec d'autres affaires, & si l'on ne connoit ses propres forces, l'interest, l'inclination, & le pouvoir de ceux qui entrent dans l'affaire, ensorte que l'on puisse en un moment parcourir toutes choses dans son Esprit, il sera impossible de reussir, & l'on ne pourra jamais rien faire de bien.

Et certes, de mesme que dans ce qui est de pure speculation il y a de la temerité à ne regarder qu'a peu de choses, & cependant prononcer ou porter son jugement viste, & facilement, ainsi dans les choses de pratique il y a de l'imprudence à ne prendre garde qu'a peu de choses, & à passer legerement sur plusieurs qu'il seroit necessaire de sçavoir, &

cependant

cependant se determiner facilement, & se mettre à agir; car comme ceux-là sont souvent obligez de se dedire, ceux-cy sont aussi tres souvent reduits au repentir. C'est pourquoy l'on peut dire qu'un chacun est d'autant plus prudent, & plus capable de bien deliberer, de bien juger, & de bien executer, qu'il a une plus ample & plus exacte Memoire du passé, & une plus ample & plus exacte Intelligence du present.

Enfin pour ce qui est de la Prevoyance ou Providence de l'avenir (autant que les hommes en sont capables) elle est aussi absolument necessaire soit pour eviter les maux, ou pour donner occasion aux biens qui pourroient arriver, soit en un mot, pour accommoder de telle maniere chaque moyen à sa fin, que toutes choses reussissent. Je dis autant que les hommes en sont capables, parce qu'il arrive souvent des choses que la Sagacité humaine ne sçauroit aucunement prevoir, ensorte que toutes les conjectures qu'on a eües trompent, & que les choses arrivent autrement que l'homme prudent, & qui se sert de toute sa raison ne l'a presumé: Ce qui fait toujours voir que la Prudence est une chose conjecturale, & nous avertit cependant de nous souvenir de noſtre imbecillité naturelle, de reconnoitre qu'il n'y a que Dieu ſeul qui ſçache certainement ce qui doit arriver, & de nous prendre garde de tous ces Impoſteurs qui font profeſſion de deviner.

Cependant la Prudence a ces trois conſiderables avantages. Le premier qu'encore qu'elle ſe trompe quelquefois, aſçavoir lors qu'il intervient un cas qu'elle ne pouvoit nullement prevoir, elle atteint neanmoins ſouvent le but, au contraire de l'Imprudence qui ſe trompe ſouvent, & qui ne l'atteint que rarement, & par accident.

Le ſecond que l'homme prudent ſe ſouvenant de l'incertitude des choſes, ne ſe propoſe rien comme s'il devoit indubitablement arriver, & que ſe preparant ainſi à tout evenement, il pourvoit à ce qu'il fera ſi par hazard la choſe arrive autrement qu'elle ne doit vray-ſemblablement arriver, ce qui eſt en quelque façon prevoir la choſe.

Le troiſieme qu'encore que la choſe luy ſuccede contre ſon opinion, & contre ſa conjecture, il n'en vient neanmoins point au repentir, parcequ'il ne l'a entreprife, comme il a efté infinué plus haut, que felon toutes les apparences de raifon, & que les chofes pofées cóme elles eſtoiét, & hors d'un accident qui furpaſſoit toute precaution humaine, la chofe ne devoit pas mal reuſſir comme elle a fait ; l'Imprudent eſtant au contraire tourmenté du repentir, parce qu'il voit qu'il n'a ni preveu, ni prevenu ce qu'il auroit pû & prevoir & prevenir s'il n'avoit pas agi temerairement, & s'il avoit pris garde à toutes chofes comme il devoit faire.

Des Eſpeces ou Parties Sujettes de la Prudence, & premierement de la Privée.

Nous remarquerós d'abord à l'egard de cette premiere eſpece de Prudence, qu'elle n'eſt pas dite Privée & Monaſtique ou Solitaire parcequ'elle ſoit preciſément deſtinée pour moderer & regler les mœurs d'une perſonne qui mene une vie privée, & qui ne ſe meſle point dans les affaires publiques, ou qui vivant dans la Solitude s'eloigne de la ſocieté des hommes comme les Hermites, mais l'on ſe ſert de ce terme pour marquer que chaque homme de quelque condition qu'il soit, doit estre doüé d'une certaine prudence privée, & qui le regarde en son particulier, de telle sorte qu'encore qu'il gouverne les autres, il se gouverne neanmoins aussi specialement soy-mesme selon la Regle de la Raison, & pourvoye à soy-méme d'une telle maniere, qu'il deviene en son particulier honneste homme, c'est à dire de bonnes & loüables mœurs: D'où vient que cette Prudence est necessaire soit au Prince, soit au Pere de famille, l'un & l'autre estant tenu non seulement de sçavoir gouverner les autres, mais soy-mesme, non seulement d'estre bon gouverneur, mais homme de bien.

De là vient aussi que cette espece de Prudence n'est point tant appellée Privée ou Solitaire, qu'Ethique ou Morale; *parce que c'est elle*, selon les Interpretes d'Aristote, *qui doit diriger les mœurs d'un chacun selon la regle de la Raison, & le rendre meilleur, ou plus homme de bien, commandant & moderant ses passions par sa raison propre, reprimant leurs mouvemens, & empeschant qu'elles ne s'emportent temerairement, desorte qu'il soit toujours prest & disposé à donner une bonne raison de ce qu'il aura fait, & à se faire la correction à* luy mesme, au cas que personne ne luy demande conte de ses actions, examinant l'estat de ses mœurs, & se demandant à soy-mesme comme Phocylides, Par où ay-je passé? Qu'ay-je fait? Quel bien ay-je omis?

Quanam trãsilij, quid feci, quid boni omisi? se rejoüissant lorsqu'il s'apperçoit qu'il a bien jugé, qu'il a suivy la raison, qu'il a bien fait, & s'attristant quand il s'apperçoit du contraire.

Des Devoirs de la Prudence Privée.

LEs Devoirs de la Prudence Privée estant generalement deux, l'un de se choisir un certain genre de vie, & un estat dans lequel on passe le reste de ses jours, l'autre de regler dans cet estat toutes les actions de sa vie selon les loix de la Raison, & de la Vertu, il est constant que le premier est non-seulement tres important, mais qu'il est aussi tres difficile, en ce que la condition de la vie, & des choses humaines est telle que sur quelque estat que l'on jette les yeux l'on y prevoit d'abord plusieurs inconveniens, & que ces inconveniens sont d'autant plus embarassants qu'on ne sçauroit particulierement reconnoitre quels ils doivent estre, ne paroissants que comme dans une espece de Chaos, & leur origine, & leurs suites nous estant comme voilées d'une espece de broüillar obscur & impenetrable.

Les Anciens Grecs nous ont souvent depeint cet embaras ou confusion embarassante, & Ausone à leur imitation nous en a donné une assez bonne idée dans ses Vers, lorsqu'il dit qu'il ne sçait à quoy se resoudre, ni quel genre de vie embrasser, que le Barreau est plein de trouble, que le soin d'une famille est chagrinant, qu'un Voyageur songe perpetuellement à ce qui se passe chez luy, qu'un Marchand souffre toujours quelque nouvelle perte, que l'horreur de la Pauvreté empesche qu'on ne se repose, que le travail accable le Laboureur, que la Mer est afreuse pour ses naufrages, que le Celibat a de grandes incommoditez, que la vaine vigilance des Maris jaloux est encore quelque chose de pis, & que la Guerre est sujette aux Blessures, au Sang, & au Carnage.

Quod vitæ sectabor iter ? Si plena tumultu Sunt fora; si curis domus anxia; si peregrinos

Cura domus sequitur;mercantē si nova sēper
Damna manēt;cessare vetat si turpis egestas;
Si vexat labor Agricolam ; Mare naufragus horror
Infamat ; pœnæque graves in cœlibe vita ;
Et gravior cautis custodia vana Maritis;
Sanguineum si Martis opus, &c.

Cependant, comme il n'y a rien de plus miserable que d'estre toujours flottant dans l'incertitude, & de passer toute sa vie, comme plusieurs font, à consulter de quelle maniere, & en quel estat on passera sa vie; pour cette raison il importe extremement à un chacun de deliberer meurement sur la chose, & de choisir un estat, non dans lequel l'on ne prevoye aucuns inconveniens, puis qu'il n'y en a aucun, mais dans lequel les inconveniens paroissent & moindres, & en moindre quantité.

Pour cet effet il ne faut veritablemét pas negliger de consulter ces Amis qui estant prudens, experimentez, & gens de bien, donnent des conseils salutaires, & desinteressez, mais cependant chacun doit aussi consulter son propre naturel, & connoitre ses propres forces, ou ce dont il est ou n'est pas capable ; dautant qu'il se doit mieux connoitre luy mesme que qui que ce soit ; & que l'on reconnoit toujours en soy quelque chose qui est d'ordinaire caché aux autres.

Du reste, il doit sçavoir que l'instabilité des choses humaines,& l'obscurité de l'avenir est telle, que presque dans toutes les affaires il faut donner quelque chose à la fortune,& esperer bonnement que tout ira bien: Et comme il peut arriver des malheurs qui donnent lieu au repentir, il se doit fortifier l'Esprit pour ne s'en inquieter pas,& s'armer de constance pour les supporter doucement, & passer, pour ainsi dire, legerement par dessus.

Ce qui soit dit à l'egard de cet estat que les Loix ne permettent pas de changer, tel qu'est chez nous le Mariage, la la Profession Religieuse, le Celibat Sacerdotal, &c. Car pource qui est de cet estat que l'on peut quitter pour passer à un autre, il n'est pas besoin de tant de circonspection,quoy qu'il le faille neanmoins choisir comme si l'on y devoit demeurer constamment ; autrement la pensée de le changer vient aisement, & elle distrait de telle maniere l'Esprit en diverses pensées,que ne se tenant à rien, & changeant à tout moment,comme on dit, du blanc au noir, il n'a jamais de repos.

Æstuat, & vita disconvenit ordine toto.

Pour ce qui est du dernier Devoir de la Prudence Privée, comme il n'est pas distinct des devoirs des autres Vertus, nous ne devons pas nous mettre en peine d'en traiter icy spécialement, d'autant plus que la chose iroit à l'infiny, & qu'elle est autant diverse qu'il y a d'affaires, & d'actions de la vie qui doivent estre dirigées par la Prudence. C'est pourquoy il ne nous reste ce semble icy autre chose à faire, si ce n'est de toucher cette Regle generale, qui est *De n'entreprendre rien temerairement*, ou, comme dit Ciceron, *dont on ne puisse rendre une raison probable*, mais cette Regle contient plusieurs Membres.

Le premier Membre est de connoitre parfaitement la nature de l'affaire qu'on entreprend; parce que si l'on n'y voit pas bien clair, il sera impossible d'y apporter les expediens convenables: De là vient qu'il faut sur tout se donner de garde que quelque Passion n'offusque l'Esprit, & que faisant paroitre le faux pour le vray, elle n'empesche qu'on ne donne à chaque chose son juste prix.

Le second, de n'ignorer pas le genie de ceux avec lesquels l'on a à faire, s'ils sont honnestes gens ou trompeurs, circonspects ou imprudens, puissans ou impuissans, &c. autrement il n'y a aucune seureté à entreprendre quoy que ce soit, ny aucune esperance de reüssir. Et c'est icy qu'il faut tenir une certaine mediocrité entre la confiance, & la trop grande mefiance; parce que comme il est souvent nuisible de trop se fier, il l'est aussi souvent de trop se mefier.

Le troisieme, de consulter ses propres forces; parceque si l'on ne connoit ce que l'on peut ou par soy, ou par ses Amis, ou par ses richesses, l'on ne doit pas esperer de venir à bout d'aucune entreprise. Il est vray qu'il faut donner quelque chose à la Fortune, comme nous avons dit, mais cependant il faut de l'industrie & des forces pour l'execution, c'est à dire pour prendre, ou pour detourner les occasions qui se presentent.

Le quatrieme, d'avoir les moyens & les expediens pour agir tout prests; car il n'y a rien de plus ridicule que d'entreprendre une affaire, & de ne sçavoir par où s'y prendre: A quoy se rapporte principalement la connoissance des circonstances qui du costé de la chose, ou du costé de l'agent peuuvent avancer, ou retarder l'execution.

Le cinquieme, de sçavoir prendre le temps juste, & l'occasion favorable; car la precipitation renverse souvent toutes choses, & la lenteur laisse echapper les meilleures occasions.

Le sixieme, de n'entreprendre veritablement rien qu'apres une meure deliberation, mais de presser neanmoins constamment la chose lorsqu'on l'a une fois entreprise, conformement à ce celebre precepte de Bias, *Aggredere tardè agonda, sed aggressus age constanter.*

Le dernier, de se tenir ferme & constant dans la resolution de n'abandonner jamais le chemin de la Vertu & de l'Honnesteté quelque occasion qui se presente, de ne preferer jamais l'utile à l'honneste, l'injustice à la justice, & de s'en tenir toujours à ce grand & general principe de Morale, Qu'il vaut mieux mal reüssir dans une affaire en gardant sa conscience pure & nette, que de bien reüssir en l'abandonnant; celuy qui ne se reproche rien ne devant pas estre estimé malheureux, ni celuy qui se sent criminel estre creu heureux.

Mais nous ne devons pas icy laisser passer une chose qui regarde le premier Chef, d'autant plus qu'il semble que nous ne l'improuvions pas en tout, c'est ce celebre Avis d'Epicure, *Qu'un chacun doit suivre son naturel.* Et certes, comme les genies des hommes sont si differens, & que les uns sont tres propres à une chose à laquelle d'autres sont tout à fait ineptes, quel conseil plus general, & plus seur sçauroit-on donner, que de se consulter soy-mesme, & de se faire sa destination à une certaine condition, selon qu'on s'y sent estre ou propre, ou inepte? Comme si dans une affaire d'une telle importance, & qui regarde le reste de la vie, on pouvoit s'oublier soy-mesme, oublier sa nature & ses forces, & ainsi se mettre dans une necessité de toujours faire des efforts comme Sisyphe, & de jamais rien n'avancer ? C'est assurement une ambition bien dangereuse, que de pretendre exceller dans une chose sous pretexte qu'elle en a rendu d'autres illustres, quoy que l'on soit souvent destitué des avantages soit de l'Esprit, soit de la Fortune qui sont necessaires pour cela. Et c'est par là que les Parens rendent souvent leurs Enfans miserables, lors qu'ils les destinent à des Offices sans avoir consideré leur naturel, & leur aptitude. Il est necessaire avant toutes choses, dit Seneque, de s'estimer soy-mesme, c'est à dire de se donner son vray & juste prix, parce qu'ordinairement nous croyons avoir plus de force & de merite que nous n'en avons en effet. Les uns se perdent pour se fier trop dans leur eloquence, les autres veulent faire plus de depense que leur bien ne le sçauroit permettre, & quelques-uns qui avoient le corps infirme sont demeurez accablez sous des fonctions trop laborieuses. La pudeur de quelques-uns n'est pas propre aux affaires civiles qui demandent un front ferme & assuré, & les autres ont trop d'orgueil, ou trop peu de complaisance pour rien faire à la Cour. Ceux-cy ne sont pas maistres de leur colere, & le moindre degoust les fait parler temerairement, & ceux-là ne sçauroient s'empescher de faire des railleries picquantes, quelque danger qu'il y ait. Le repos est plus utile à ces sortes de gens que le maniment des affaires, & une nature orgueilleuse & impatiente doit eviter les occasions qui sont capables de s'opposer à sa liberté. Ciceron dit la mesme chose, & veut qu'un chacun reconnoisse son genie, parce qu'il ne faut rien faire contre son inclination naturelle : *Suum quisque noscat ingenium, quia nihil decet invitâ, ut aiunt, Minervâ, id est adversante, & repugnante naturâ facere.*

Cependant Lactance se recrie fort contre ce sentiment, & ne peut aucunement souffrir qu'Epicure defende, par exemple, *à celuy qui est paresseux de son naturel de s'appliquer aux lettres.* Mais, de grace, puis qu'il est vray, & qu'on n'en sçauroit douter, que les Sciences ne s'apprennent que par un travail opiniatre, & assidu, s'il se rencontre quelqu'un qui ne puisse, ou ne veüille pas supporter ce travail, quel mal y a-t'il de luy defendre de s'y appliquer, puisqu'il n'y reüssiroit pas ? Et ne vaudroit-il pas mieux que ceux qui n'etudient que par contrainte, ou par maniere d'acquit, & qui ne prennent par consequent qu'une legere & obscure teinture des lettres, se fussent de bonne heure appliquez à d'autres choses ausquelles il eussent esté plus propres ?

Que si Epicure *dispense l'Avare de faire des largesses,* ce n'est pas qu'il condamne la Liberalité, ou qu'il improuve ces depenses qui se font pour de bons & legitimes usages, mais il veut simplement que si quelqu'un craint de tomber dans l'indigence, il ne fasse point de profusion de ses biens, & qu'il ne se jette point dans ces largesses qui n'appartiennent qu'a des Princes, & à ceux qui en ont toujours de reste.

Ainsi *lorsqu'il defend à celuy qui est naturellement lent & paresseux d'entrer dans les affaires publiques*, ce n'est pas certes sans des raisons tres pertinentes, comme nous verrons dans la suite.

Il est vray *qu'il defend à celuy qui est timide d'aller à la guerre* ; mais qui est-ce qui ne doit approuver ce conseil? Comme si l'on ne devoit pas faire choix des hommes pour la guerre ? Ou comme si l'on devoit inviter à aller à l'Armée ceux qui tremblent & palissent au moindre bruit, & à qui l'epée, comme on dit, tombe des mains à la veüe du danger ? Ne sçait-on pas que dans une entreprise un seul poltron nuit souvent davantage avec ses terreurs paniques, qu'un nombre d'honnestes gens ne servent par leur valeur ? Et ne dites point qu'on devroit plutost encourager un timide, & tascher d'en faire un homme genereux ; car s'il est tel de sa nature, l'on sçait combien il est difficile d'un Lievre d'en faire un Lion, ou, comme on dit aussi d'ordinaire, *d'un foible roseau d'en faire une lance.*

Il veut *que le Sage fasse tout pour soy;* mais nous avons montré plus haut de quelle maniere cela se doit entendre, & que le Sage agit mesme pour soy lorsqu'il meurt pour son Amy; cependant qui a-t'il de plus cher, & de plus precieux que la vie?

Il *loüe la Solitude à celuy qui naturellement fuit la multitude.* Comment peut-on blasmer cela, à moins que de blasmer non seulement les Retraites de tant de grands hommes; mais encore les Instituts de plusieurs Societez Philosophiques & Religieuses, qui pour cultiver l'Esprit fuyent a dessein la multitude?

Que *s'il loüe le Celibat à ceux qui haïssent les femmes, & le bonheur qu'il y auroit de n'avoir point d'Enfans à ceux qui en ont de meschans;* ce n'est pas qu'il vueille insinuer que celuy qui a une mauvaise femme, ou de meschans enfans s'en doive defaire, mais il veut seulement que celuy qui pense au Mariage songe de quelle maniere il supporteroit son malheur s'il avoit une femme fascheuse, & des enfans de mauvaises mœurs, afin que s'il craint les maux qui peuvent venir de là, il entende qu'il n'est pas souvent incommode de n'avoir ni l'un, ni l'autre.

De la seconde Espece de Prudence qu'on appelle Economique ou Domestique.

Cette espece de Prudence regarde ou le Mariage, ou les Enfans, ou les Serviteurs, ou les Biens, & ainsi elle est ou *Conjugale*, ou *Paternelle*, ou *Herile*, ou *Possessoire*, selon que l'homme est consideré agissant comme *Mary*, comme *Pere*, comme *Maistre*, ou comme *Possesseur*.

Avant que d'expliquer les Devoirs de chacune de ces especes en particulier, nous remarquerons trois ou quatre choses qui se lisent en plusieurs endroits dans Aristote. La premiere que l'Empire Economique ou Domestique est *une espece de Monarchie*, entant que chaque Maison ou Famille est administrée par le gouvernement d'un seul.

La seconde, que n'y ayant aucune Societé qui soit plus selon la Nature que celle de l'homme, de la femme, des parens, & des enfans, l'on ne doit point douter que la Maison ou la Famille en ce qui regarde cette Societé, ne soit naturelle, & de l'institution primitive de la Nature.

La troisieme, que la Maison en ce qui regarde la Société qui est entre le Maistre & l'Esclave ou le Serviteur, est mesme aussi selon la Nature ; parce qu'entre les hommes il y en a qui semblent estre nez pour commander, & les autres pour obeïr, ensorte qu'outre cette servitude que la Loy ou le Droit des gens a introduit à l'egard de ceux qui sont pris en guerre, & qui sont vendus, il y a encore une certaine servitude naturelle, par laquelle de mesme que l'Ame commande au Corps, & l'Homme aux Brutes, ainsi celuy qui excelle en Esprit commande à celuy qui n'excelle que dans les forces du Corps, veu principalement qu'il est utile à celuy-cy d'estre gouverné par un autre, comme il est utile aux Brutes d'estre apprivoisées par les hommes.

La quatrieme qui regarde les Possessions, ou le pouvoir qu'on a sur de certaines choses que l'on possede en particulier est, qu'encore que de Droit primitif de la Nature une chose ne soit pas Miene plutost que Tiene, ou Tiene plutost que Miene, il semble neanmoins que dés-le commencement il ait esté selon la Nature qu'un chacun eust, & possedast en particulier quelque chose qu'il ne fust pas permis à un autre d'usurper ; parce qu'il n'y a rien qui soit plus selon la Nature que de se conserver soy mesme sain & sauf, ce qui est impossible parmi les querelles & les insultes ausquelles les hommes seroient perpetuellement sujets, si toutes choses estoient tellement à tous, qu'un chacun eust droit sur tout ce qu'a son compagnon, & luy pûst legitimement oster.

Je ne diray point icy combien nous sommes presentement eloignez de cette simplicité de nos Anciens qui contoient entre les principales possessions d'une Maison la Femme, & le Bœuf.

———*Vxorémque, bovémque jugalem.*
lorsqu'une petite & froide Caverne servoit de Maison, & renfermoit en un mesme endroit commun le Feu, & les Dieux Domestiques, les meubles, & les troupeaux.

——— *cùm frigida parvas Præberet spelūca domos, ignémque, larémq; Et pecus, & Dominos communi clauderet umbrâ.*

Des Devoirs de la Prudence Conjugale.

IL est constant que le premier & principal Devoir de cette espece de Prudence consiste dans le choix d'une Femme ; car celuy qui songe à en epouser une Belle, une Noble, ou une Riche plutost qu'une Vertueuse, se prepare une Croix & tres longue & tres fascheuse.

Il doit ensuite lorsqu'il l'aura epousée, sçavoir de telle maniere gaigner son amitié par les divers temoignages d'amour & de respect qu'il luy rendra, qu'elle reconnoisse aisément son bonheur, & soit persuadée qu'elle ne pouvoit jamais rencontrer un homme plus honneste, plus equitable, plus commode. Cela se doit neanmoins faire avec tant de moderation, que rien ne luy puisse donner occasion de devenir insolente, & qu'avec l'amour qu'elle aura pour luy, elle luy garde toujours le respect. Car quoy qu'il y ait quelque egalité entre la Femme & le Mary, il y a neanmoins beaucoup de choses dans lesquelles le Mary doit avoir la sureminence, & dans lesquelles si par hazard il cede à l'ambition de la Femme, il se verra bien-tost soûmis à un joug fort pesant, & avec la perte de son authorité, ce qui est contre l'ordre du gouvernement, perdre la paix, & la tranquillité.

Il doit aussi la dresser, & l'instruire d'une telle maniere dans les choses qu'il veut bien qu'elle fasse à la Maison, que luy commettant les soins ordinaires du mesnage, il puisse vacquer plus commodement aux affaires du dehors. Cela estant elle prendra une part convenable dans le gouvernement, & soulagera son Mary des soins qui comme ils sont de moindre consideration, sont aussi plus de la portée de l'Esprit d'une Femme.

Il la fera mesme participante des desseins qu'il connoitra n'estre pas au dessus de sa capacité, & à l'egard desquels il la croira capable de garder le silence & le secret s'il en est besoin, afin qu'elle connoisse qu'elle n'est pas negligée, & qu'on veut bien qu'elle ait sa part dans les affaires, & afin que si elle doit faire quelque chose, elle le fasse plus gayement, & avec plus d'affection : Joint qu'ayant esté admise à l'ouvrage, elle augmentera la joye dans le bon succez, ou diminuera le chagrin dans le mauvais.

Il n'est pas necessaire de dire qu'il ne doit point aussi violer la Foy conjugale qu'il luy a donnée ; autrement ce seroit luy faire une injustice, & l'inviter mesme en quelque façon à luy rendre la pareille ; d'ailleurs cela engendre une certaine indignation tres dangereuse, une haine domestique implacable, & des querelles eternelles pour ne dire point, ce qui n'est que trop connu, jusqu'où peut aller la furie d'une Femme, *quid non possit Fœmina furens ?*

Enfin, si elle n'a ni pudeur, ni mœurs, & qu'apres y avoir apporté toute l'industrie possible elle soit incorrigible, il ne sera veritablement pas permis de s'en defaire, comme il l'estoit autrefois aux Romains, aux Grecs, & aux Gaulois selon les Loix trop inhumaines de leurs pays ; mais ou il en faudra venir à une separation, ou se resoudre à souffrir courageusement, adoucissant par la patience le mal qu'il n'est pas possible de corriger, principalement s'il est de l'interest des Enfans qu'avec l'infamie de la Mere le deshonneur de la Maison ne soit pas divulgué.

Des Devoirs de la Prudence Paternelle.

LE Devoir primitif de la Prudence Paternelle semble veritablement regarder la generation des Enfans, en ce que le temperament du corps, & par consequent le naturel, & l'inclination aux bonnes, ou aux mauvaises mœurs en depend beaucoup; car ce n'est pas tout à fait sans raison qu'on dit vulgairement d'un enfant mal né & vicieux, que son pere estoit yvre quand il le fist, *Genuit te parens ebrius cùm foret*: Mais de remontrer aux hommes ce que Platon, Aristote, Plutarque, & autres ont demandé à l'egard de l'âge, de la Saison, de la maniere de vivre, de la continence antecedente, &c. c'est parler à des Sourds, l'on n'a presque jamais ces egards, & l'on ne se porte d'ordinaire à cela que par une certaine impetuosité aveugle, de sorte que c'est comme par une espece de hazard que la generation suive plutost qu'elle ne suive pas, & les Enfans ainsi engendrez comme fortuitement sont elevez tels qu'ils se trouvent estre nez.

C'est pourquoy si les Peres & les Meres n'ont point ces considerations à l'egard des Enfans, le premier Devoir sera celuy qui regarde le soin qu'ils doivent avoir d'eux dans leur enfance, je veux dire que si la Mere n'a pas la patience de nourrir son fruit, quoy que les mammelles & le laict soient des marques infaillibles que la Nature l'a destinée à cela, du moins ils choisiront une Nourrisse qui sera d'un bon naturel, & d'un bon temperament ; car asseurement cette premiere nourriture a de grandes suites dans le cours de la vie, soit à l'egard de la santé du Corps, soit à l'egard de celle de l'Esprit.

Le second Devoir sera de songer soigneusement à leurs mœurs & à leur instruction, ce qui est d'une telle importance que l'on ne sçauroit leur destiner de trop bons Maistres. Il y a certes lieu de s'etonner qu'il se trouve des Pere & Mere qui se montrent chiches, & epargnants en ce poinct, & qui ne prenent pas garde que c'est là le fondement du bonheur, & de la fortune de leurs Enfans, & que si un Enfant s'apperçoit lors qu'il est devenu grand qu'il luy ait manqué quelque chose de ce costé là, il ne leur pourra presque jamais pardonner.

Le

Le troisieme, sera de les destiner à un certain genre de vie, se souvenants cependant toujours de leur condition, se reglants sur leurs facultez, & sur tout prenants garde au genie, & au naturel des enfans, de crainte de les engager dans des Charges dont ils ne puissent pas s'acquiter honnorablement, utilement, & agreablement, comme il a deja esté insinué.

Enfin ils les doivent de telle maniere admettre dans leurs conseils qu'ils sçachent de bonne heure comment vont leurs affaires, & quel train elles pourront prendre à l'avenir; de peur qu'ils n'en demeurent ignorans, & incapables d'en soûtenir le poids s'il arrive que le Pere soit surpris de la mort. C'est assurement une espece de jalousie sole & ridicule à des parens, que d'avoir de l'aversion à communiquer les affaires de la Maison à leurs enfans, comme s'il ne leur importoit pas de les sçavoir, & c'est une lourde erreur à un pere & à une mere de penser que ce soit là le moyen de mieux conserver leur authorité; car ils ne prennent pas garde qu'ils diminuent l'amour que les enfans auroient pour eux, & que c'est leur donner occasion, sinon de souhaiter leur mort, du moins de la supporter un jour fort paisiblement.

Il est vray qu'un Pere doit toujours se conserver en veneration dans l'Esprit de ses enfans, & comme on dit, *dominer sur les siens jusques à la mort*, mais ce respect se doit procurer de telle maniere que l'amour se fasse paroitre visiblement, ce qui ne peut estre s'il ne leur fait connoitre par ses actions qu'il les aime veritablement, & qu'il fait tout pour eux, & s'il ne sçait se conduire d'une telle maniere avec eux qu'ils se reputent bien heureux de se trouver fils d'un pere, qui est tout ensemble & le meilleur pere, & le meilleur Amy qu'ils eussent jamais pû souhaiter : Et ces demonstrations d'affection sont d'autant plus necessaires que l'amour, comme on a de tout temps remarqué, ne va pas en remontant comme il fait en descendant; c'est à dire que l'amour des Enfans à l'egard des Pere & Mere n'est d'ordinaire pas si vehement que celuy des Pere & Mere à l'egard des Enfans, comme si celuy-cy estoit plus naturel que l'autre.

Des Devoirs de la Prudence Herile.

Selon Aristote le Premier Devoir de la Prudence d'un Maistre est de reconnoitre le naturel de chacun de ses Esclaves ou Serviteurs, & de voir à quoy ils sont propres, de peur, dit-il, que si quelqu'un est né propre aux affaires, il ne soit employé aux gros services de la maison, & que celuy au contraire qui est né pour le travail, ne soit employé aux affaires.

Le Second est de se comporter de telle maniere à l'egard des Serviteurs qu'ils ne soient ni insolens, ni trop abbatus, de faire quelque honneur aux plus polis, & aux plus honnestes, & de fournir honnestement de quoy vivre à ceux qui travaillent ; car ce petit honneur que l'on fait à ceux-là, & le necessaire que l'on fait donner à ceux-cy, leur tient lieu de recompense, & les encourage au travail.

Le Troisieme, de faire ensorte qu'ils servent avec respect, & avec amitié, en leur faisant connoitre par les effets qu'on les aime, qu'on a soin d'eux, qu'on ne les abandonnera jamais, & que la liberté ou la recompense qu'on leur a promise ne leur manquera pas. Du reste, il faut donner ordre qu'ils ne soient effectivement pas frustrez de leur esperance, non seulement parce que la justice le demande, mais aussi parce que cela regarde la Prudence, & que les autres Serviteurs serviront d'autant plus volontiers qu'ils espereront qu'on en usera de mesme à leur egard, & qu'ils reconnoitront qu'ils ont à faire à un bon Maistre, & à un homme de bien.

Des Devoirs de la Prudence Possessoire.

LE Devoir primitif de la Prudence Possessoire est d'avoir soin que rien de ce qui est necessaire à la Famille ne manque, ce qui doit estre estimé eu egard à la condition des personnes; car il est bien vray qu'absolument & selon la Nature il n'y a de necessaire que ce qui oste la faim, la soif, le froid, & quelques autres semblables incommoditez, mais la Societé civile a fait certaines choses necessaires selon le rang qu'un chacun tient dans cette Societé.

Ainsi l'on doit prendre garde que les depenses n'excedent pas les revenus, parce que les debtes, comme l'on sçait assez, epuisent peu à peu le fond, & reduisent enfin à la derniere indigence; si bien que pour ne parler point des depenses impertinentes & ridicules qui ne se doivent jamais faire, celles que la Prudence peut permettre doivent estre proportionnées aux facultez, & d'ordinaire du revenant bon des rentes de la Maison.

C'est pourquoy il est important que le Maistre mesme connoisse ses biens, & s'il ne peut pas songer à tous en particulier, du moins ne doit-il pas tellement se fier à ses Procureurs ou Intendans, qu'il ne sçache bien en quoy consistent ses facultez, & ne soit bien instruit de l'estat de ses revenus, & de sa depense. L'on sçait ce que Socrate & Aristote rapportent de ce Persien, qui estant interrogé sur ce qui engraissoit principalement le Cheval, repondit *l'œil du Maistre*; d'où l'on peut generalement entendre, que les choses ne vont jamais mieux, que lorsque ceux à qui elles touchent principalement y prenent garde.

Au reste, comme l'on veut que la conservation & l'augmentation des biens qu'on a de patrimoine, ou autrement, regarde aussi cette espece de Prudence, il est sans doute que si ces biens ne suffisent pas pour passer la vie commodement, ou pour en departir honnnestement aux Enfans, il est non seulement honnorable, mais encore necessaire d'employer ses soins pour les augmenter: Mais de ne songer journellement à autre chose, comme il se fait d'ordinaire, qu'a accumuler de l'argent, & à faire des Contracts & des Acquets, c'est tomber dans cette Avarice & cupidité insatiable dont nous avons deja parlé.

L'on intente icy deux grands procez contre Epicure. Le Premier sur ce qu'il a dit que *le Sage ne devoit point se marier, ni point elever d'Enfans*, ce qui semble renverser le fondement non seulement de la Famille, mais aussi de la Republique. Le Second sur ce que l'on pretend qu'il a dit, *qu'il n'y avoit aucune communication naturelle entre les hommes, & que cet amour vehement des peres & des meres envers leurs enfans n'estoit pas naturel*.

A l'egard du Premier, il est constant qu'il n'a pas voulu persuader cela à tout le monde, mais seulement à quelque peu de gens sages, & qu'il n'a pas mesme pretendu que les Sages ne peussent, & ne deussent se marier, si le bien de la Republique, ou quelque autre circonstance importante le requeroit.

Et certes, cela n'est-il pas beaucoup plus sainct, & plus religieux que d'etablir une Loy telle que veut, & que la propose Aristote, que d'etablir, dis-je, une Loy qui porte que l'on n'elevera point les enfans qui seront defectueux de leurs membres, & que le nombre des enfans qui seront engendrez & elevez sera definy, desorte que ceux qui viendront au dessus de ce nombre seront exposez, ou que s'il y a par hazard quelque Constitution du pays qui le defende, l'on fera perir le fruit avant qu'il ait du sentiment & de la vie ? Car l'excuse qu'il prend de la privation de sentiment & de vie dans le fœtus est une pure mocquerie ; puisqu'il ne sçauroit montrer que lorsque l'on fait avorter une Femme, le Fœtus n'ait ni sentiment, ni vie, & qu'il ne sçauroit prouver que de detruire un Embryon qui doit estre vivant dans tres peu de temps, s'il ne l'est deja, soit la mesme chose que detruire un cadavre, ou un corps absolument incapable de vie. Ce qui soit dit en passant.

Pour ce qui est du Second, il est vray

qu'Epictete nous depeint Epicure comme s'ecriant que c'est une erreur de croire qu'il y ait aucune communication naturelle entre les hommes, & que l'amour des parens envers leurs enfans soit naturel, ou né avec eux ; *Ne vous trompez pas*, luy fait-il dire, *Ne decipiamini, ô Mortales, non est ratione præditis ulla inter se naturalis communicatio ; amor parentum erga liberos non est naturalis. Mihi credite, qui secus loquuntur in errorem inducunt vos, ac rationibus falsis circumveniunt vos.* Mais en verité il y a bien eu de la jalousie, & de l'animosité contre Epicure, & l'on ne sçauroit croire combien on luy a fait dire de choses à quoy il n'a jamais pensé ! Et qu'ainsi ne soit, il est constant qu'il admet qu'il y a une naturelle communication entre les Nations, & entre les Hommes qui sont sous de mesmes Loix; or cela estant, n'est-il pas visible qu'à plus forte raison il en admet donc entre ceux qui sont de mesme sang, & à plus forte raison encore entre les parens & les enfans que le lien naturel de la Nature lie immediatement? Epictete mesme avoüe qu'Epicure tient que nous sommes naturellement enclins à la communication, *esse nos naturâ ad communicationem propensos*, & que lorsqu'il nous est né un enfant, il n'est plus en nostre puissance de ne l'aimer pas extremement, & de n'en avoir pas soin, *non esse in nostra amplius potestate, ne impense illum amemus, curámque ejus suscipiamus*, & l'on voudra apres cela qu'il ait pû defendre une telle chose?

J'ajoûte neanmoins que si l'on veut absolument qu'il ait dit que l'amour des parens à l'egard des enfans n'est pas naturel, il sera du moins loisible d'interpreter qu'il ait entendu que cet amour s'engendre en nous, & que peu à peu il s'enflamme, non point tant par une certaine impetuosité aveugle de la Nature, que par l'opinion que le pere conçoit que c'est son enfant, & une partie de soy-mesme, que par l'esperance qu'il en sera aimé, entretenu, protegé, honoré, que parce qu'il voit qu'il s'eternisera, pour ainsi dire, en luy; & que la conversation simple & naïve d'un enfant qui promet beaucoup le rejoüit.

Et certes, il semble qu'il ait pû avoir quelques raisons d'entrer dans ce sentiment. Premierement de ce que nous voyons un amour tout semblable dans ceux dont les enfans sont bastards & supposez, si tant est qu'ils les croyent legitimes. Secondement de ce que nous n'en voyons pas un pareil dans ceux dont les enfans sont legitimes, s'ils ne les croyent pas siens. Troisiémement de ce que nous en voyons un qui n'est pas moins grand dans ceux dont les enfans ne sont qu'adoptifs; la volonté supleant à l'opinion. Quatriémement de ce que si le fruit avorte, les peres & les meres n'en sont pas tant affligez, comme si estant né long-temps auparavant ils s'y estoient deja pleus, ou s'il meurt enfant, comme si c'estoit dans un âge plus avancé, ou s'il a plusieurs autres freres, comme s'il estoit unique, ou s'il a deja eu des enfans, comme s'il n'en avoit point laissé, ou s'il est debauché & de mauvaises mœurs, comme s'il estoit sage & vertueux.

De la Prudence Politique ou Civile.

IL nous reste à parler de la Prudence Politique, ou Civile, ainsi nommée du mot πόλις, ou *Civitas* qui veut dire Cité ou Ville; parceque de mesme que la Prudence Economique regarde le gouvernement d'une maison ou famille qui est composée de plusieurs hommes ou personnes particulieres, ainsi la Prudence Politique ou Civile regarde le gouvernement d'une Ville qui est composée de plusieurs maisons ou familles, quoy que souvent sous ce mot d'une ville on entende non seulement une seule ville, mais & plusieurs villes, & plusieurs provinces, & plusieurs nations.

C'est cette espece de Prudence qu'Aristote appelle non seulement Science, & Faculté, mais qu'il dit estre la Maistresse & la Reine de toutes les autres Sciences, & Facultez κυριωτάτη, καὶ μάλιστα ἀρχιτεκτονικὴ longè domina longéque imperans cæterarum. Car il luy soumet la Science Morale comme une siene partie & enseignant qu'il est de l'Homme Politique de connoitre ce qui peut faire le bonheur des Citoyens, il pretend que c'est proprement luy qui est le Maistre, & l'Architecte du souverain bien, & que c'est par consequent à luy à prendre connoissance de la Volupté, & de la Douleur, & consequemment des Vertus, & des Vices qui sont les sources de la volupté & de la douleur.

Cela estant, l'on demande premierement qui est celuy dans lequel reside, ou doit resider cette sorte de Prudence ? Mais l'on sçait assez que c'est principalement dans celuy qui est le Chef dominant, comme dit Aristote, & le Maistre des choses, ou qui a la souveraine Puissance, la souveraine Authorité, & ce droit de commander que les Latins entendent souvent sous ce nom de Majesté.

L'on sçait mesme aussi que cette Puissance paroit principalement dans ces quatre ou cinq Chefs que touche Aristote lorsqu'il dit *que c'est à luy à qui il appartient de determiner ou de la Paix, ou de la Guerre; de faire ou de rompre des Alliances; de faire ou d'abroger des Loix; de determiner de la mort, de l'exil, de la confiscation, & du restablissement des biens.*

Or l'on entend vulgairement que cette Puissance commença premierement lorsque les hommes errants par les campagnes à la maniere des bestes, sans estre sujets à personne, & vivants chacun à leur phantaisie, s'aviserent de faire quelque Société, dans laquelle un chacun renonçant en quelque façon à sa liberté, se soûmit au jugement de toute la multitude, qui prit par consequent droit & authorité sur les particuliers, & pourveut non seulement à ce qu'ils pussent vivre plus en seureté, en reprimant les plus puiffans & les plus violens, & les empefchant de faire infulte aux plus foibles, & aux plus doux, mais auffi à ce que dans l'abondance des diverfes commoditez, ils fe communiquaffent entre-eux les biens & les ouvrages en quoy ils pouvoient diverfement abonder & exceller, felon leur induftrie particuliere.

Car dans cette maniere de vie beftiale cette pretenduë Liberté leur couftoit tres cher, en ce qu'il leur falloit perpetuellement eftre aux mains les uns contre les autres, & qu'ayants tous un pareil droit fur toutes chofes, perfonne ne pouvoit rien s'approprier pour fon ufage qu'un autre ne luy puft ofter; fibien que cet Eftat n'eftoit plein que de querelles, & ne pouvoit pas eftre dit un Eftat de liberté: Ce qui fait que la vraye & naturelle Liberté fe trouve plutoft dans cette Societé dans laquelle un homme obeïffant aux Loix de la Societé, c'eft à dire aux Loix qui ont efté faites & approuvées pour fon bien, & pour fa commodité, fait du refte tout ce que bon luy femble, & a droit fur fes biens propres, enforte qu'aucun autre ne les luy peut ravir, a caufe de la puiffance publique qui s'y oppofe.

Aussi Aristote semble-t'il avoir à bon droit rejetté cette Republique de Platon dans laquelle les Femmes, les Enfans, les Terres, en un mot toutes choses devoient estre communes, Platon s'estant imaginé qu'en ostant le Mien & le Tien, la Republique en seroit plus une, & par consequent plus parfaite : Car par ce moyen les hommes seroient comme remis dans cet Estat bestial & sauvage, dans lequel ce que l'on croit estre commun à tous n'est proprement à personne. Sur quoy il est bon de remarquer ce que dit Colotes l'un des Disciples d'Epicure, *que ceux qui ont fait les Loix, & qui ont estably le Gouvernement & la Magistrature dans les Villes, ont mis la vie dans un Estat fort seure & fort tranquille, & que si quelqu'un ostoit cela nous retournerions à vivre comme des bestes, & à nous dechirer les uns les autres.*

Mais pour retourner à nostre suject, je passe sous silence à l'egard de cette souveraine Puissance, ou de ce souverain droit qui du commun consentement des particuliers avoit esté transporté à toute la multitude, que la multitude s'estant assemblée pour deliberer & pour determiner de quelque chose, ce qui estoit determiné ou par tous, ou par la plus grande partie paſſoit pour eſtre la volonté de toute la Societé : Deplus, qu'eſtant incommode que toute la multitude s'aſſemblaſt, & qu'un chacun en particulier donnaſt ſon ſuffrage, il arriva ou que la multitude tranſporta de ſon bon gré cette puiſſance à un certain petit nombre de perſonnes, ou à un ſeul, ou que quelqu'un, ou quelques-uns ſoit par force, ſoit par adreſſe ſe l'attribuerent : Je remarque ſeulement que l'on infere ordinairement de là qu'il y a trois manieres ou eſpeces de Gouvernement ſelon les differens ſujects dans leſquels reſide l'Authorité ſouveraine.

La Democratie lorſque la Domination & l'Authorité reſide dans tout le peuple. L'Ariſtocratie lorſqu'elle n'eſt que dans un certain petit nombre de gens choiſis. La Monarchie lorſqu'elle eſt reduite à un ſeul : Et parce que dans chacun de ces trois Genres l'on peut diſtinguer deux Eſpeces, l'une bonne, legitime, & loüable, l'autre mauvaiſe, illegitime, & blaſmable, il ſe trouve que l'eſpece loüable, & la blaſmable du premier ſont ordinairement appellées d'un ſeul & meſme nom Democratie, ſi ce n'eſt que quelques-uns ont attribué à l'espece blasmable le nom d'Anarchie, qui veut autant dire que *nullus nulliúsque principatus*, que l'espece loüable du second est dite Aristocratie, la blasmable du mot general Oligarchie, l'espece loüable du dernier Monarchie, & la blasmable Tyrannie.

Entre les trois formes loüables & legitimes de Republique l'Estat Monarchique semble estre le premier ou le meilleur & le plus commode, l'Aristocratique tenir le second lieu, & le Democratique le dernier. Et certes, quoy que chacun de ces trois Estats ait ses avantages & ses inconveniens, il est neanmoins constant que les avantages du Monarchique l'emportent sur ceux des deux autres, & que les inconveniens des deux autres l'emportent sur ceux du Monarchique. Car dans le Monarchique l'ordre qui vient d'un seul, & qui se rapporte à un seul est plus facile, & plus constant, les ordres convenables dans les necessitez occurrentes plus aisez à donner, le conseil plus secret, l'execution plus prompte, le chemin plus interdit aux factions, & aux seditions, la seureté, & la liberté que les autres formes de Gouvernement pretextent plus grande, & plus etenduë, & ainsi de plusieurs autres avantages qui sont assez connus.

 La chose est mesme clairement insinuée par le Gouvernement d'une Maison qui ne demande qu'un seul Pere de famille, par celuy d'une Armée qui ne demande qu'un seul General, & par celuy de l'Vnivers, qui ne reconnoit qu'un seul & souverain Maistre : Joint que les Histoires nous enseignent que lorsque les affaires des Republiques se sont trouvées reduites à l'extremité, l'on a toujours eu recours à un Dictateur comme à la derniere & souveraine resource.

 Maintenant, comme ce ne seroit jamais fait, & que ce n'est pas mesme icy le lieu de toucher tout ce qui se pourroit dire de la Prudence Civile à l'egard de chacune des formes de Republique, il suffira de choisir quelque chose de la Monarchique, dautant qu'il sera facile de l'accommoder aux autres.

Des Principaux Devoirs du Souverain.

Pour ce qui regarde donc l'Estat Monarchique, le premier Devoir d'un Monarque est de bien sçavoir, & de bien s'imprimer dans l'Esprit que le salut, la seureté, & l'utilité du peuple, ou, comme parle Ciceron, *la vie heureuse des Citoyens est le but & la fin de la Royauté*, & que c'est pour cela qu'il commande, qu'il est respecté, & qu'il est obey. *Car de mesme que le Pilote*, ajoûte-t'il, *a pour but le Voyage heureux, le Medecin la santé du Malade, le General d'Armée la Victoire ; ainsi le Moderateur de la Republique a pour but la vie heureuse de ses Citoyens, laquelle vie soit affermie par les richesses, par les forces militaires, par la gloire, par la vertu, & par l'honnesteté.*

Le Second, qu'il ne se propose point d'autre recompense de ses soins & de ses travaux, que la gloire de bien gouverner, & que la gratitude, le respect, & l'amour de ses Sujects. Que Trajan se trouvoit amplement recompensé, lorsqu'il entendoit que le peuple les mains elevées au Ciel, luy donnoit mille benedictions, & s'ecrioit à haute voix, *Que les Dieux te puissent aimer comme tu nous aimes !*

Que Timoleon se trouvoit heureux dans sa vieillesse lorsqu'il entendoit de pareilles acclamations toutes les fois qu'il sortoit en public ! Et que les Princes en usent peu sagement, ou plutost tres imprudemment, qui desireux de gloire, la cherchent par d'autres voyes qu'en faisant du bien à leurs peuples, & en meritant leur affection ! S'ils s'acquierent de la renommée par des voyes opposées, elle ne peut estre qu'infame, en ce qu'elle est accompagnée du mespris, de la haine, & des imprecations publiques.

Puissent-ils faire une serieuse reflection sur ces belles paroles de Seneque. *La grandeur d'un Prince est stable, solidement fondée, & inebranlable, lorsque tous les peuples sçavent qu'il est pour eux, comme il est au dessus d'eux, & qu'ils experimentent journellement qu'il veille par ses soins tant au salut des particuliers, qu'au salut general de l'Estat ; lorsqu'ils le regardent, non comme une beste farouche & dangereuse qui sort de sa caverne, mais comme un Astre clair & bien-faisant, vers lequel ils se portent tous à l'envy les uns des autres, prests de s'exposer à mille dangers, & de sacrifier leur vie pour sauver la sienne ; au lieu que celuy qui est en horreur, qui est consideré comme un Tyran, & qui n'est obey que par la seule & unique crainte, a toujours beaucoup à craindre.*

Necesse est multos timeat, quē multi timent.

Le Troisieme, que comme il surpasse les autres en dignité, il s'efforce aussi de les surpasser en Vertu : Car Cyrus dans Xenophon soûtenoit fort judicieusement *que le Commandement ne convenoit pas à celuy qui n'estoit pas plus vertueux que ceux à qui il devoit commander.* Et certes, comme il est obligé de cultiver la Vertu a-cause de son peuple, puisqu'il est vray que l'exemple des Rois est la Regle de leur Royaume.

―――― *componitur Orbis*
Regis ad exemplum.

& que la condition des Princes selō Quintilian, Seneque, & Ciceron, est telle qu'estants en veüe à tout le monde, & ne pouvants pas plus estre cachez que le Soleil, s'ils sont vicieux, ils repandent leurs vices dans la Cité, & nuisent plus par leur exemple que par le peché mesme : Comme il est, dis-je, obligé de cultiver la Vertu a-cause de son peuple, il la doit aussi cultiver acause de luy-mesme, & afin de pouvoir estre en estime, & en veneration à tout le monde, à quoy il ne parviendroit jamais s'il estoit en reputation d'estre Vicieux.

Or entre toutes les Vertus il doit principalement cultiver la Pieté, tant afin d'obtenir du Ciel les talens, & les forces neceſſaires pour ſoûtenir un fardeau auſſi peſant qu'eſt celuy de l'Eſtat, qu'afin de ſe rendre ſes Sujets plus fidelles, plus reſpectueux, & plus obeïſſans, perſuadez que celuy qu'ils voyent s'attacher au Culte Divin, eſt aimé & chery de Dieu, & qu'eſtant gouvernez par celuy que Dieu cherit, ils ſont gouvernez par l'Eſprit de Dieu meſme.

La Juſtice doit auſſi faire une de ſes principales attaches; parce que c'eſt là la Vertu, comme il a eſté remarqué depuis le temps d'Heſiode, pour laquelle les Rois ont premierement eſté creez, à ſçavoir pour chaſtier les meſchans, pour recompenſer ceux qui le meritent, & pour terminer les differens qui naiſſent entre les ſujets, faiſant rendre à un chacun ce qui luy appartient; d'où vient que le Prince qui s'acquite de cette Vertu, ſemble s'acquitter du vray & ſouverain devoir de Prince, & qu'il doit croire que de tous les titres d'honneur le plus glorieux, & le plus auguſte eſt celuy de Juſte.

Il n'y a auſſi rien qu'il doive avoir en plus grande recommandation que de renir la parole qu'il aura une fois donnée, & de garder inviolablement sa foy, parce qu'il n'y a personne en qui elle seroit si indignement violée qu'en la personne d'un Prince, qui ayant le pouvoir en main, n'a rien qui l'empesche de la fausser, & qu'il est luy mesme obligé d'empescher que les autres ne la faussent. C'est une qualité qui est d'autant plus excellente qu'elle est rare parmy les hommes, & qu'elle demande beaucoup de fermeté, & beaucoup de grandeur d'Ame, principalement lorsque les interes sont grands & considerables. Il est vray, pour ne parler point de la Dissimulation comme d'une chose trop familiere, qu'il y a des Politiques qui n'improuvent pas de certaines especes de fraude si elles ont pour but le salut public, Platon mesme entre autres soutenant *que ceux qui commandent sont souvent obligez de mentir, & de tromper pour l'utilité des Sujets*, mais c'est une difficulté dont nous traitterons ensuite.

La Force, & la Clemence sont des Vertus toutes Royales, & l'on sçait qu'un Prince ne sçauroit se dispenser de les cultiver : Car de mesme que la Force est necessaire pour imprimer de la peur, &

empescher que quelqu'un ne s'eleve temerairement, ou ne trouble la Paix de l'Estat, ainsi la Clemence est propre pour faire naistre de l'amour à l'egard du Prince par le pardon qu'il accorde genereusement, & par l'opinion qu'on a consequemment de sa bonté, lorsqu'il suit cette celebre Maxime qui veut que celuy qui commande se souvienne de pardonner à ceux qui sont soûmis, & d'abattre les superbes.

Parcere subjectis, & debellare superbos.

Pource qui est de la Modestie, il est important qu'il la sçache temperer avec la Majesté, de crainte qu'oubliant sa condition humaine, & que le faste l'elevant & le faisant orgueilleux & insolent, il ne s'attire par une suite necessaire la haine publique; ou que par une conduite toute contraire, & en s'abaissant au dessous de la bienseance de sa dignité, il ne tombe dans le mespris.

Il n'est pas necessaire de parler de la Liberalité, l'on sçait assez que c'est une Vertu qui doit estre ordinaire aux Princes, d'autant plus qu'il n'y a rien qui gaigne davantage la bienveillance que les bienfaits, & les largesses, & que cette grande affluence de biens semble ne se rendre ainsi de tous costez à la personne du Prince, qu'afin qu'elle en puisse ensuite decouler comme d'une vive & liberale Fontaine ; l'on sçait neanmoins que ces largesses se doivent faire avec choix, & ayant egard à la qualité des personnes qu'il gratifie, à leurs merites, & à son Thresor, de crainte d'exciter l'envie, & la medisance. Enfin la Continence, la Sobrieté, & les autres Vertus le rendront d'autant plus venerable & plus auguste, qu'il les possedera plus parfaitement.

Le Quatrieme, qu'il s'etudie à bien connoitre la nature du Royaume ; s'il est Electif, ou Successif ; s'il est Ancien, ou Nouveau ; quelles sont les Loix fondamentales de l'Estat, & quels sont ou les biens, ou les maux qui ont suivy de ce que ces Loix ont, ou n'ont pas toujours esté observées ; ce qu'il a de semblable avec la Domination Aristocratique, ou Democratique ; ce que peuvent les Grands, ce qui meut le peuple, & quelles sont par consequent les mœurs, & les Coûtumes des uns & des autres.

Il ne doit pas aussi ignorer l'Etenduë de son Estat, ses Confins, sa Situation, ses Richesses, & ses Commerces soit au dedans

dedans, soit au dehors, ses principales Forteresses, & les Voisins qui sont capables de faire irruption, ou de fomenter des Factions : Ce qui l'obligera à apprendre la Chronologie, la Geographie, & puis l'Histoire qui tire sa beauté, & sa perfection de l'une & de l'autre, & qui est d'une telle necessité que sans elle il ne doit point esperer de devenir jamais un parfait & accomply Politique.

Le Cinquieme, qu'il soit muny des choses sans lesquelles un Royaume ne sçauroit bien subsister. Tel est principalement un Conseil de gens sages & prudens ; afin que ne pouvant pas bien luy seul connoitre, prevoir, & determiner toutes choses, il se serve de Conseillers que l'âge, l'experience, la prudence, la probité, la candeur, & la fidelité ayent rendus recommandables.

Car il se doit souvenir de ce que dit Ciceron apres Hesiode, *que celuy-là est veritablement tres sage qui connoit de luy mesme ce qu'il faut, ou ne faut pas faire, mais que c'est beaucoup en approcher que de sçavoir se servir des bons conseils, de pouvoir s'y soûmettre, de ne s'offenser par consequent point de la verité, mais d'aimer la sincerité, & d'avoir en horreur la flatterie qui est la peste la plus dangereuse*, *de peur qu'ayant les oreilles delicates, il ne soit le dernier à entendre le deshonneur du Royaume, & ne sente sa ruine avant que de l'avoir pû conjecturer.*

Il se doit aussi souvenir de ne se servir que de gens capables dans les Emplois ; afin que comme il peut encore moins faire luy seul que connoitre toutes choses, les diverses Charges de l'Estat soient tenuës par des personnes de merite. Tels sont les Gouverneurs des Villes & des Provinces, les Generaux d'Armée, & les Capitaines, les Juges, les Magistrats, & autres semblables, qui doivent estre d'une capacité, & d'une probité reconnuë ; autrement ce sont des suites continuelles & inevitables de beveües, de meschancetez, & de malheurs.

Il n'est pas necessaire d'avertir que l'Argent estant le Nerf des affaires, ses Coffres ne doivent jamais estre vuides, afin que les forces du Royaume demeurent toûjours en estat & en vigueur, & que lorsqu'il survient une guerre, ou quelque autre occasion de grande depense, il ne soit pas obligé à des levées subites, violentes, & extraordinaires.

Il n'est pas aussi necessaire de parler des Deffenses generales de l'Estat, sous quoy l'on comprend les Forteresses bien munies sur les Confins, & principalement du costé que l'on craint l'Ennemy; les Forces militaires toutes prestes, pour n'estre jamais surpris, & estre toujours en estat de reprimer une insulte etrangere, & d'appaiser une Sedition; les Alliances, principalement celles qui se font avec des peuples qui sont & voisins, & puissants, comme veut Aristote; les Avis frequents & fidelles de tout ce qui se passe, & de tous les desseins qui se forment soit chez les Sujets, soit chez les Voisins, ou chez les Ennemis, de crainte que n'en ayant pas la connoissance, l'on ne machine quelque chose contre luy à l'improviste, ou qu'il ne soit peut-estre luy mesme opprimé; ce qui l'obligera à hazarder quelque chose, comme dit Platon, ou plutost à ne rien epargner pour ceux qui luy pourront donner des avis.

Des Principaux Devoirs du Souverain durant la Paix.

MAis pour dire quelque chose de ce qui regarde en quelque façon plus particulierement le temps de Paix, & cette espece de Prudence que les Latins appellent *Togata*. Le premier Devoir du Prince est d'avoir soin que la Religion, & la Pieté envers Dieu soient toujours gardées inviolablement dans tout le Royaume, non seulement afin d'attirer par là les benedictions du Ciel, mais aussi afin que ses Sujets touchez de respect, & de crainte en consideration de la souveraine puissance de Dieu qui est repandu par tout, & qui voit tout, s'abstiennent des crimes cachez, que le Prince ne sçauroit empescher par ses Loix.

L'experience de nos derniers temps nous a assez fait voir l'importance, & la verité du conseil que Mecenas donnoit à Auguste sur la Religion, & sur le Culte Divin. *Haïssez*, disoit-il, *& ne laissez pas impunis les Novateurs à cet egard, & ce non seulement acause des Dieux, qui ne permettent pas que ceux qui les mesprisent fassent jamais rien de grand, mais parce-*

que ceux qui introduisent quelques nouvelles Divinitez portent d'ordinaire à quelque changement dans l'Estat, d'ou naissent les Conjurations, les Seditions, & les Assemblées secretes, qui sans doute sont tres dangereuses à la Monarchie.

Le second, d'avoir soin que les Arts soient cultivez, & non seulement ceux que l'on appelle Liberaux, & d'où le Royaume tire un ornement tout particulier, mais aussi ceux qu'on nomme Mechaniques, & qui tendent principalement à l'utilité; ayant sur tout de grands egards pour l'Agriculture, & pour la Marine, parceque celle-là fournit abondamment les choses necessaires à la Vie, & que celle-cy entretient le Commerce par lequel nous communiquons aux Etrangers les choses dont ils ont besoin, comme les Etrangers nous communiquent celles qui nous manquent.

Des Consequences importantes du Mien & du Tien.

LA remarque que nous venons de faire sur l'Agriculture, & sur les Arts, me fait icy souvenir d'une chose qui m'est souvent venuë en pensée dans mes Voyages en comparant les Estats Etrangers, comme pourroient estre la Turquie, & quelques autres avec les nostres : Cette pensée est que le *Mien* & le *Tien* qui a toujours semblé estre la Source de tous les maux, semble cependant aussi estre le Fondement de tout ce qu'il y a de beau & de bon au Monde, & par consequent qu'une des plus grandes & plus importantes veües que sçauroit avoir un Souverain, est d'establir, ou de conserver soigneusement ce Mien & ce Tien dans son Estat : Car comme ostant ce grand fondement, on oste en mesme temps aux particuliers l'esperance de parvenir jamais à quoy que ce soit, & qu'ainsi il n'y en a aucun qui puisse dire, Si je travaille ce sera pour moy & pour les miens, je seray le maistre de ce petit canton de terre que j'achepteray, & je le laisseray à mes Enfans, les Peuples deviennent tellement lasches & paresseux qu'ils ne travaillent presque plus que par force, & ils negligent tellement l'Agriculture, que des meilleures terres il s'en fait des terres sabloneuses comme en Egypte par l'inondation du Nil ; des plus belles montagnes, & des plus beaux vallons, des lieux pleins de ronces & de chardons comme dans la Palestine ; de ces admirables fonds d'Alexandrette, & d'Antioche, des Marais peſtiferes ; de toutes ces belles plaines, beaux cantons, & beaux coteaux de l'Aſie Mineure, des lieux la pluſpart couverts de grandes herbes; de cette admirable Meſopotamie cette vraye terre de promiſſion, des terres incultes, & abandonnées ; en un mot, de toute la Turquie qui devroit eſtre le plus beau pays du Monde, le plus fertile, & le plus peuplé, une eſpece de Deſert.

D'ailleurs, comme dans un Eſtat où ce Mien & ce Tien n'eſt point, il n'y a point auſſi de Miniſtres de juſtice aſſez puiſſants auſquels les peuples eloignez de la Cour puiſſent avoir recours, les Gouverneurs ſe trouvent dans les Provinces avec une puiſſance abſoluë, qui les porte d'ordinaire à la Tyrannie, d'autant plus que ce ſont tous des gens de rien, de miſerables Eſclaves de Ruſſie qui auront eſté tirez d'un Serail, & qui auront emprunté de ceux qui ont l'Argent du Royaume, comme ſont les Juifs en Turquie, de grandes ſommes pour achepter leurs Gouvernements, ſans parler des Preſents qu'ils ſont obligez de faire tous les ans pour ſe maintenir ; de ſorte que tout eſtant à la mercy des Gouverneurs, & des Juifs, il n'y a ni Laboureur, ni Artisan, ni Marchand qui soit en seureté, & qui ne tremble toujours d'une avanie ; d'où vient que les Arts qui font la richesse d'un Royaume languissent dans ces pays-là, & que les Sciences qui en font la beauté & la politesse, en sont absolument bannies ; n'y ayant personne qui ait ou le courage ou l'esperance de s'elever à quoy que ce soit, & n'y ayant d'ailleurs ni Benefices, ni aucunes Charges qui demandent de l'Erudition, mais de simples Timars, c'est à dire quelques Villages affectez pour la pension d'un homme de guerre qui en tire tout ce qu'il peut, sans jamais y rien depenser soit pour reparer les maisons, soit pour relever les fossez, & faire ecouler les eaux, ou autrement ; parce qu'il n'est jamais assuré de rien, & qu'il ne sçait pas aujourd'huy si on ne luy ostera, ou changera point demain son Timars.

Aussi ay-je quelquefois defini un Turc, un Animal né pour la destruction de tout ce qu'il y a de beau & de bon au Monde, jusqu'au genre humain mesme: Non que les vrays Turcs ne soient souvent d'un assez bon naturel, mais parce que leur fausse Politique, ignorance, ou negligence va à oster, & à exterminer ce Mien & ce Tien, d'où suivent, comme je viens de marquer, la Paresse des peuples, l'abandon de l'Agriculture, la Tyrannie, & le Depeuplement des Provinces.

Car enfin la verité est, & ce ne sont point de visions de Voyageur, Ces pays ne sont plus ce qu'ils ont esté, la moitié de la terre & davantage y est en friche, l'on fait souvent les jours entiers sans rencontrer un homme, on ne voit plus que de grandes Bourgades à demy desertes & abandonnées, il n'y a pas jusques aux meilleures Villes, comme le Caire, Alexandrie, Babilone, & ainsi de plusieurs autres qui ne soient au moins le tiers en ruines, & il est constant que les Princes, quoy que tres puissants encore a cause de l'immense etendüe de leurs Estats, y sont & bien moins riches, & bien moins puissants qu'ils n'estoient; ne prenants pas garde que pour vouloir tout avoir ils n'ont rien, & que se faisants les seuls Proprietaires de toutes les terres de leur Empire, ils se font des Roys de Deserts, de gueux, & de miserables; de sorte que s'ils s'agrandissent tous les jours, ce n'est que par la foiblesse & la desunion de leurs Voisins, que parceque leur Empire se trouve estre, comme je viens de dire, d'une etendue immense à l'egard des autres, & que les Tartares, sans parler des Enfans de Tribut qu'on arrache du sein de leurs Meres, leur fournissent des Esclaves de toutes parts, de Russie, de Circassie, de Mingrelie, d'Armenie, & autres lieux.

Le Troisieme Devoir d'un Prince est de travailler à ce que le Royaume abonde en Vertu, & en Richesses, c'est à dire en tout ce qui est necessaire pour bien, & commodement passer la vie ; & comme le Luxe se glisse aisement, il le doit reprimer par de rigoureuses defenses, & cependant donner ordre que ceux qui regorgent de biens ne souffrent pas des pauvres à leur porte secher de misere; en un mot, il doit de telle maniere pourvoir aux diverses necessitez, que la felicité & l'abondance du Royame se repande generalement sur tous.

Le Quatrieme est de veiller à la seureté de la Paix, afin que cette felicité soit plus constante, à quoy contribueront les choses que nous venons de marquer plus haut tant à l'egard des Etrangers, comme de se prendre garde des irruptions, &c. qu'à l'egard des Sujets, comme de prevenir les Conjurations & les Factions des Grands, & ce en leur oſtant tout ſujeƈt de ſe plaindre, ce qui ſe fera non ſeulement par une juſte & conſiderée diſtribution des Charges, mais auſſi par des temoignages particuliers de bienveillance, leur faiſant cependant connoitre qu'il eſt le Maiſtre, & qu'il eſt aſſez clairvoyant pour penetrer leurs deſſeins, & leurs plus ſecrettes intentions. Je ne veux rien dire icy du conſeil de Periander, qui ſelon le rapport d'Ariſtote, ne donna aux Ambaſſadeurs de Traſibule aucune reponſe de vive voix, mais ſeulement par ſigne, & en abattant devant eux les teſtes des pavots les plus elevez.

Le Cinquieme que nous avons deja inſinué, eſt de prevenir les Troubles & les Seditions du peuple, non ſeulement par la reverence, & par la crainte, car il n'y a rien qui porte plus à l'inſolence les Eſprits populaires que lorſqu'ils voyent le Prince dans le meſpris, & qu'ils ſont en ſeureté du coſté du chaſtiment, mais auſſi par une Juſtice exaƈte & judicieuſe qui tire les plus foibles de l'oppreſſion des plus puiſſants, & par le ſoulagement des peuples ſoit en reduisant les Impofts à une jufte mediocrité, soit en les oftant entierement ; car il n'y a auſſi rien qui excite davantage la haine, & qui rende les Eſprits plus impatiens que l'excez des Impofts ; du moins doit-il, ſi la neceſſité preſſante de l'Eſtat l'oblige à des depenſes, & par conſequent à des levées de deniers extraordinaires, faire entendre à ſes Sujets que ces levées ne ſe font que pour des uſages neceſſaires à la ſeureté publique, enſorte que *s'ils veulent leur ſalut*, comme dit Ciceron, *il faut qu'ils obeïſſent à la neceſſité*, & que d'ailleurs cela ſe fait avec une grande egalité, & eu egard à la condition, & aux facultez d'un chacun. Nous ne dirons rien du conſeil d'envoyer des Colonies hors du Royaume lorſqu'il y a trop de monde, ni de celuy d'amaigrir les peuples, lorſqu'il y a du danger que l'opulence, & la graiſſe, comme on parle d'ordinaire, ne les rendent inſolens.

Le Sixieme, que s'il ſe forme des factions, & qu'il ſe ſoit fait quelque Sedition ou ſouſlevement, il l'appaiſe au plutoſt par l'entremiſe de quelques perſonnes que la vertu, le merite, & l'adreſſe auront rendu recommandables, ou ſi les reprimandes, les avis, & les conſeils de ces personnes ne font rien, qu'il ait recours aux armes & à la force, afin d'etouffer d'abord un mal qui dans le progrez pourroit acquerir des forces, & devenir enfin sans remede.

Le Septieme, que si le mal ne peut pas d'abord estre reprimé ni par adresse, ni par les armes, mais qu'il passe à une guerre Civile qui est la peste d'un Estat, il se serve alors de l'un de ces remedes, ou de se relascher en quelque chose, & de s'accommoder sous quelques conditions, ou de tenter de terminer la guerre par une Victoire s'il y a quelque esperance, s'armant cependant de tout son courage, & se disant genereusement à soy mesme, *Nūc animis op⁹, Ænea, nūc pectore firmo.* Il se doit neanmoins souvenir apres qu'il aura remporté la Victoire, ou retabli les choses par son auctorité, de ne s'en prendre qu'aux principaux autheurs, & aux plus seditieux, & du reste pardonner à la multitude, afin qu'imprimant la terreur par le supplice, il previenne de semblables troubles à l'avenir, & qu'usant de douceur, & de clemence, il fasse voir qu'il agit en Pere de la Patrie.

Mais un homme d'honneur dans une guerre Civile pourroit-il se retirer, & se tenir comme on dit clos & couvert dans sa Maison sans se declarer ni d'un costé, ni d'autre ? Ou s'il devroit selon cette Loy de Solon si celebre dans Aristote, dans Plutarque, & dans Agelle, se declarer pour l'un des deux partys ? Veritablement si c'estoit un homme de consideration dans l'Estat, & qui occupast quelque grande Charge, l'on sçait bien qu'il ne devroit pas quitter son rang, & qu'un Colbert n'iroit pas alors abandonner son Prince, & se retirer à Saux, mais qu'en sage Pilote il tiendroit dans la tempeste le mesme timon qu'il auroit tenu dans la bonace : Mais si c'estoit un homme privé, ou qui n'entrast pas d'ordinaire dans les affaires, il semble qu'il pourroit ne prendre aucun party, & vivre doucement retiré chez soy sans offenser ni les uns ni les autres, à condition toutefois que si l'Estat venoit à estre menacé d'une guerre etrangere, il n'hesiteroit pas à se declarer pour son Prince, & pour sa Patrie.

Des Principaux Devoirs du Souverain en temps de Guerre.

Pour dire aussi maintenant un mot de ce qui regarde specialement le temps de la Guerre, & par consequent la Prudence Militaire qui se fait remarquer en entreprenant, ou en faisant & en finissant la Guerre ; il est constant qu'un Prince Sage n'entreprendra jamais la Guerre ni temerairement, ni injustement, & que soit qu'il pense à attaquer, ou à soûtenir, il mesurera ses forces de telle maniere que s'il ne les connoit pas suffisantes il se donnera bien de garde de faire irruption, de crainte de ne se pouvoir pas retirer aisement de ce premier pas, ou de s'attirer les forces de l'Ennemy sur les bras ; il n'attendra pas mesme alors l'irruption des Ennemis, mais ou il les previendra par des Mediateurs de grand merite, & en relaschant plutost quelque chose du sien que de s'attirer quelque grande disgrace, ou, si rien ne peut flechir l'Ennemy trop puissant, il ramassera toutes ses forces, & celles de ses Alliez, & du reste se confiant dans l'assistance Divine, & dans la justice de sa cause, il s'armera de tout son courage, & se resoudra à tout evenement.

Or comme nous avons insinué que la Guerre ne doit jamais estre entreprise que justement, il est à sçavoir qu'elle peut estre censée juste en plusieurs manieres, ou lorsqu'on la fait pour prevenir l'Ennemy qui d'ailleurs auroit fait irruption, ou pour redemander quelque chose que l'Ennemy aura injustement usurpé, & n'aura pas voulu restituer apres en avoir esté averty, ou pour secourir des Alliez qui seront injustement oppressez : Elle doit mesme aussi estre censée juste, quoy qu'entreprise ou soûtenuë injustement, apres que l'on a fait des offres raisonnables à l'Ennemy, & qu'il ne les a pas voulu accepter.

Cependant l'on doit toujours considerer, que toute Guerre est une Mer de malheurs facile à estre emuë, mais difficile à estre appaisée, acause de mille occasions inopinées qui surviennent; desorte qu'il n'y a que la necessité seule qui puisse estre une excuse legitime, & qui puisse mettre à couvert un Prince de tant d'horribles imprecations que les peuples accablez de miseres ont coûtume de vomir contre les autheurs de la Guerre.

Au reste, il n'est pas besoin de dire que lorsque la Guerre est absolument necessaire, & qu'elle a esté resolue & determinée, il est de la prudence du Prince de pourvoir à ce que ces quatre choses ne luy manquent pas, les Hommes propres au meſtier, les Armes convenables, les Proviſions ſuffiſantes, & l'Argent neceſſaire. Car quant aux Hommes, il eſt evident que l'on doit premierement avoir egard aux Chefs, & principalement au General; que ce General doit eſtre unique, parce que l'on a de tout temps remarqué avec Thucidide, *que rien ne nuit tant que la multitude des Commandans*; qu'il doit eſtre experimenté, & tres intelligent pour pouvoir prendre ſon party ſur le champ; qu'il doit connoitre la ſituation du pays où il fait la guerre, puiſque le gain ou la perte d'une Bataille depend ſouvent de tres peu de choſe, d'un defilé, d'un ruiſſeau, d'un bois, de quelque petite eminence, &c. Ariſtote tient meſme qu'il doit eſtre homme de bien, mais que l'on doit neanmoins avoir plus d'egard à ſa capacité qu'a ſes mœurs; que d'ailleurs il doit eſtre auctoriſé, & en reputation de grand homme de guerre, & fortuné, parce que cela raſſure une Armée, la rend prompte & deliberée, & jette la terreur parmi les Ennemis: Enfin ce doit eſtre un homme dans lequel le Prince puiſſe avoir une pleine & entiere confiance, & duquel l'on puiſſe dire, *Mitte ſapientem, & nihil dicas.*

Il n'eſt pas auſſi beſoin de parler des divers offices du General ſoit dans la marche de l'Armée, ſoit dans les Campemens, ſoit qu'il ait à ranger ſon Armée en Bataille, ou à donner un Combat, à aſſieger, ou deffendre une Place, &c. Car cela depend de ſa capacité, de ſa preſence d'Eſprit, du temps, des lieux, des perſonnes, & de cent autres circonſtances : Et pour ce qui eſt des avis, perſonne n'ignore qu'il n'eſt rien de plus utile, ni de plus important à un General que d'en avoir de bons, ou, comme on dit vulgairement, de ſçavoir le fort & le foible de ſes Ennemis.

J'ajoûteray ſeulement en paſſant à l'egard des Ruſes, & des Stratagemes, qu'encore que de tout temps ils ayent eſté permis, & cenſez eſtre du droit de la Guerre, en ce qu'ils regardent le ſalut de l'Armée, & qu'il y a toujours danger d'eſtre prevenu ſi l'on ne previent ; neanmoins Cyrus s'etonnoit entre ſes Amis des etranges qualitez que doit avoir celuy qui fait la guerre, à ſçavoir qu'il doit eſtre fin, ruſé, diſſimulé, trompeur, &c. *debere eſſe inſidiatorem, diſſimulatorem, doloſum, deceptorem, furem, raptorem, ac omni in re hoſtibus prævalen-*

tem. Mais il semble que l'on peut en cela imiter S. Augustin, qui dit que le commandement que Dieu fit à Josué de dresser des embusches *nous fait voir que d'en dresser n'est pas une injustice dans une juste guerre, qu'un Prince juste ne doit principalement avoir egard qu'à ce que la guerre ne soit pas injuste, & que la guerre estant juste il n'importe pas de vaincre ou par ruse, ou en combatant ouvertement.*

Quant aux Soldats, qui ne sçait que l'on doit avoir egard autant qu'il se peut à ce qu'ils soient dans la vigueur de leur âge; qu'ils soient forts & robustes, comme estants destinez aux fatigues; qu'ils soient naturels du pays plutost qu'etrangers, comme estants plus seurs & moins tumultueux; qu'ils soient bien disciplinez & de longue main exercez, sans quoy rien ne sçauroit presque reüssir; que l'Infanterie & la Cavalerie sont absolument necessaires, quoyque l'Infanterie soit plus utile dans les Montagnes & dans les Sieges, & que *la Cavalarie*, comme dit Tacite, *est tres prompte à ceder la Victoire, comme elle est tres prompte à la remporter.*

Qui ne sçait de mesme à l'egard des Armes & des Munitions ou Provisions soit de guerre, soit de bouche, que rien ne doit manquer de ce costé-là ? Et à l'egard de l'Argent, que c'est le Nerf & de l'Empire, & de la Guerre, que les grandes choses ne se font pas moins par l'argent que par la force, & par le conseil, & que ce n'est pas sans raison qu'on dit vulgairement ce que Ciceron remarque de Philippe de Macedoine, *qu'il n'y a point de Chateau que l'on ne puisse prendre pourveu qu'une Mule chargée d'Or y puisse entrer?*

Si le Sage se doit mesler dans les Affaires de la Republique.

AU reste, comme il semble que nous ne disconvenions pas de cette Maxime d'Epicure, *que le Sage ne doit point se mesler dans les affaires de la Republique,* nous devrions aussi, ce semble, repondre à quelques objections qui se font sur cette Maxime, mais nous avons deja montré par le temoignage expres de Seneque qu'Epicure n'a pas prononcé absolument, mais seulement sous cette condition, *Nisi quid intervenerit,* s'il n'intervient quelque chose qui l'y appelle, & s'il ne naist quelque occasion dans laquelle la Republique ait besoin de son industrie ; car du reste il n'estime pas que le Sage doive quitter son repos philosophique, & se fourrer dans les affaires publiques sans quelque urgente necessité, ou comme il se fait d'ordinaire, par un motif d'ambition.

Et certes, si ce Philosophe ne s'est pas jetté dans les emplois Civils, ce n'est pas qu'il crust avec Theodore, & quelques autres, que la Sagesse soit d'un trop haut prix pour l'exposer aux travaux & aux dangers en faveur de la Patrie qui comprend d'ordinaire tant de fols, & tant d'ingrats, mais ce n'a esté que par une pure modestie, comme Laërce l'a observé, & que parce qu'il ne croioit pas qu'il fust juste de s'ingerer de soy-mesme dans des choses ausquelles il sçavoit n'estre pas appellé, ou d'imiter les ambitieux qui reconnoissent enfin trop tard ce dont Theophraste se plaignoit sur la fin de ses jours, lorsqu'il disoit à ses Disciples *qu'il n'avoit plus rien à leur dire, sinon que la vie des hommes laissoit vainement echapper plusieurs plaisirs acause de la gloire, & de l'ambition ; parceque quand nous commençons de vivre, c'est alors que nous mourons, & qu'ainsi il n'y avoit rien de moins convenable à l'homme que l'Ambition, & que cette cupidité excessive, &*

& eternelle de gloire. Admirable enseignement, & qui nous devroit bien faire connoitre qu'il ne faut pas differer la tranquillité, & ce bienheureux repos philosophique à un âge decrepite !

En effet, voit-on presque aucun Courtisan, ou aucun de ceux qui sont elevez aux grandes Dignitez, & embarassez dans les affaires, qui ne s'ennuie de sa maniere de vie ? qui n'envie le repos de ceux qu'il voit du milieu d'une espece de Mer agitée de bourasques & de tempestes, joüir comme dans un Port assuré & païsible, d'une douce tranquillité ? qui ne songe souvent à sa retraite, & qui ne croye heureux ce repos dans lequel il espere se retirer sur la fin de ses jours, & passer doucement ce qui luy restera de vie ?

Ne seroit-ce pas, je vous prie, en user beaucoup plus sagement de ne s'engager jamais dans cette Mer orageuse d'affaires, ou de s'en retirer des aussitost qu'on est en pouvoir de le faire, & ainsi vivre heureusement dés la fleur de son âge ; ne seroit-ce pas, disje, en user plus sagement que de ne s'octroyer pour bien & heureusement vivre que la lie de sa vie, à laquelle il est mesme encore incertain si l'on pourra parvenir ? Souvenons-nous-en, mon cher Despreaux, qu'Outile est un beau lieu, que les Muses y habiteroient volontiers, & qu'il seroit doux d'y passer quelques-unes de nos bonnes années.

Donec virenti canities abest morosa!

Heureux, certes, sont ceux-là qui ont de bonne heure pris une ferme resolution de passer toute leur vie en un estat dans lequel les autres se tiendroient heureux d'en passer une petite partie, & mesme la moins estimable! Plus precieux que tout l'Or du Monde fut le conseil de Cyneas à Pyrrhus qui meditoit la guerre contre les Romains: Car Cyneas ayant demandé à ce Prince ce qui luy sembloit qu'il seroit bon de faire apres qu'ils auroient vaincu les Romains, & subjugué l'Italie, la Sicile, la Lybie, la Macedoine, & puis tout le Monde? Et Pyrrhus luy ayant repondu, Nous-nous reposerons enfin agreablement, nous ferons des Festes, nous-nous entretiendrons de diverses choses, & passerons ainsi doucement le reste de nos jours; Cyneas repliqua: *Mais de grace, ô grand Roy, qui empesche que dés à present nous ne nous reposions, que nous ne fassions des*

Festes, & que nous ne nous rejoüissions ? Nous avons maintenant entre nos mains ce à quoy nous ne sçaurions parvenir que par des travaux immenses, que par le sang, que par mille deplaisirs & mille soins fascheux, & qu'en nous exposant nous & les nostres à une infinité de dangers.

Damocles avoit bien raison de dire que ceux qui affectent avec tant d'empressement les grands honneurs de la Republique, ne s'arrestent d'ordinaire qu'a cet eclat exterieur qui ebloüit les yeux du vulgaire, & ne prennent pas garde aux chagrins, pour ne dire pas aux furies, qui rongent interieurement ceux qui y sont deja parvenus.

Aristote rapporte des Vers d'Euripide, par lesquels il se condamne luy-mesme d'imprudence, de ce qu'ayant pû vivre heureusement en homme privé, il s'estoit rendu miserable en se jertant indiscretement dans l'embarras des affaires. *Suis-je Sage,* disoit-il, *d'avoir pû estre sans affaires, & de m'y estre malheureusement engagé ?*

Mais une consideration importante est, que tous ces simples travaux qu'il faut essuyer dans le maniment des affaires, semblent devoir presque estre contez pour

pour rien en comparaison de cette peur, ou plutost de cette frayeur continuelle qui doit tourmenter l'Esprit de ceux qui se voient toujours comme sur le bord du precipice, & en danger de tomber d'autant plus rudement qu'ils ont esté elevez plus haut. Sejan, dit le Poëte Satyrique, ne sçavoit ce qu'il demandoit lors qu'il soupiroit apres tous ces grands honneurs, & ces excessives richesses qu'il obtint enfin ; car c'estoit autant de degrez qu'il se faisoit pour monter à la Tour du haut de laquelle il devoit estre miserablement precipité ? Qu'est-ce qui a perdu les Crasses, & les Pompées ? C'est cette mesme elevation pour laquelle ils avoient tant de passion qu'il n'y a rien qu'ils n'ayent fait pour y parvenir: Ce sont ces grands Vœux que les Dieux en colere ont exaucé.

Ergo quid optandum foret, ignorasse videris
Sejanum? Nam qui nimios optabat honores,
Et nimias poscebat opes, numerosa parabat
Excelsa Turris tabulata, unde altior esset
Casus, & impulsa præceps immane ruinæ.
Quid Crassos? Quid Pōpeios evertit, & illū
Ad sua qui domitos deduxit flagra Quirites?
Summus nempe locus nulla non arte petitus,
Magnáque Numinibus vota exaudita malignis.

CHAPITRE III.
De la Force.

Ciceron ne semble pas mal definir la Force, *Considerata periculorum susceptio, & laborum perpessio,* Vne considerée fermeté d'Ame à affronter les dangers, & à supporter les travaux ; en ce qu'il nous marque par là les deux principaux actes de la Force, qui sont Entreprendre, & Soûtenir, nous insinuant en mesme temps qu'il faut eviter les deux extremitez vicieuses, asçavoir l'Audace, & la Timidité dans lesquelles l'on tombe faute d'une meure consideration ; de sorte qu'elle ne semble pas aussi mal definie dans Aristote, *Vne mediocrité entre la Crainte, & la trop grande Confiance,* pour ne dire point que Seneque la definit, *La Science de repousser, de recevoir, & d'affronter les dangers,* & Crysippe dans Ciceron, *Vne certaine fermeté d'Ame & de jugement à souffrir, ou à repousser les choses qui paroissent formidables.* Or quoy que ce soit là, ce semble, la vraye Idée de la Force, entant que c'est une Vertu speciale ou particuliere, il est bon neanmoins de remarquer que souvent on l'etend ou trop, ou trop peu.

On l'etend trop lors qu'on luy donne presque autant d'etendue qu'à la Vertu mesme; & c'est ainsi que S. Ambroise en a usé à l'imitation de S. Clement qui veut *que le devoir de la Force soit non seulement de supporter les accidens humains, mais aussi de resister à la Volupté, à la Cupidité, à la Douleur, à la Colere, & generalement à tout ce qui nous attire sans force, & sans aucune tromperie.*

On l'etend trop peu quand on la prend pour la seule & unique Vertu Militaire, acause qu'on voit qu'il n'y a presque que ceux qui font paroitre de la force dans la Guerre, & qui meurent en cōbattant qui deviennent illustres, qui obtiennent des honneurs, de la gloire, & un renom eternel, & qu'on ne parle ordinairement pas de ceux qui temoignent autant de force & de courage que les Guerriers soit dans les maladies, soit dans la Mer, ou dans d'autres perils, & qui meurent avec autant d'intrepidité. Et c'est conformement à cette acception trop etendue qu'Aristote veut que celuy-là soit proprement censé Fort, *lequel regarde d'un Esprit in-*

trepide une *Mort honneste*, & *les choses qui menent à la Mort, telles que sont*, dit-il, *principalement celles qui se rencontrent dans la guerre*, & c'est pour cela mesme que Ciceron enseigne, *que les grandes & genereuses actions, asçavoir celles qui se font dans la guerre, ont cela de particulier qu'elles sont je ne sçais comment plus loüées, & exaltées.*

Je pourrois neanmoins ajouter que Ciceron prouve ensuite fort au long par plusieurs exemples, & sans oublier le sien propre, *qu'encore que plusieurs tiennent les choses Militaires plus grandes que les Civiles, il faut neanmoins rabatre de cette opinion si nous voulons juger selon la verité, parce qu'effectivement il y en a eu beaucoup de Civiles plus grandes que les Militaires:* Mais je conclus seulement de là qu'encore que ceux qui se comportent fortement, & genereusement dans la guerre soient censez Forts κατ' ἐξοχὴν, ou par excellence, ils ne sont neanmoins pas les seuls possesseurs de la force, ou qui seuls meritent d'estre dits forts, & genereux.

Pour parler donc de la Force comme estant resserrée dans des bornes legitimes & convenables, deux conditions semblent estre generalement requises pour cette Vertu. La premiere, que ce soit une certaine fermeté invincible d'Ame alencontre de toutes les choses qui sont difficiles, c'est à dire alencontre des maux qui sont difficiles soit à afronter, soit à supporter. La seconde, qu'elle ne soit pas inconsiderée, & qu'elle ne tende qu'à une bonne & legitime fin, asçavoir à l'honnesteté, & à l'equité.

Car à l'egard du premier Chef, quand je dis que la Force est *une certaine fermeté d'Ame*, je pretens marquer par là que cette Vertu ne consiste assurement pas, comme pourroit penser le vulgaire, dans la vigueur, & dans les forces du corps; parce qu'un homme foible de corps peut estre dit veritablement Fort, si apres s'estre proposé l'honnesteté de la chose qu'il a entreprise, il demeure ferme & inebranlable dans sa resolution, s'il ne sçait ce que c'est que de ceder, & si sans se laisser abbattre par la mauvaise fortune, il poursuit toujours de mesme force, & de mesme teneur; *quoy qu'abusivement, dit Seneque, un Gladiateur, & un scelerat esclave que la temerité aura porté à mepriser la mort, soit aussi appellé homme fort.* Je pretens de plus insinuer qu'elle consiste encore moins dans cette vanité de fanfaron assez commune à certaines gens; car si vous leur ostez cette ostentation par laquelle ils poursuivent une certaine petite vaine gloire, vous connoitrez que ce sont des Ames basses, & que lors qu'il est question d'afronter effectivement un veritable peril, ils refusent, ou manquent de courage, ou songent à la fuite.

Lorsque je dis d'ailleurs que *c'est une fermeté d'Ame invincible*, je veux aussi marquer, qu'afin que ce soit une veritable Force, elle doit ne succomber en aucune maniere, mais demeurer inflexible non seulement à l'egard de la grandeur du travail, & du peril, mais encore à l'egard de la durée.

Et quand j'ajoute que cette fermeté est *alencontre des maux*, c'est pour donner à entendre que cette Vertu est comme un Rampart contre tout ce qui est, ou paroit mal dans la vie, & qu'elle n'a proprement point d'autre sujet ou d'autre matiere que celle-là. Car si Platon, & quelques autres en confondant quelquefois la Force avec la Temperance, veulent que le propre de la Force soit, que se trouvant entre les douceurs, & les voluptez, elle refifte aux voluptez, conformement à ce qu'enfeigne S. Clement, *qu'un homme ne peut point eftre Fort qu'il ne foit temperant, ni temperant qu'il ne foit Fort* ; ils ne le veulent neanmoins que parce qu'il eft fafcheux, & que c'eft par confequent un mal d'eftre privé de certaines voluptez, ou de s'en abftenir.

Enfin lorfque je dis que les chofes qui doivent eftre furmontées par la Force doivent *eftre difficiles,* c'eft parce qu'encore que la Force fe puiffe etendre aux maux legers, faciles, & familiers, & qu'il foit mefme utile de s'acoutumer à les afronter, & à les fupporter, pour s'en faire une efpece d'habitude, & comme un commencement de force ; fi neanmoins il n'y a point de mal, ou de difficulté qui rende l'action remarquable, ce n'eft point tant alors cette Vertu qu'on appelle Force, qu'une fimple attente d'un bien à venir : Car de mefme que la vertu de Temperance n'eft pas requife pour que quelqu'un s'abftienne, comme il fut objecté à Cryfippe, d'une Vieille moribonde, ainfi la Force ne paroit pas dans les petis maux, mais feulement dans les grands & difficiles, tels que font la Mort, la Douleur, l'Ignominie, la Perte des

Amis, ou des Enfans, la Pauvreté, la Prison, l'Exil, & autres qui sont capables de causer de grandes apprehensions, & de grandes fascheries.

A l'egard du second Chef, la Force ne seroit pas Vertu si elle estoit imprudente & inconsiderée, mais ce seroit une Temerité, & comme parle Aristote, une certaine Brutalité, ou un emportement brutal opposé à cette Vertu qui est dite *Héroïque & Divine*, laquelle n'estant autre chose qu'une certaine espece de Force excellente, donne le nom aux Heros, & fait que leurs actions sont appellées Heroïques. Ceux-là donc ne doivent pas estre censez Forts ou courageux, qui poussez par une impetuosité aveugle, & se confiant principalement dans les forces de leur corps, courent à tout entreprendre, & comme s'ils defioient les dangers, semblent ne rien tant craindre que de sembler craindre quelque chose; mais ceux-là sont veritablement Forts, qui connoissent les dangers, & qui ne les aimant, ni ne les provoquant point indiscretement, s'y portent neanmoins vigoureusement toutes les fois qu'il le faut, & de la maniere qu'il le faut. Car Aristote fait remarquer que l'Homme Fort n'eſt pas celuy qui ne craint rien, ou qui se porte à tout ſouffrir, ou à tout entreprendre, mais celuy qui le fait à l'égard de ce qu'il faut, pour la fin qu'il faut, quand il faut, & de la maniere qu'il faut, *ſed qui quod oportet, & cujus causâ, & quando, & quo modo oportet.*

De là vient que de meſme que d'un coſté il oppoſe au Fort le Timide, qui par crainte n'entreprend pas les choſes qu'il faut, ainſi il luy oppoſe de l'autre coſté l'Audacieux, qui faute de crainte, ou pour avoir trop de confiance en ſoy meſme, entreprend ce qu'il ne faut pas: Pour ne dire point que ceux-là peuvent ſelon luy eſtre appellez fols, & inſenſibles qui ne craignent rien du tout, pas meſme le tremblement de terre, ni les tempeſtes, *comme les Celtes*, & qu'il y a des choſes qui abſolument ſont à craindre, comme la turpitude, & l'infamie qui la ſuit; *y ayant*, dit-il, *de l'impudence à ne la pas craindre, parce que la turpitude eſt un mal.* Car comme remarque Seneque, la Force n'eſt pas une inconſiderée temerité, ni un amour des dangers : C'eſt la Science de diſtinguer ce qui eſt ou n'eſt pas mal. La Force eſt toujours ſur ſes gardes. *Non eſt enim fortitudo inconſulta temeritas, nec periculorum amor, nec formidabilium appetitio : Scientia est distinguendi quid sit malum, & quid non sit. Diligentissima in tutela sui fortitudo est, & eadem patientissima eorum quibus falsa species malorum est.*

La Force ne seroit pas aussi une Vertu, si elle ne se proposoit pour fin l'Honnesteté, & l'Équité. Et c'est pour cela qu'Aristote veut bien que l'Homme fort soit intrepide, *mais que ce soit en veuë de l'honnesteté;* & c'est pour la mesme raison qu'apres avoir improuvé comme lasches, & non comme forts, ceux qui meurent fuyant ou la pauvreté, ou l'amour, ou le chagrin, il dit que ceux-là peuvent estre reputez forts, qui invitez par les recompenses, ou epouvantez par les peines se comportent genereusemét; ce qui se peut aussi en quelque façon dire des Soldats qui sont reduits à la necessité de combattre : Il montre enfin *que celuy qui est veritablement Fort ne doit pas proprement estre excité par la necessité, mais par l'honnesteté* : Et Ciceron dans ce mesme sentiment enseigne *que les gens forts, & sages ne se proposent point tant les recompenses des belles actions, que la beauté mesme des actions.*

J'ajoute specialement ce mot *d'Equité,*

parce que ceux qui font vulgairement reputez forts, abufent tres fouvent de leurs forces alencontre de la juftice, & tiennent d'ordinaire ce langage, *la puiffance eft au deffus de tout, le droit eft dans les armes.* De là vient que Platon blafmoit fort à propos Protagoras qui tenoit pour tres forts des gens qui eftoient tres profanes, tres injuftes, tres intemperans & tres fols; parceque l'on ne doit pas mefurer la Force par les forces corporelles, mais par la fermeté de l'Efprit, & par une fin qui foit honnefte & loüable, & & dans laquelle la juftice & l'equité reluifent principalement.

Auffi obferve-t'on que les Heros ont toûjours efté recommandables, parce qu'ils ont efté les deffenfeurs des innocens, & les ennemis des fcelerats, des hommes injuftes, & des Tyrans; & on loüe Agefilaus de ce qu'eftant interrogé *fi la Iuftice eftoit meilleure que la Force,* il repondit, *que fi tous les hommes eftoient juftes il ne feroit point befoin de Force.* Et parce que c'eft d'ordinaire la Colere qui porte ceux que l'on croit forts à l'injuftice, Ariftote infinüe qu'il s'en faut foigneufement donner de garde, de peur que la colere qui eft comme deftinée pour aiguiser la Force, ne deviene le glaive qui coupe, pour ainsi dire, la gorge à la justice. Il ajoûte mesme *qu'il n'y a veritablement point de plus grand esperon pour afronter les dangers que la colere, mais qu'il n'y a neanmoins point de veritable force si elle n'est dirigée par le conseil, & par la consideration de la fin.*

Et c'est ce qui a fait dite à Taurus dans Agelle, *que l'homme fort n'est pas celui qui par je ne sçais quelle brutalité, ou insensibilité, ou accoûtumance combat comme une espèce de monstre contre la Nature, & sort hors de ses bornes, tel qu'estoit ce Gladiateur de Cesar, qui rioit lorsque les Medecins faisoient des incisions dans ses blessures, mais que la veritable Force est celle que nos Anciens on appellé la Science des choses qui sont, & de celles qui ne sont pas à supporter; ce qui fait voir qu'il y a de certaines choses insupportables que les hommes qui sont veritablement Forts doivent avoir en horreur.*

Or de tout cecy nous devons inferer ce que nous avons deja touché ailleurs, qu'on peut veritablement avoir des semences de force, *fortes creantur fortibus*, mais qu'afin qu'elles puissent croistre,& devenir Vertus, l'exercice,& la doctrine sont necessaires.

Doctrina sed vim promovet inclytam,
Rectique cultus pectora roborant;
Vtcumque defecere mores,
Dedecorant bene nata culpa.

Pour dire maintenant un mot des diverses Especes de Force, je scais bien que d'ordinaire l'on n'en distingue aucune, parceque l'on veut qu'elle soit occupée alentour d'une matiere tres particuliere: Mais s'il est vray qu'elle regarde tout ce qui est estimé mal dans la vie, combien sa matiere doit-elle estre generale, & pourquoy n'en fera-t'on pas autant d'especes qu'il y a de genres de maux dans la vie? Et certes, comme il y en a qui supportent patiemment la perte de l'argent, & non pas celle de l'honneur, ou la mort dans la guerre, & non pas dans un lict, & ainsi de tels autres accidens, pourquoy ne sera-t'il pas necessaire pour tant de diverses choses, de se faire diverses habitudes, & ainsi distinguer diverses especes de force?

Quant à celles que l'on veut qui soient tantost parties Integrantes dans une matiere difficile, & tantost Potentielles dans une moins difficile, ascavoir la Magnificence, la Magnanimité, la Constance, & la Patience; il est constant premierement à l'egard de la Magnificence, qu'elle n'appartient pas à cette Vertu, mais à la Liberalité ; puisque selon Aristote elle regarde la depense de l'argent dans les grandes choses, comme à faire des Representations, & des jeux publics, à faire construire des Galeres pour secourir la Republique, & enfin dans toutes les autres choses qui tenant du grand, sont d'ordinaire admirées & fort estimées du peuple. Aussi est-ce conformement à cette pensée d'Aristote que Ciceron en a donné cette belle definitió. *Magnificentia est rerum magnarum, & excelsarum cum animi ampla quadam, & splendida propositione agitatio, atque administratio.* Il faut neanmoins remarquer que la Magnificence estant une Vertu & par consequent une mediocrité, Aristote designe les deux vices qui luy sont opposez, ascavoir du costé de l'excez la depense insolente, ridicule, & superflue, & du costé du defaut cette sorte de depense qui se fait comme par force, en differant de jour à autre, en contant & recontant, en plaignant, en un mot, celle dans laquelle l'on voit toujours quelque chose de bas & de sordide.

Pour ce qui est de la Magnanimité, on

comme on la nomme aussi Generosité, il est de mesme evident ou qu'elle n'appartient point à cette Vertu, ou que ce n'est autre chose que la Force mesme sous un autre nom. En effect, comme la Force regarde proprement les choses difficiles, il est constant que pour entreprendre, & supporter ces choses, il faut avoir l'Ame grande, ou genereuse, ou comme dit Ciceron, *avoir l'Esprit dans une grande elevation & confiance de soy-mesme avec une esperance certaine à l'egard des grandes, & honnestes choses.* Car du reste, lors qu'Aristote veut que la Magnanimité ou grandeur d'Ame consiste à se croire meriter beaucoup lors qu'effectivement on a beaucoup de merite, il est visible que cette opinion de l'honneur qu'on merite regarde la Iustice, ou la bien-seance de la Temperance, & non pas la Force qui consiste à afronter genereusement les perils, & à souffrir genereusement les travaux.

A l'egard de la Constance, ou comme parlent les Saintes Ecritures, la Longanimité, ce n'est aussi que la Force mesme, entant qu'elle se fait reconnoitre par une suite de plusieurs actes, & par une durée considerable de temps : Car un homme ne peut pas estre dit fort s'il ne demeure ferme dans ce qu'il a entrepris, mais foible & debile, si apres avoir soutenu quelque temps, il vient à manquer de cœur, & à se relascher. D'où vient que la Constance, & la Perseverance estant Synonimes, Ciceron dit que la Perseverance consiste *à demeurer ferme longtemps, & constamment dans les choses que l'on s'est proposé apres les avoir meurement considerées.*

Pour ce qui est enfin de la Patience, elle semble n'estre presque autre chose que la Constance, si ce n'est qu'elle consiste plutost à endurer, comme le porte le mot, qu'a attaquer; & c'est pour cela que Ciceron dit qu'elle consiste à souffrir volontairement, & longtemps des choses difficiles envëue de l'honensteté, ou de l'utilité, & qu'il la definit. *Honestatis, aut utilitatis causâ rerum arduarum, & difficilium voluntaria, & diuturna perpessio.*

C'est pourquoy sans nous arrester davantage à cecy, remarquons plutost avec Epicure, *qu'un Esprit bas devient insolent dans la prosperité, & s'abbat laschement dans l'adversité,* & inferons par la regle des Contraires, qu'il est d'une

Ame grande & genereuse de ne s'elever point insolemment dans les succez heureux, & de ne se laisser point abbatre par les mauvais, mais de supporter l'une & l'autre fortune egalement ou d'une mesme teneur : Et d'autant que lorsque toutes choses prosperent, il appartient assez evidemment à cette partie de la Temperance qu'on appelle Moderation, de moderer l'Esprit, ou d'empescher qu'il ne s'eleve excessivement, il s'ensuit que lorsque les disgraces surviennent, c'est le propre de la Force de relever l'Esprit, & de le tenir constamment dans cette assiette. Or comme les adversitez ne sont autre chose que les maux externes, il faut se souvenir qu'ils ne sont pas effectivement maux, si ce n'est entant qu'ils sont joints ou avec la douleur qu'ils causent dans le corps, ou avec la fascherie & le chagrin *molestia* qu'ils causent dans l'Esprit par l'entremise de l'Opinion ; desorte que n'y ayant que la seule douleur, & la seule fascherie qui soient des maux effectifs, le devoir de la Force consiste tant à empescher qu'ils ne causent de la douleur, ou à faire en sorte qu'on la supporte constamment quand elle est causée, qu'a empescher qu'en vain ils n'accablent l'Esprit de chagrin, ce qui se doit faire en guerissant l'opinion, sans laquelle ils ne donneroient aucune atteinte à l'Esprit.

De là vient qu'il faut remarquer en second lieu, qu'il y a comme deux Ramparts generaux alencontre de ces sortes de maux externes. Le premier la bonne conscience ; car comme dit Crantor, c'est-un tres grand soulagement dans les calamitez que d'estre exemt de faute, *Grande in calamitatibus solatium est culpâ vacare.*

Le second Rampart est de prevoir, & de se remettre devant les yeux les maux qui peuvent arriver. Car celuy qui prevoit le coup, & qui se fortifie alencontre, n'est pas si aisement terrassé que s'il le reçevoit a l'improviste, & lorsqu'il s'est premuny de cœur & de courage comme d'une espece de cuirasse, il n'est pas si facilement blessé que s'il estoit tout à nud.

Pour cet effet un Homme sage ne se fie jamais tellement à la bonne fortune qu'il ne songe à la mauvaise, la fortune n'ayant rien de stable, & n'y ayant rien de seur, ni de longue durée dans les choses humaines. Il a mesme toujours devant les yeux quelques exemples de la vicissitude des maux & des biens, & reconnoit qu'il n'arrive presque aucun malheur à personne, qu'il ne luy en puisse arriver autant; desorte qu'il n'attend pas le temps de la Guerre à se fournir d'Armes pour la soûtenir), ni le temps de la tempeste à se preparer pour y resister.

S'il engendre un Fils, il songe avec Anaxagore qu'il l'engendre mortel, & il l'eleve dans cette pensée, & s'il l'envoye à Troye pour defendre la Grece, il sçait qu'il ne l'envoye pas à un Banquet, mais à une guerre tres dangereuse. C'est ce que rapporte Ciceron dans ses Tusculanes.

Ego cùm genui, tum moriturum scivi, & ei rei sustuli.

Præterea ad Trojam cùm misi ad defendendum Græciam,

Scîbam me in mortiferum bellum, non in epulas mittere.

Voicy comme il poursuit. *Cette meditation antecedente des maux à venir adoucit l'atteinte de ceux qui arrivent ensuite.* C'est pourquoy on ne sçauroit trop loüer Thesée de ce qu'il dit dans Euripide, *je pensois aux miseres à venir afin d'estre muni contre la dureté de la fortune*, &c.

Futuras mecum commentabar miserias,
Aut mortem acerbā, aut exsilij malā fugam,
Vt, si qua invecta diritas casu foret,
Ne me imparatum cura laceraret repens.

Il est sans doute que les maux imprevens sont beaucoup plus fascheux, & que la prevision, & la preparation d'Esprit peut beaucoup pour diminuer la douleur: Que l'homme ait toujours en veüe tous les accidens humains; car cette excellente & divine sagesse consiste à avoir de longue main connu à fond les choses humaines, à avoir longtemps medité dessus, à ne rien admirer lors qu'il arrive, à ne pas croire qu'une chose avant qu'elle soit arrivée, ne puisse arriver.

C'est pourquoy, dit-il apres Terence, lorsque l'on est dans la prosperité, il faut mediter à par soy comment on supportera l'adversité, les dangers, les pertes, les exils, la mauvaise conduite d'un fils, la mort d'une femme, la maladie d'une fille, que tout cela est commun, que tout cela peut arriver, en sorte qu'il n'arrive rien de nouveau à l'Esprit, & que tout ce qui arrive de bien contre nostre attente, soit reputé comme un gain.

Quamobrem omneis, cùm secunda res sunt
  maximè,
Meditari secum oportet, quo pacto adversam erumnam ferant.

Pericla, damna, exilia. Peregrè rediens semper cogitet,

Aut filij peccatum, aut uxoris mortem, aut morbum filia:

Communia esse hæc; fieri posse; ut ne quid animo sit novum:

Quicquid præter spem eveniat, omne id deputare esse in lucro.

C'est cette sorte de Meditation, & de prevision qui faisoit cette constante egalité dans Socrate, & ce visage toujours tranquille, & serain; & certes, comment son visage n'auroit-il pas toujours esté le mesme, puisque l'Esprit qui le fait changer ne changeoit jamais?

Agrippinus poussoit la chose plus loin, car il avoit accoûtumé de faire le Panegyrique de tous les maux qui luy arrivoient, de la fievre s'il en estoit pris, de l'infamie si l'on medisoit de luy, de l'exil s'il estoit chassé, & lors qu'allant un jour se mettre à table, on luy vint faire sçavoir de la part de Neron qu'il eust à partir tout presentement, il ne dit autre chose sinon, he bien nous disnerons donc à Aricie, *Aricia ergo prandebimus.*

Des Maux Publics que la Force fait surmonter.

AV reste comme les Maux se distinguent d'ordinaire en Publics, tels que sont la Guerre, la Tyrannie, la Ruine de la Patrie, la Peste, la Famine, & autres, & en Privez ou particuliers, tels que sont l'Exil, la Prison, l'Esclavage, l'Ignominie, &c. il n'est pas necessaire de nous arrester beaucoup sur les Publics, parce qu'effectivement ils ne nous touchent point tant comme publics qu'en ce qu'ils sont privez ou qu'ils nous touchent en nostre particulier. Il est vray que les calamitez publiques envelopant beaucoup de monde, se font avec plus de bruit, & sont censées d'autant plus miserables, & intolerables, que c'est la Mére commune asçavoir la Patrie qui est maltraittée, mais si l'on y prend garde de pres, l'on s'apperçoit que le mal ne touche un chacun qu'en ce qu'il redonde sur luy en particulier.

Et pour montrer que ce n'est point un Paradoxe que ce mal qui se repand sur plusieurs dont nous avons compassion, n'est pas plus difficile à supporter, il suffiroit d'opposer ce qui est dans la bouche de tout le monde, & que la pratique mesme semble comme prouver, *Que d'avoir des semblables, & des Camarades c'est la consolation des miserables*, mais il ne faut que considerer cecy, Que lorsqu'une maison voisine brusle il n'y a que les Voisins qui y accourent, ceux qui dans la mesme Ville sont un peu eloignez ne s'en emouvant seulement pas, quoy qu'ils soient tous Concitoyens de la mesme Ville. Ainsi Que la Guerre soit allumée chez les Perses, ou que la Peste fasse de grands ravages chez les Indiens, cela ne nous touche point, quoy qu'ils soient Citoyens du mesme Monde que nous, si ce n'est qu'entant qu'elle peut gaigner jusques à nous; Qu'elle infecte méme & nostre pays, & nostre ville, mais que quelque Divinité, si on le veut supposer, nous ait promis de nous preserver nous & les nostres, nos Femmes, nos Enfans, nos Amis, & nos Biens, asseurement que nous ne seront point dans une pareille affliction que les autres, mais que nous nous rejoüirons plutost de nostre bonheur, comme estant exemts de misere & de calamité dans la misere & dans la calamité publique.

Cependant s'il arrive que nous soyons

enveloppez dans le malheur commun, il nous faudra principalement considerer deux choses. L'une que c'est là la condition, & le cours naturel des choses, & qu'il n'est pas en nostre pouvoir d'empescher ces accidens, & ces diverses vicissitudes; qu'il y a un souverain Maistre du Monde qui les a disposées de la sorte, & que ce Souverain Estre estant tres Sage, il s'est proposé des fins, qui quoy qu'inconnuës aux Hommes, sont & grandes & excellentes ; que ce n'est pas à nous à renverser l'ordre qu'il a etably, mais que nous devós nous y laisser aller volontiers, & suivre les routes que sa Providence nous marque ; que n'estant pas en nostre puissance de changer les destinées, ou plutost les Decrets de la Providéce eternelle, il est plus à propos d'en adoucir la rigueur par nostre consentement, que de les aigrir en nous y opposant ; *Que les Republiques ont leurs revolutions naturelles*, comme dit Ciceron, *& qu'il est comme necessaire que tantost elles soient tenuës par des Princes, & soient des Monarchies, tantost par le Peuple, & deviennent Democraties, & tantost par les principaux du Peuple, & soient changées en Aristocraties; qu'il ne faut pas s'en affliger,*

ou

ou se fascher contre le temps, comme l'a enseigné le mesme Ciceron apres Platon, lors qu'en parlant de l'estat miserable de la Republique il dit, *Neque ego me abdidi, neque deserui, neque afflixi, neque ita gessi, quasi homini, aut temporibus iratus.*

L'autre est que si le Sage echappe d'une ruine publique sain d'Esprit, & de Corps, il n'a pas sujet de se plaindre de la rigueur de la Fortune comme en ayant mal usé en son endroit, & comme l'ayant depoüillé de choses qui le regardassent. Car tout le monde sçait cóme Bias apres un embrasement public disoit *qu'il portoit avec soy tous ses biens*, & comme Stilpon apres avoir esté chassé de sa patrie, avoir perdu sa Femme, ses Enfans, & tous les autres biens de fortune, fît cette reponse à Demetrius qui avoit pris la Ville, & qui luy demandoit s'il n'avoit rien perdu, *Tous mes biens sont avec moy. Il entendoit*, dit Seneque, *la Iustice, la Vertu, la Temperance, la Prudence, & il ne contoit pas entre les biens ce qui se pouvoit oster.* Le Sage s'accoûtume aux maux à venir en y pensant souvent, comme les autres en les souffrant longtemps. Ie ne sçavois pas, disent les ignorans, qu'il me restast tant de maux ; le Sage sçait qu'ils luy restent tous, & dit je sçavois tout ce qui s'est fait & estois preparé à tout ce qui est arrivé.

Des Maux Particuliers que la Force surmonte, & premierement de l'Exil.

POur ce qui est des Maux Privez ou particuliers, je diray seulement à l'egard de l'Exil, que ce n'est pas un mal reel, & effectif, mais qu'il consiste seulement dans l'opinion ; puisque ce n'est autre chose qu'un certain changement de lieu, tel que plusieurs le souhaittent assez souvent de leur bon gré, & pour leur satisfaction particuliere.

Le Sage porte avec luy dans un Pays estranger l'Esprit, & les Vertus qui sont les seuls biens solides dont il peut toujours joüir heureusement, & par le moyen desquels il peut mesme se faire des Amis en la place de ceux qu'il aura laissé dans la patrie.

Il n'a point l'Esprit si resserré que de se croire Citoyen d'une seule Ville, ou d'une seule Region : Il se tient plutost pour Citoyen de tout le Monde, & en quelque endroit qu'il soit venu, il croit qu'il y est comme dans son Pays ; un homme de cœur trouvant sa patrie par tout.

Omne solũ forti patria est, ut piscibus æquor,
 Vt volucri vacuo quicquid in orbe patet.
Il voit par tout la mesme face, & la mesme majesté de la Nature, le mesme Soleil, la mesme Lune, & cette mesme infinité d'Astres qui brillent dans le Ciel: Il rencontre par tout les mesmes choses, de semblables Montagnes, & de semblables Plaines, des Fleuves, des Arbres, des Animaux, des Hommes, & des Villes qui sont à peu pres les mesmes, & s'il y a quelque varieté, c'est ce qui luy plaist, & qu'il est bien aise de connoitre, & qui a toujours fait ce grand nombre de Voyageurs.

Il ne croit pas mesme que ce soit une chose fascheuse d'estre chassé par ses Citoyens, puisque cela luy est commun avec tant d'honnestes gens, avec tant d'illustres personnages, Aristide, Thucidide, Demosthene, une infinité d'autres, & qu'il peut faire la mesme reponse que Diogene à celuy qui luy faisoit ces reproches, *Les Synopes t'ont condamné à un Exil perpetuel ; au contraire c'est moy*, dit-il, *qui les ay cõdamnez à demeurer eternel-*

lement dans le fond du Pont-Euxin.

S'il ne confidere pas que l'Exil a fouvent efté l'occafion d'une haute fortune, ce qui a rendu ces paroles de Themiftocle fi celebres, j'eſtois perdu fi je n'euſſe pery, *perieram, nifi periiſſem*; s'il ne confidere pas auffi qu'il arrive quelquefois que la patrie eſtant revenüe à foy elle rappelle avec honneur un honneſte homme exilé, comme il arriva à l'egard d'Evagoras, de Pelopide, d'Alcibiade, de Camille, de Ciceron, &c. du moins prend-il garde que hors de la patrie l'on peut fouvent vivre avec beaucoup plus de tranquillité; ce qui fut cauſe que Marcellus, Rutilius, & quelques autres crurent n'avoir proprement veſcu que le temps qu'ils avoient paſſé en Exil, & hors de leur pays. Enfin il rend graces à la fortune de ce que fa condition eſt devenue telle que celle de Platon, de Galien, de Zenon, de Crantor, & de pluſieurs autres illuſtres Voyageurs, qui fe font d'eux-meſmes fi longtemps exilez de leur patrie, & qui ne s'en font neanmoins point repenti; parceque la veüe du monde leur donna mille belles connoiſſances, & que faiſant reflexion fur les differentes mœurs des Nations etrangeres, ils devinrent tout-autres qu'ils n'eussent jamais esté dans leur Pays.

De la Prison.

LA *Prison* semble estre quelque chose de plus dur, & de plus fascheux, mais ce n'est neanmoins pas à l'egard du Sage; car il n'y a ni Prison, ni Chaine qui puisse lier, ou retenir la force de son Esprit: Et certes comment un Esprit qui est toujours libre, & toujours à soy, pourroit-il estre renfermé dans une Prison, luy que les murailles mesme du Monde ne renferment pas, luy qui parcourt l'immensité de l'Univers, & qui pouvant repasser en luy-mesme la suite de tous les Siecles passez, penetre ainsi en quelque façon dans l'Eternité? Il se sert mesme d'autant plus tranquillement, & plus excellemment de cette liberté, que son corps resserré dans une Prison est plus en repos, & que son Esprit moins distrait est par consequent plus libre dans ses pensées.

Ne sçait-on pas d'Anaxagore que dans sa Prison il composa un tres beau Livre de la Quadrature du Cercle, de Socrate que non seulement il philosopha admirablement dans la Prison, mais qu'il y fit

Q 3

mesme des Vers excellents, & de Boëce que jamais il n'ecrivit plus fortement, ni plus elegamment que dans les fers, ce qui demande un Esprit extremement libre & degagé, extremement tranquille & serain ?

Comme il y en a qui pour compoſer quelque important Ouvrage, ſe renferment dans leurs maiſons, & ne s'en laiſſent tirer qu'avec peine ; le Sage s'imagine qu'il ne luy importe qu'il ſoit enfermé ou volontairement, ou par le commandement d'autruy : Et lorſqu'il conſidere tant d'Artiſans, & tant d'Ecrivains, qui non ſeulement ſont renfermez dans leurs maiſons, & dans leurs boutiques, mais qui ſont meſme comme attachez à leurs ſieges, & qui cependant ne s'en chagrinent aucunement, parce qu'ils ne tiennent pas le lieu où ils ſont attachez comme une Priſon, mais comme une Maiſon; pour cette raiſon il ſupporte plus doucement d'eſtre renfermé en Priſon, parcequ'il la tient comme une Maiſon, & non pas comme une Priſon.

A voir meſme tant de perſonnes pieuſes qui ſe confinent volontairement, & pour toujours dans un Cloiſtre, & qui y paſſent agreablement la vie ; il reconnoit que la Prison de soy n'est pas une chose insupportable.

Pour ne dire pas que considerant que ceux qui entrent en Prison par force, en pleurant, & en se plaignant, s'y rejoüissent quelques jours apres, & prennent plaisir à chanter, & à joüer avec les autres, il s'imagine que ce seroit une chose indigne que la Sagesse ne fît pas dans le Sage ce que la coûtume fait dans les gens du bas peuple.

Joint que ce n'est pas une chose nouvelle, & extraordinaire que des gens de bien soient mis en Prison, qu'il y en a plusieurs dont la vertu n'eclatte jamais davantage que dans les fers & dans les liens, & qui sortent enfin si glorieusement de la Prison, qu'il semble qu'il leur ait esté à desirer d'y avoir esté mis.

De la Servitude.

LE mesme se doit dire de la *Servitude*. L'Esprit du Sage est trop grand & trop libre pour pouvoir estre contraint & retenu par le commandement d'un Maistre, & il n'y a personne qui ne sçache combien Epictete fit paroitre de force & de fermeté dans cette necessité de servir. L'on sçait aussi comme Diogene repondit à ceux qui le marchandoient, & qui luy demandoient ce qu'il sçavoit faire, *qu'il sçavoit commander aux hommes,* que se tournant ensuite vers le Crieur, il luy dit *qu'il criast si quelqu'un vouloit achepter un Maistre,* & que retournant enfin vers Xeniades qui estoit l'Achepteur, il luy tint ce discours. *Prenez bien garde à ce que vous faites, car il faudra desormais encore que je sois vostre Esclave, que vous m'obeïssiez, comme le malade obeit au Medecin, & l'Enfant à son Gouverneur, quoy que le Medecin soit esclave du malade, & le Gouverneur esclave de l'Enfant.*

D'ailleurs, comme le Sage a longtemps medité sur la condition des choses humaines; comme il reconnoit qu'il n'est pas le maistre de la fortune, & que s'il arrive des disgraces aux autres, il luy en peut bien aussi arriver; comme il sçait par consequent qu'estant né homme, il est né sujet à tous les accidens humains, il est par consequent toujours prest à tous les evenemens de la fortune, desorte qu'il n'y en a aucun auquel il ne s'accommode patiemment, aucun qu'il ne rende tolerable, & qu'il ne rende mesme doux en quelque façon & agreable.

Le Maistre commande, il obeït volontiers, & comme il auroit pû de luy mesme prendre ce travail, il croit qu'il est indifferent qu'il le fasse ou par commandement, ou de son bon gré. Il se rejoüit d'avoir des forces pour executer les commandemens qu'on luy fait, & il ne se repute pas malheureux d'avoir lieu d'exercer une faculté qui d'ailleurs seroit demeurée endormie, & engourdie. Il se tient mesme plus heureux que son Maistre, en ce qu'il reconnoit qu'il n'a qu'à observer sa volonté, & que cependant ce Maistre est sujet à la tyrannie de plusieurs Maistres & plus rudes & plus fascheux, à l'ambition, à l'envie, à la colere, & aux autres passions, & qu'ainsi sa vie est plus tranquille & plus heureuse que celle de son Maistre, qui d'ailleurs est distrait par mille soins divers, & mille inquietudes.

Pour ne dire point cependant combien il y en a qui rencontrent de tres bons Maistres, & tres humains, combien on en a veu qui non seulement ont obtenu leur liberté, & sont parvenus à de grandes richesses, mais qui ont mesme esté faits heritiers par leurs Maistres, & combien il s'en est trouvé qui estant heureusement tombez entre les mains de Maistres qui estoient doctes, & honnestes gens, auroient eu à souhaitter la Servitude comme le Mus d'Epicure, le Tyron de Ciceron, & quelques autres.

De l'Infamie.

LE Sage se souciera encore moins de l'Infamie ou Ignominie qu'il sera obligé de souffrir pourveu qu'il n'y ait point de sa faute. Car Ou elle consiste à estre privé de la Magistrature, ou de quelque autre Charge publique ou honneur; & pour lors il a sujet de se croire heureux, & de se congratuler que la fortune luy ait offert une occasion de tranquillité, qui autrement ne se seroit pas presentée, quoy qu'il l'eust peuteste ardemment desirée.

Ou elle consiste dans ces petis bruits qui se repandent parmy le peuple; & il a l'Ame trop grande & trop genereuse pour se soucier de ces sortes de rumeurs populaires: Il connoit l'Esprit du vulgaire, il sçait qu'il est extremement changeant, qu'il approuve maintenant une chose qu'il improuve un moment apres, qu'il est impossible de luy plaire toujours, & qu'il est plus inconstant que la

Lune. Sa conscience luy tient toûjours lieu de mille temoins, & il luy suffit de n'avoir rien à se reprocher, & de ne se sentir atteint d'aucun crime, *nullâ pallescere culpâ.*

Ou enfin elle consiste en ce que quelqu'un repande sur luy des calomnies ou des paroles injurieuses, & outrageuses; & alors il a encore l'Ame trop grande pour que cela le puisse fascher. Car il ne s'applique pas les injures, & ils les entend comme si elles ne le regardoient point, & qu'elles fussent dites d'un autre, ou mesme de celuy qui le calomnie; d'où vient que le Medisant qui esperoit de le fascher en luy imposant des choses qui ne sont point en luy, & qui ne le touchent point, a trouvé luy mesme un grand sujet de fascherie, se voyant frustré de son esperance, & s'appercevant qu'on le meprise, & qu'on ne fait pas plus de conte de ce qu'il dit, que si c'estoit un enfant, ou un insensé qui parlast.

Le Sage considere de plus le grand nombre de Fols qui se rencontrent par tout, & que s'il croioit une fois pouvoir estre offensé par eux, il seroit donc exposé à l'estre & par tout, & perpetuellement, ce qui troubleroit entierement la tranquillité de sa vie ; c'est pourquoy il se met une bonne fois au dessus de toutes ces sortes d'offenses, & croit qu'il ne doit pas estre plus touché des medisances des meschans, que la Lune des cris, & des jappemens des chiens.

De la Perte des Enfans, & des Amis.

Mais que dirons-nous de la perte des Enfans, des Amis, & generalement de tous ceux que nous aimons ? Le Sage s'en affligera aussi d'autát moins qu'il connoit que les plaintes, les pleurs, les soupirs & les regrets sont en vain, & que c'est inutilement qu'on les oppose à la Mort, puis qu'elle est inexorable, & qu'elle ne nous rend jamais les Amis qu'elle nous a une fois enlevez : D'où vient que de bonne heure il se prepare de telle maniere contre ces accidens lesquels il sçait pouvoir arriver, que lorsqu'ils arriveront il les supporte courageusement, & n'en soit pas vainement tourmenté.

D'ailleurs il prend garde que lorsque nous-nous affligeons de la perte de nos Enfans, ou de nos Amis, ce n'est pas a-cause d'eux, mais acause de nous seulement que nous-nous en affligeons. Car de s'affliger de ce qu'ils soient dans un port tres tranquille, & qu'ils ne soient plus agitez des maux,& des miseres ausquelles cette vie est sujette, cela tient & de l'envie, & de l'inhumanité, & d'estre faschez, ou de s'affliger de ce qu'ils ne joüissent pas de certains plaisirs de la vie, cela ne sert de rien, & est tout à fait ridicule, en ce qu'ils ne les desirent aucunement, qu'ils n'en ont point de besoin, & qu'il ne leur est point fascheux d'en estre privez.

C'est donc à la verité une belle & eclatante, mais toutefois une feinte & deguisée espece de Pieté dont nous parons nostre douleur, lorsque nous temoignons que nous-nous affligeons acause d'eux, puis qu'en effet nous-nous affligeons acause de nous-mesmes, de ce que nous serons desormais privez de leur compagnie, de ce que nous n'en recevrons plus les offices ordinaires, ni ceux que nous en esperions,& de ce que nous ne serons plus de mesme considerez, honorez, respectez, &c.

C'est pourquoy le Sage croit qu'il est indigne de s'affliger de la sorte pour son interest, comme s'il n'avoit voulu les avoir que pour qu'ils vescussent à luy seul, que pour qu'ils ne fussent & ne se meussent que pour luy, & comme s'il n'avoit desiré de les avoir qu'autant de temps qu'ils luy auroient esté utiles à luy seul, & non pas autant que l'Autheur de la Nature auroit creu qu'il leur seroit bon, & utile.

Deplus, il songe au temps qu'il n'avoit par exemple point encore d'Enfans; en ce que de mesme qu'il ne luy a pas alors esté fascheux de n'en point avoir, ainsi il pense qu'il ne luy doit point ensuite estre fascheux d'en estre privé, puis qu'à son egard ils sont comme lors qu'ils n'estoient point. Car s'il semble plus fascheux d'estre privé de ce que l'on a quelquefois possedé, que de ce que l'on n'a jamais eu, il croit que cela regarde l'ingratitude vulgaire, qui fait qu'au lieu d'avoir de la joye d'en avoir joüy quelque temps, l'on a du deplaisir de n'en pouvoir plus joüir ; & il se consolera mesme d'autant plus volontiers de sa perte, qu'il se represente qu'il n'a point tant perdu son fils qu'il l'a rendu à l'Auteur de la Nature qui luy avoit comme presté ou mis en depost, non pour toujours, mais seulement pour un certain temps determiné. Que si c'est un Pere qu'il a perdu, il reconnoit qu'il luy a laissé assez de quoy se passer desormais, & se tirer de la necessité, quand ce ne seroit que de luy avoir laissé un Esprit, qui sçachant se contenter de peu, se promet qu'il ne luy manquera jamais rien. Et si c'est un Amy, il considere qu'il luy reste de la vertu par laquelle il s'en peut acquerir un autre, ensorte qu'il ne luy semble point tant avoir perdu qu'avoir changé son Amy.

De la Perte des Biens.

Que dirons-nous aussi de la perte des Richesses? Il en sera aussi d'autant moins touché qu'il considerera, selon ce que nous avons deja dit ailleurs, que personne ne devient tellement pauvre, que les choses necessaires à la vie ne luy restent encore, la Nature les ayant fait aisées & faciles à tout le monde, & qu'il auroit tort de se tourmenter de la perte de ce qui n'est pas absolument necessaire, & sans quoy l'on peut encore bien & heureusement vivre.

Pour peu certes qu'il luy reste de bien, il pourra toujours voir une infinité de personnes qui en ont encore moins que luy, ou qui du moins n'en ont pas davantage, & qui cependant sans se tourmenter si fort, vivent beaucoup plus agreablement que les riches. Tout pauvres qu'ils sont ils rient, & se rejoüissent, & mesme leur joye est d'autant plus grande, & plus pure, qu'ils sont plus degagez de ces soins, & de ces soucis qui accompagnent les richesses.

Mais je veux que la Fortune ait tellement changé, que pour un Palais il ne luy reste qu'une Cabane, un vestement de laine pour un de soye, du pain noir pour des perdrix, de l'eau pour du vin excellent, un Baston pour une Littiere, un vaisseau de terre, ou mesme la paume de la main pour une tasse d'or ou d'argent, & ainsi du reste : Combien aura-t'il d'exemples de ceux qui contens de ces choses, se sont mocquez de cette fausse splendeur, & ont passé plus agreablement leur vie que ceux qui regorgeoient de biens?

Combien mesme y en a-t'il presentement qui vivent tres pieusement, & tres heureusement apres un pareil changement, & qui abandonnent de leur bon gré les richesses, pour mener une vie pauvre, ce qui fait qu'il n'est pas necesfaire de citer ces Anciens, qui pour l'amour de la Philosophie, & pour mener une vie libre & tranquille, on dit adieu aux richesses, & ont suivi la pauvreté ?

Et n'a-t'on pas depuis peu decouvert des Nations entieres qui n'ayant aucun usage de ces biens qu'on appelle des richesses, menent une vie semblable à celle de nos premiers Peres ; & cependant ce premier Age de nos Peres a esté estimé l'Age d'Or, & le plus heureux de tous les Ages ?

Que si vous croyez qu'il soit plus fascheux d'estre decheu de quelque grande & haute fortune, que d'avoir toujours demeuré dans une basse condition, il est aisé de reconnoitre que ce n'est donc plus maintenant qu'une pure opinion ; puisqu'à regarder la chose en soy, il n'y a point de difference, ou que vous ayez esté pauvre depuis long-temps, ou que vous le soyez devenu depuis peu : Si ce n'est peuteftre que vous croyiez qu'on doive considerer un Apicius qui au rapport de Seneque, avoit fait un fond de plus de neuf millions pour sa cuisine, & qui voyant apres avoir fait ses contes qu'il ne luy restoit guere plus de neuf cent mille livres, s'empoisonna comme s'il euſt deu mourir de faim le lendemain.

De la Douleur, & de la Mort.

IL nous reſte à parler de ces deux principaux Chefs, aſçavoir de la Douleur, & de la Mort, dans le meſpris deſquels Ciceron enſeigne que la Force paroit principalement. Car pour toucher premierement quelque choſe de la Douleur, comme elle eſt preſque le ſeul & unique mal effectif, ou qui ne depend pas de meſme que les autres de l'Opinion, il eſt ſans doute qu'il faut beaucoup d. force & de grandeur d'Ame pour la ſupporter patiemment. C'eſt pourquoy le Sage conſiderera icy ſerieuſement qu'il n'eſt né qu'a condition d'eſtre ſujet à mille incommoditez de la Vie, & entre autres à la Douleur, que c'eſt le propre de la nature de ſentir le mal, mais que c'eſt auſſi le propre de la Vertu de le ſouffrir conſtamment, & que lorſque le mal eſt inevitable, on le doit pluſtoſt adoucir par la patience, & en le recevant tranquillement, que de l'aigrir par l'impatience, & par de vains efforts: Deplus que la Douleur ne doit pas eſtre une choſe inſupportable; puiſque tant d'illustres exemples nous font voir le contraire, non seulement entre les Zenons, & les Anaxarques, mais entre les Esclaves mesmes, temoin celuy que les plus grands tourmens ne pûrent jamais empescher qu'il n'exprimast sur son visage la joye qu'il avoit d'avoir vangé la mort de son Maistre en tuant Asdrubal qui en estoit le meurtrier, mais entre les Nations entieres, comme les Lacedemoniens, dont les Enfans s'entre-foüettoient presque jusques à mourir, sans toutefois temoigner aucun ressentiment de Douleur soit dans leurs visages, soit dans leurs paroles, afin de s'apprendre par là les uns aux autres à souffrir tout pour la Patrie. Pour ne dire rien de celuy qui sçachant qu'entre ceux de sa Nation ce n'estoit pas une chose honteuse de desrober mais d'estre surpris en larcin, se laissa ronger les entrailles par un petit Renard qu'il avoit derobé, & caché dans son sein, sans donner aucune marque de Douleur qui pûst decouvrir le vol.

Il considerera de plus que si la douleur est legere, elle est facile à supporter; que si elle est grande, il y a d'autant plus de gloire & de vertu à la souffrir genereusement, & qu'elle devient mesme plus legere par l'accoûtumance, ou n'est pas de longue durée, en ce qu'elle cesse bien-tost, o⟨u⟩ emporte le malade ; que si elle cesse, l'Indolence & la Santé qui suivent sont tellement agreables, qu'on devroit presque rendre graces à la Douleur, de nous estre venüe visiter, tant il y a de plaisir à estre delivré d'une grande douleur ; que si elle emporte le Malade, c'est approcher du terme qui est la fin de tous les maux ; & qu'enfin la Douleur a du moins cela de bon qu'elle rend la Vie qu'il faut d'ailleurs necessairement quitter, moins aimable, & la Mort moins hayssable, d'où vient qu'il y en a plusieurs qui ne se soucient pas de mourir, dans l'esperance qu'ils ont d'estre delivrez de leurs douleurs, & qui disent tous les jours.

Nec mihi Mors gravis est, posituro morte dolores.

Pour ce qui regarde la Mort, nous avons deja tant rapporté de choses pour montrer qu'on la doit attendre, & supporter constamment, qu'il seroit superflu de nous y arrester icy davantage ; finissons simplement par cette espece de Consolation generale que nous fournit Horace en deux mots.

Pallida Mors æquo pulsat pede pauperum tabernas,
 Regumque Turreis. ———
Le Pauvre en sa Cabane, où le chaume le couvre,
 Est sujet à ses Loix,
Et la Garde qui veille aux Barrieres du Louvre
 N'en defend point nos Rois.

CHAPITRE IV.
De la Temperance.

LA signification du mot de Temperance est aussi tantost trop, tantost trop-peu, & tantost mediocrement etendüe. Elle est trop etendüe, lorsqu'elle est prise generalement pour toute Vertu, ou qu'elle est dite comme chez Platon, & chez Aristote *Le Salut, la conservatrice, la tutrice de la Prudence*, acause que sans elle il n'y a nulle Vertu, & *La garde de la Raison*, acause que celuy qui est destitué de cette Vertu, ou qui est Intemperant semble avoir perdu la Prudence, & le bon sens, ou la raison.

Elle est prise dans un sens trop peu etendu, lorsqu'avec Aristote, & quelques autres elle ne comprend que la Sobrieté, & la Chasteté, acause qu'elle paroit principalement dans la repression des Voluptez ou Cupiditez qui regardent le Goust, & le Toucher.

Enfin elle est prise, comme nous la prenons icy, dans une juste & mediocre etenduë, lorsque l'on entend qu'outre les Cupiditez particulieres du Goust & du Toucher, elle modere aussi celles qui elevent trop l'Esprit, & le portent à outrepasser les bornes de la Bienseance, & de l'Honnesteté. D'où vient qu'on peut dire, que l'Homme Temperant est non seulement celuy qui vit sobrement, & chastement, mais qui ne dit, ou ne fait rien qu'avec justesse & bienseance, & qui ne soit receu ou approuvé de tous les gens de bien, & de tous les gens Sages: D'où vient aussi que les parties Sujettes ou les Especes de la Temperance doivent estre censées, non la Sobrieté, & la Chasteté seules qui sont celles dont Aristote fait mention, mais aussi plusieurs de celles qu'on appelle Potentielles, telles que sont la Mansuetude, la Clemence, la Modestie, & quelques autres, ensorte que la Pudeur, & l'Honnesteté qui sont dites parties Integrantes ayent plus d'etenduë, en ce qu'elles doivent eſtre cenſées comme deux moyens generaux dont l'un retire de l'Intemperance, & l'autre porte à la Temperance.

De la Pudeur, & de l'Honneſteté.

CAr pour ce qui regarde la Pudeur, encore qu'Ariſtote pretende que ce n'eſt pas une Vertu, mais plutoſt un trouble, en ce que ce n'eſt autre choſe qu'une certaine crainte d'infamie, ce trouble ſert neanmoins fort à faire eviter cette volupté, ou arrogance, d'ou il ſuivroit un plus grand & plus long trouble, aſçavoir ce chagrin qu'on prend d'ordinaire acauſe de l'infamie, & du deshonneur: Et l'Honneſteté, du moins comme elle priſe icy, n'eſt autre choſe qu'une certaine decence ou bien-ſeance τὸ πρέπον qui attirant par ſa beauté, fait que cette volupté, ou arrogance ſoit reprimée, enſorte que la bonne reputation eſtant gardée ſaine & ſauve, elle cauſe une volupté plus pure. Or encore qu'il ſoit tres loüable de fuïr l'Intemperance, & de ſe porter à la Temperance acauſe de la decence ou bien-ſeance ſeule, il ne laiſſe pas auſſi d'eſtre loüable de le faire acauſe de la Pudeur, ou de la crainte d'infamie, qui autrement s'enſuivroit; en ce que de meſme qu'on ne peut pas hayr les tenebres qu'on n'aime la lumiere, ainſi l'on ne peut pas avoir en averſion l'infamie, & le deshonneur qu'on n'ait de l'affection pour la bonne reputation, & pour l'honneſteté.

De là vient qu'encore qu'Ariſtote dans ſes Livres *ad Nicomachum* ſemble improuver la Pudeur, il ne le fait neanmoins qu'étant qu'elle eſt reputée la meſme choſe que cette honte d'ou il naiſt au viſage une rougeur qu'il approuve bien dans les jeunes gens que la ferveur de l'âge excuſe, mais qu'il improuve dans les Vieillards qui ne doivent rien commettre dont ils puiſſent avoir honte : Car d'ailleurs dans les Grandes Morales il met luy-meſme la Pudeur entre les Vertus, la definiſſant une Mediocrité entre *l'Impudence*, & *l'Inſenſibilité* ; comme s'il entendoit que la Pudeur fuſt une certaine eſpece de *Honte* αἰδώς qui ſoit cauſée, non acauſe qu'on ait commis quelque choſe de ſale & deshonneſte, mais qui precede comme un avertiſſement qu'on n'en commette pas.

Puiſque la Temperance ſemble donc generalement eſtre comme compoſée de
la

la Pudeur, & de l'Honnesteté, il est evident que la chose regarde non seulement ces deux principales Especes, asçavoir la Sobrieté, & la Chasteté, mais aussi toutes les autres dans lesquelles il reluit une certaine moderation honneste & loüable. En effet, comme dans une Representation on loüe l'Acteur s'il garde la convenance & la moderation requise à l'egard de la personne dont le Poëte l'a revetu; ainsi dans la Vie celuy-là est loüé, lequel conduit ses actions avec une telle moderation qu'elles conviennent à la personne que la Nature, ou la Fortune, ou sa propre Volonté luy a donné. Car comme remarque Ciceron, il y a quatre especes de personne dont nous sommes revetus, deux sont de la Nature, l'une Commune par laquelle nous sommes tous & raisonables &, superieurs aux bestes, l'autre Propre qui est nostre propre naturel. La troisieme est de la Fortune, asçavoir par laquelle quelqu'un est Roy, noble, riche, &c. La quatrieme est de nostre Choix ou jugement propre, par laquelle quelqu'un devient Jurisconsulte, Soldat, Marchand, ou autre: Et comme ces sortes de Personnes deviennent en quelque façon une, un chacun se doit conduire de telle maniere que ne pechant contre aucunes en particulier, il soutienne parfaitement la generale qui est comme resultante de toutes.

Or il semble que nous devrions icy nous etendre sur les deux principales especes de Temperance qui sont la Sobrieté, & la Chasteté, mais à peine y a-t'il rien à ajoûter à ce qui en a deja esté dit ailleurs, lorsque nous avons fait voir les grands avantages qu'apporte une vie sobre. *Quæ quantaque secum commoda afferat victus tenuis*, & que nous avons rapporté ce grand & celebre principe d'Epicure. *Sapientem non esse amaturum, nunquam prodesse Venerea.* C'est pourquoy nous en remarquerons seulement icy quelque chose, partie en general, & partie en particulier.

De la Sobrieté, & de la Chasteté en general.

Remarquons donc premierement en general, que la loüange de ces deux Vertus semble le plus souvent consister non à nous retirer de la maniere de vivre des Bestes à l'egard des cupiditez, & des voluptez, mais plutost à nous en approcher. Et cecy ne paroitra point un

Paradoxe, pourveu que l'on veuille prendre garde que nous sommes tres souvent plus intemperans, & pires que les Bestes, lesquelles suivent la Nature, au lieu que nous la corrompons, & que ce ne sont pas les Hommes, mais les autres Animaux qui se tiennent dans les bornes qu'elle prescrit.

En effect, nous voyons que les Animaux ne vivent que d'alimens tres simples, & preparez par la Nature mesme; au lieu que le boire & le manger des hommes est diversifié, meslé, & alteré en mille manieres : Nous voyons deplus que les Animaux estant une fois rassasiez ne mangent, ni ne boivent pas davantage, mais qu'ils attendent derechef la faim, & la soif avenir; au lieu que les hommes non contens de s'estre gorgez de toutes sortes de viandes, & de boissons, se servent encore de divers ragousts pour exciter la faim, & la soif qui sont eteintes: Nous voyons enfin que les Animaux ont des temps reglez pour l'accouplement, & qu'ils s'en abstiennent apres que la conception est faite; au lieu que les hommes n'ont aucun temps, ni aucune regle determinée pour cela, & que dans le temps de la grossesse ils s'y portent aussi frequemment, & avec autant d'impetuosité qu'auparavant; joint qu'il n'y a que les hommes seuls qui par une depravation honteuse & ignominieuse à leur propre sexe, en usent contre Nature. Les hommes ne sont-ils donc pas pires, & plus brutes que les brutes mesmes? Ne seroit-il donc pas à souhaiter qu'ils fussent tels que sont les bestes? Et pour estre censez vivre temperamment, ne doivent-ils donc pas estre renvoyez à l'exemple des bestes?

Mais pour ne nous arrester pas à cecy, & ne faire pas une Temperance trop forcée, & trop austere, voyons l'idée qu'Aristote nous en donne dans cette belle description qu'il fait de l'Homme Temperant. Car comme il veut que la Temperance qu'il comprend dans la Sobrieté, & dans la Chasteté, soit une Mediocrité entre *l'Intemperance*, & *l'Insensibilité*, apres qu'il a montré que l'Intemperant desire d'une telle maniere les choses qui apportent de la volupté, qu'il est affecté de douleur, non seulement lorsqu'il n'en peut joüir, mais aussi tandis qu'il les souhaitte; & que l'Insensible, ou celuy qui n'est point touché de volupté à peine se trouve-t'il estre dans la nature parceque c'est une chose trop eloignée de l'Humanité, apres, dis je, qu'il s'est expliqué de la sorte, il ajoûte. Or le Temperant se tient dans un certain milieu; car il ne se plaist pas aux choses dont l'Intemperant fait ses delices, mais il en est plutost choqué & offensé; il ne prend pas du plaisir à celles dont il n'est pas honneste d'en prendre, & il n'y en a aucune qui le touche si fortement que s'il ne l'a pas il en soit tourmenté; il ne desire absolument rien de tel, du moins ce n'est que moderement, jamais plus qu'il ne faut, ni que dans le temps qu'il faut. Tout ce qui cause de la volupté, & qui en mesme temps fait pour la bonne habitude du corps, il le desire moderement, & selon qu'il est convenable, comme aussi les autres choses agreables qui ne sont pas un obstacle à ce que nous venons de dire, ni qui ne sont pas contre l'honnesteté, ni au dessus de nos facultez. Car celuy qui est autrement affecté, & qui souhaitte ces choses avec plus de passion qu'il ne faut, n'est pas Temperant, mais celuy qui les desire & qui s'y porte selon que la Raison le prescrit. Où vous voyez que chez Aristote le Temperant est non pas celuy qui s'abstient absolument de ces sortes de voluptez,

R 3

mais qui s'abstient de celles qu'il n'est pas honneste de poursuivre, telles que sont les non-naturelles, celles qui ne sont pas licites, & qui sont deffendües par les Loix, ou qui nuisent à la Santé, qui font perdre la renommée, ou qui ruinent la famille, ne faisant neanmoins pas difficulté de prendre moderement celles qui n'ont aucun de ces inconveniens, comme n'y ayant rien en cela qui ne soit humain, & selon la Nature, laquelle ne peut pas en avoir en vain imprimé la cupidité.

De là vient qu'Aristote improuve avec raison ceux qui crient, & qui s'emportent si fort contre les voluptez, comme si un chacun n'avoit pas toujours sa propre nature, on en pouvoit jamais estre depoüillé; si bien que ce n'est pas merveille qu'encore que l'on dise que vivre selon la Nature soit vivre vertueusement, & qu'il soit aisé de suivre la Nature, il y en ait neanmoins si peu qui embrassent la Vertu, parceque la Vertu qu'ils loüent est plutost contre la Nature que selon la Nature.

De là vient aussi qu'il peut veritablement y avoir de la vertu à s'abstenir absolument de ces voluptez, mais cette vertu n'est pas naturelle, elle est d'un autre genre, comme si elle regarde la Religion qui soûmette la Nature, & la contraigne comme plus excellente qu'elle de luy obeir.

De la Sobrieté en particulier.

JE remarque aussi en suite specialement à l'egard de la Sobrieté, qu'un homme peut bien de telle maniere regler sa vie, & vivre de si peu de chose, qu'il n'engendre point de semence, qu'il ne soit par consequent point sollicité aux mouvemens de l'amour, & puisse ainsi passer sa vie dans cet estat; mais que ne pouvant pas empescher que la chaleur naturelle ne dissipe continuellement l'humeur radicale, il ne peut pas vivre que de temps en temps il ne repare cette perte par le boire & le mâger, & qu'ainsi la Sobrieté ne consiste pas à s'abstenir entierement du boire, & du manger, mais, à boire, & à manger avec moderation. Or cette moderation regarde generalement la Santé, & par consequent la qualité, & la quantité des alimens; la qualité en ce qu'ils ne soient ni trop chauds, ni trop froids, &c. la quantité en ce que l'on n'en prene qu'autant que la faim, & la soif le demandent; car de mesme que la Nature nous a imprimé le desir de boire & de manger, ainsi elle nous a donné la faim & la soif comme la mesure de ce qu'il faut, ou ne faut pas prendre.

Neanmoins, parceque dans la plus part des alimens, dans le pain mesme, & dans le vin il y a de l'art, d'ou vient qu'il s'y trouve quelque chose qui irrite l'appetit, & qui le fait plus grand qu'il ne seroit naturellement, cela fait que les Sages ont cru qu'il est fort salutaire de s'en tenir sur son appetit; & parceque l'on pourroit opposer que les autres Animaux qui suivent la Nature, & qui ne pechent par consequent point contre la Santé, boivent & mangent jusques à ce qu'ils soient entierement ressasiez, ils repondent que les Animaux vivent d'alimens purement naturels, & qui ne provoquent point la faim, & la soif, comme font ceux dont se servent les hommes; ce qui est visible dans le breuvage le plus naturel de tous qui est l'eau, dont on boit avec grand plaisir, sans que l'on ait plus envie d'en boire du moment que la soif est eteinte. Quoy qu'il en soit, il est constant que jamais personne ne se repent d'estre sorty de table n'estant pas tout à fait rassasié, & que tres souvent l'on s'est repenti d'avoir remply son estomac jusques à n'avoir plus de faim.

Diogene à propos de cecy s'estonne que les hommes vueillent manger pour le plaisir, & qu'ils ne vueillent neanmoins pas pour la mesme raison cesser de manger; puisqu'il y a tant de plaisir à se bien porter, & à se voir exemt de maladie, & de douleur, & mesme disposé à prendre plutost, & plus purement un pareil plaisir. Le mesme se mocque de ceux qui ont tant de soin d'embaumer les morts, & qui cependant par leur maniere de vie dissoluë font tout ce qu'ils peuvent pour devenir pourris dés leur vivant. Il se mocque aussi à bon droit de ceux qui font des vœux aux Dieux immortels pour leur Santé, & qui cependant la prodiguent par leur intemperance.

De la Chasteté en particulier.

JE remarque enfin à l'egard de la Chasteté, que cette Vertu combattant la plus violente de toutes les passions, & à laquelle il n'y a presque personne qui ne succombe, il y a deux ou trois principaux moyens qui nous peuvent servir comme de Ramparts pour luy resister. Le premier est une grande Sobrieté ; car en vain tenterez-vous de reprimer cet imperieux appetit, si vous ne cultivez soigneusement cette Vertu, & si vous la cultivez il vous restera peu de difficulté à le dompter. L'on a dit longtemps avant le Chremes de Terence, que sans le vin & la bonne chere l'Amour est froid, *sine Cerere & Libero Venus friget*, ce qui n'est pas fort difficile à montrer; parceque ce qui fomente l'Amour, & qui excite la Concupiscence c'est l'abondance de la semence qui enflant, & picotant les vaisseaux, presse la nature, & la pousse à se decharger de ce qui l'embarasse, & cette abondance de semence ne vient que de l'abondance, ou de la qualité de l'aliment. C'est pourquoy si quelqu'un est extremement Temperant dans son vivre, & s'il prend garde à n'user point d'alimens qui soient trop chauds, ou propres à engendrer de la semence, il ostera, pour ainsi dire, le bois & l'huile qui entretiennent & font brusler ce feu : Et sa Vertu en mesme temps sera abondamment recompensée, n'y ayant rien qui epuise davantage les forces que l'emission de la semence, ni rien qui ruine & qui détruise davantage la Nature ; d'où vient qu'entre les autres Animaux, & mesme entre les Arbres, plus ils sont prolifiques, & plutost ils s'epuisent, plutost ils vieillissent.

Le second moyen est quelque occuaption honneste qui nous attache, qui consume une partie des esprits qui font boüilloner la semence, & qui divertisse l'Esprit ailleurs. C'est pourquoy celuy qui desire vivre chastement, doit prendre une ferme resolution de rejetter toutes les pensées sales & deshonnestes, d'eviter toutes les occasions qui les pourroient faire naistre soit par la veüe, soit par les entretiens trop familiers, soit par la lecture, par le toucher, ou autrement, & si par hazard il s'en est excité quelqu'une, de ne luy donner pas le téps de s'enraciner davantage, mais de la chasser d'abord, & en cela faire paroitre qu'on est homme. Car le pas est glissant, plus vous-vous y laisserez aller, plus il sera difficile de vous retenir, & de vous en retirer; & il n'est rien de plus veritable que ce qui se dit d'ordinaire, *que c'est une espece de combat d'où l'on ne peut sortir victorieux qu'en fuiant.*

Le troisieme est l'accoutumance qu'on

prend à resister, & à vaincre ; car comme l'on devient d'autant plus enclin à l'Amour, que l'on cede plus facilement, & que l'on s'y addonne plus frequemment ; ainsi devient-on d'autant plus continent qu'on resiste genereusement, & qu'on se laisse vaincre moins frequemment ; de sorte que si la mauvaise habitude est deja contractée, le grand secret est de l'abolir par la desaccoûtumance, & de s'en faire une contraire, ce qui n'est pas impossible si l'on veut y employer toutes ses forces. Vous-vous tirerez par là d'une cruelle tyrannie, & d'une basse & vilaine servitude, & par là vous aurez l'Esprit serain, le corps dans une pleine santé, & une vie longue & heureuse, au lieu que cette pernicieuse habitude vous prive de tous ces avantages ; pour ne dire rien de la perte de la reputation & des biens, & ainsi des autres malheurs qui sont connus à tout le monde.

De la Mansuetude.

POur ajouter un mot des autres parties de la Temperance, soit qu'on les appelle parties Sujettes, ou parties Potentielles. La Mansuetude semble veritablement plutoft appartenir à la Force qu'à la Temperance, entant qu'elle regarde la Colere qui vient de la douleur, & qu'eftant dans cette partie de l'appetit qui tire fon nom de la Colere, elle femble devoir eftre mife fous la Force ; neanmoins comme le propre de la Force eft d'elever, & le propre de la Temperance de reprimer, & qu'a l'egard de la Colere l'Efprit n'a point tant befoin d'eftre elevé ou excité, que d'eftre reprimé ou empefché, pour cette raifon la Manfuetude femble pouvoir eftre rapportée à la Temperance. Quoy qu'il en foit Ariftote enfeigne que la Manfuetude ou la Douceur doit eftre mife au nombre des Vertus, parce que c'eft une mediocrité, ou un milieu entre deux extremes, dont l'un eft *une inclination à la Colere, Iracundia*, comme lorfque quelqu'un s'emporte plutoft, & plus qu'il ne faut, contre ceux qu'il ne faut pas, & pour des caufes qu'il ne faut pas ; l'autre *une certaine privation de Colere, Non-irafcentia*, comme lorfque quelqu'un ne fe met pas en colere ni quand, ni contre ceux, ni pour les raifons qu'il faut : Car il veut qu'il foit permis, & que l'on doive mefme fe mettre en colere avec toutes ces conditions, tant parce qu'il semble que la Nature n'a pas en vain imprimé à l'homme l'inclination à la colere, que parceque la colere est comme l'esperon qui excite à repousser, & à vanger l'injure qu'on nous a fait, ou à la patrie, ou à nos parens, ou à nos amis, ou aux gens de bien, ce qui cause la seureté, & la conservation particuliere, & publique, & qui ouvre le chemin aux grandes, & genereuses actions.

Cependant les Stoïciens, & principalement Seneque sont fort contre ce sentiment, lorsqu'ils soûtiennent leur celebre Paradoxe sur *l'Apatie* ou l'insensibilité du Sage. Et certes ce n'est pas sans raison qu'ils demandent l'exclusion entiere de la Colere, en ce que si l'on ne peut pas s'en defaire entierement, du moins sera-t-on d'autant plus heureux, qu'on sera moins sujet à cette cruelle & turbulente passion.

Je dis, si l'on ne peut pas s'en défaire entierement, car il n'y a presque pas lieu d'esperer que le Sage en puisse estre absolument exempt, temoin ces belles paroles que Seneque attribuë à Socrate qui a neanmoins passé pour le plus sage de tous les hommes, *Je te frapperois si je n'e-*

ſtois en colere, & celles-cy qu'il attribuë à Platon, *Speuſippe chaſtiez cet eſclave, car pour moy je ſuis en colere*. Il ajoûte qu'un des Amis de Platon le voyant tenir la main levée ſur un Eſclave comme pour le frapper, luy demanda ce qu'il avoit, & ce qu'il faiſoit, & que Platon luy fiſt cette belle reponſe, *exigo pœnas ab homine iracundo*, je punis un homme qui eſt en colere.

Auſſi n'y a-t'il point de paſſion plus dangereuſe, ni qui trouble davantage l'Eſprit : Epicure dit *qu'une colere exceſſive engēdre la folie*; Seneque, *qu'une courte colere eſt une courte folie*; & Philemon, *que nous ſommes tous fols lorſque nous ſommes en colere, deſipimus omnes donec irati ſumus*. Joint que les Stoïciens montrent qu'elle n'eſt jamais neceſſaire, ſoit pour repouſſer, ou vanger les injures, puiſqu'un Eſprit ſerain & tranquille le peut faire, & meſme plus à propos, & ſans crainte du repentir, ſoit pour contenir les Serviteurs dans leur devoir, puis qu'une colere feinte, & apparente ſuffit; ſoit pour punir les crimes, & pour chaſtier les meſchans, puiſque l'on ne doit pas pour cela ſe mettre davantage en colere que la Loy meſme, ou qu'un Medecin qui ſans s'emouvoir commande que l'on brusle, que l'on tranche, & que l'on coupe. Nous avons deja veu ces beaux Vers de Claudian, qui veut que le Sage soit toujours maistre de soy, & qu'il punisse les coupables sans s'emouvoir.

Quin etiam Sontes expulsâ corrigis irâ,
Et placidus delicta domas; nec dēt ibº unquā
Instrepis horrendum, fremitu nec verbera
 poscis.

Au reste, comme l'opinion qu'on a d'avoir esté offensé est ce qui excite la colere, nous avons desja dit en parlant de la Force, que le Sage se doit mettre au dessus des injures, & qu'il ne sçauroit se vanger plus glorieusement qu'en les mesprisant. J'ajoute icy seulement qu'il faut temperer cette ardeur de vangeance, & la reduire enfin à la Mansuetude ou Humanité, qui est de toutes les Vertus celle qui convient davantage à l'homme, & qui le rend plus aimable ; n'y ayant personne qui n'aime ces naturels doux & humains qui s'adoucissent, & qui pardonnent aisement. Joint que par ce moyen nous sommes exempts de ce chagrin inquiete qui ronge un Esprit inhumain, qui le trouble, qui epuise ses forces, & qui fait que non-content du mal qu'il a receu, il s'en attire souvent un pire en se voulant vanger.

Et certes, peut-il y avoir un plus grand aveuglement que celuy de quelques-uns des nostres, qui ayant esté offensez appellent l'offenseur en duel, où souvent il arrive que celuy qui a souffert l'injure y perd encore la vie, & la sacrifie, pour ainsi dire, à celuy dont il n'aura pû negliger, ou mepriser l'offense.

De la Clemence.

POur ce qui est de la Clemence, elle ne differe de la Mansuetude, qu'en ce que la Mansuetude regarde tout le monde, & que la Clemence regarde seulement l'inferieur ; d'où vient que Seneque la definit, *Vne moderation d'Esprit dans la puissance qu'on a de se vanger.* Et *Vne douceur du Superieur dans les peines qu'il ordonne pour le chastiment des inferieurs.* Cette Vertu, dit Ciceron, *n'appartient qu'aux Ames genereuses, & quoy qu'elle soit bienseante à tous ceux qui ont droit sur des Supplians, & qui demandent pardon de leur erreur, neanmoins elle sied principalement aux Rois, & aux Princes :* Car de mesme qu'il est d'un Esprit foible, lasche, & sauvage de se montrer cruel envers ceux qu'on a vaincu, lors principalement qu'ils n'ont point fait de cruautez dans la guerre ; de mesme aussi il est d'un Esprit heroïque, & divin d'user de Clemence en leur endroit. Et de mesme que la cruauté rend les hommes haïssables & execrables, de mesme aussi la Clemence les rend aimables & venerables ; parceque, dit le mesme, *comme c'est une chose bestiale de detruire par la cruauté, c'est une chose divine de sauver en pardonnant.* Il dit divine ; car c'est une chose admirable, que nous aimions encore presentement avec beaucoup de tendresse ceux que nous lisons avoir esté autrefois humains & indulgens, & que nous ayons en horreur ceux qui ont esté cruels : Ce qui fait bien voir à l'egard de la Renommée la difference qu'il y a entre les Princes qui s'etudient à s'acquerir le titre auguste de Peres de la Patrie, & ceux qui ont dans la bouche ces paroles que Seneque appelle execrables, *Oderint dum metuant*, qu'ils haïssent pourveu qu'ils craignent.

De la Misericorde.

SEneque dit qu'à propos de la Clemence il faut demander ce que c'est que la Misericorde, parce que cette Vertu semble estre quelque chose d'approchant de la Clemence, & qu'elle est prise quelquefois pour la Clemence mesme, car quoy que la Misericorde semble n'estre autre chose qu'une certaine peine qu'on a de la misere d'autruy, elle approche neanmoins de la Clemence en ce que la misere de celuy qui est tombé dans l'erreur excite à pardonner, & obtient pardon. D'où vient que quelquefois elle semble n'estre que la Clemence mesme, non seulement chez les Autheurs Sacrez qui l'ont en grande recommandation, mais aussi chez les Payens, comme Ciceron, lorsque s'adressant à Cesar il luy dit, *De toutes les Vertus qui vous accompagnent la plus cherie des hommes & la plus admirable est la Misericorde; car il n'y a rien en quoy nous approchions tant des Dieux qu'en donnant la vie aux hommes: Nostre fortune n'a rien de plus grand que de pouvoir, & nostre nature rien de meilleur que de vouloir en conserver plusieurs.*

De la Modestie.

Nous devons ensuite dire un mot de la Modestie, qui generalement consiste à moderer la passion qu'on a d'acquerir de l'honneur. Or il n'est pas nécessaire de dire que cette Vertu approche plutost du defaut que de l'excez ; puisqu'il est evident que la Superbe luy est plutost opposée que le Mespris de l'Honneur.

Je remarque seulement qu'Aristote semble ne comprendre sous ce mot de Modeste, que celuy qui n'ayant effectivement merité que peu, ne se croit aussi meriter que peu : Mais celuy-là semble aussi meriter ce titre, lequel ayant en effet merité beaucoup, n'a neanmoins pas de grands sentimens de soy mesme, & n'exige pas tout l'honneur qu'il merite, reconnoissant l'imbecillité humaine, se souvenant de sa condition foible & mortelle, & tenant pour suspecte l'opinió qu'il pourroit avoir de son merite.

Et certes, la Magnanimité mesme tant recommandée chez Aristote, semble plutost porter à faire de grandes choses, qu'à se croire meriter beaucoup : Et mesme il semble que de ne s'elever pas, de ne se vanter pas de ses merites, de refuser les honneurs, ou du moins de les recevoir avec pudeur, en un mot, que de temoigner de la Modestie, est comme le couronnement des grandes actions ; ensorte que ce n'est pas sans raison que les

Anciens ont comparé l'Homme de merite à un Epy de bled qui s'abbaisse dautant plus qu'il est chargé de grains: Outre que la Vanité a cela de mal, que bien loin d'estre approuvée de qui que ce soit, elle est haye de tout le monde, au lieu qu'il n'y a personne à qui la Modestie ne plaise.

Il ne faut neanmoins pas s'imaginer que la Modestie cósiste à negliger l'honneur, comme s'il n'y avoit point de difference entre estre honoré, ou estre blasmé; car elle ne consiste qu'a negliger l'honneur non-merité, ou affecté, & non pas à negliger celui qui est dans le jugement des gens de bien, & que l'on croit veritablement obtenir lorsqu'on en est jugé digne; ce qui semble d'autant plus veritable qu'il est evident qu'un honneste Homme entreprend les grandes choses pour meriter ce jugement, cultivant cependant la Modestie pour eviter le deshonneur que cause la Vanité. Desorte que l'on peut dire, que moins on poursuit l'honneur, plus on s'en acquiert, & qu'il est bien plus glorieux, comme disoit un Ancien, qu'on demande *pourquoy on n'a pas erigé une Statuë à quelqu'un, que si on demandoit pourquoy elle luy auroit esté erigée.*

Il ne faut pas aussi s'imaginer que la Modestie empesche que ceux qui sont dans une Dignité ne conservent l'honneur qui est deu à la Dignité ; parcequ'il est de l'interest de la Republique que ceux qui president soyent en honneur, de peur que si le mespris se glissoit, cela ne fist tort au gouvernement ; sibien que de conserver l'honneur de la Dignité, ce n'est pas Vanité, mais justice, comme de le negliger ne semble point tant estre une Modestie particuliere, qu'une injure publique.

Or tout ce qui se dit de la Modestie se doit dire de l'Humilité, entant que c'est une Vertu de Religion. Car quoyque les Autheurs Prophanes l'attribuent à une bassesse d'Esprit, c'est neanmoins avec beaucoup de raison que les Autheurs Sacrez la considerent comme la perfection de la Modestie ; & elle doit estre censée d'autant plus parfaite qu'elle vient d'un amour de pieté qui rapporte tout à Dieu, & que pourveu qu'elle ne soit pas feinte mais sincere, elle detruit toute Vanité. Je dis pourveu qu'elle soit sincere ; car il y a quelquefois de l'Hypocrisie, ce qui fait qu'on ne doit pas s'étonner qu'on ait reproché à Diogene, & à quelques autrès Philosophes, *qu'ils ne fouloient aux pieds la Vanité, que par une autre Vanité.*

Au reste ce n'est pas sans raison que nous avons insinüé plus haut que la Modestie avoit une grande entendüe, en ce qu'elle se reconnoit dans toutes les choses dont on desire tirer de l'honneur, & de la loüange. Et certes, il n'y a pas jusques à la Vertu, dans laquelle il ne peut point y avoir d'excez, ni rien dont celuy qui en est doué puisse avoir honte, il n'y a pas, dis-je, jusques à la Vertu en quoy la Modestie ne paroisse, entant que l'on ne fait point d'ostentation de la Vertu, mais qu'on la cultive tacitement, & sans qu'on la montre que lorsqu'il est convenable, & toujours loin du faste; ce qui se doit dire à proportion de la *Science*, si ce n'est qu'il y a deplus une certaine espece d'Intemperance à vouloir sçavoir des choses dont la recherche n'est point permise, ou qu'il est inutile de sçavoir.

La Modestie paroit aussi en plusieurs manieres dans *le parler* ou le discours. Car en premier lieu, comme il n'y a rien de plus importun *que le grand parler*, ou le babil, il n'y a rien de plus recommandable que cette *retenuë* qui fait qu'on ne parle qu'a ceux, que des choses, que dans le temps, & qu'autant qu'il faut. D'ou vient que depuis Simonides cecy a passé comme une espece de Proverbe, *qu'on ne s'est jamais repenty de s'estre teu, mais tres souvent d'avoir parlé*, & l'on a donné cette loüange à Epaminondas, *que personne ne sçavoit plus que luy, ni ne parloit moins que luy*. Neanmoins comme la parole a esté donnée à l'Homme pour exprimer ses pensées, il suffit de prendre garde que cela ne se fasse pas indiscretement, comme il arrive lorsque quelqu'un parle à contre-temps, ou sans y estre invité; lorsqu'il interrompt celuy qui parle, ou qu'il ne permet pas que les autres parlent à leur tour; lorsqu'il parle à tort & à travers, & qu'il dit tout ce qui luy vient en la bouche; en un mot, lorsqu'il a une telle demangeaison de parler qu'il n'ecoute qu'avec impatience sans jamais faire de reflexion sur cette Sentence de Pytagore, *Ou dites quelque chose de meilleur que le silence, ou vous taisez*.

D'ailleurs, comme il y en a qui exagerent trop les choses, & quelques-uns qui les rabbaissent trop, il n'y a rien aussi de plus recommandable que de parler simplement & sincerement. Où vous remarque

marquerez avec Aristote, qu'il y a souvent de l'arrogance, & de la vaine gloire à se trop rabbaisser, aussi bien qu'a s'en faire trop à croire; & que l'on peut en cela tomber dans un defaut semblable à celuy des Lacedemoniens qui cherchoient de la gloire dans leurs vestemens vils & de bas prix.

Enfin, comme il y a deux sortes de Raillerie selon Ciceron, l'une insolente, effrontée, picquante, & malicieuse, l'autre polie, civile, ingenieuse & plaisante; l'on sçait que cette derniere a toujours esté bien receüe, & comme parle Ciceron, *qu'elle est digne d'un homme libre, au lieu que la premiere est mal receüe, & n'est pas censée digne d'un homme.*

Il y a encore d'autres choses dans lesquelles l'on observe diverses especes de Modestie, comme dans la propreté, & dans les habits, dans le geste, dans le marcher, &c. Car il y a en tout cela une certaine mediocrité à tenir, ce sont les paroles de Ciceron. *Adhibĕda est præterea mŭdities non odiosa, neque exquisita nimis, tanquam quæ fugiat agrestem & inhumanam negligentiam. Eadem ratio est habenda vestitus, in quo sicut in plerisque rebus, mediocritas optima est. Eadem gestus & gres-*

TOME VII.   S

sus: Nam & palestrici motus sæpe sunt odiosiores, & histrionum nonnulli gestus ineptiis non vacant, & in utroque genere quæ sunt recta, & simplicia, laudantur, d'ou l'on diroit qu'Horace auroit pris ce qu'il reprend dans Tigellius, lors qu'il dit de luy qu'il n'y avoit rien d'egal dans cet homme, que quelquefois on le voyoit courir comme s'il eust fuy l'ennemy, & quelquefois aller gravement, & posement comme s'il eust porté l'image de Iunon, qu'aujourd'huy il avoit deux cent Serviteurs, & demain qu'il n'en n'avoit que dix, que tantost il parloit en Roy ne respirant que la magnificence, & que tantost il faisoit le Philosophe se contentant de peu.

Nil æquale homini fuit illi. Sæpe velut qui Currebat fugiens hostem: persæpe velut qui Iunonis sacra ferret, &c.

Ciceron ajoute que la Modestie regarde aussi l'ornement de la maison, & tout l'ameublement, en ce que s'il y a de l'exces cela tourne à deshonneur, comme estant au dessus de la portée du possesseur; car ce n'est pas la Maison, dit-il, qui doit faire honneur au Maistre, mais le Maistre qui doit faire honneur à la Maison.

Eadem denique de ornatu domus totaque

supellectile, in quo si quid modum excedat, dedecori est, quasi possessori incongruum; neque enim domo dominus, sed domino honestanda domus. Enfin il veut que la Modestie regarde les biens de la nature & de la fortune dans lesquels il est tres loüable de garder un honneste temperament, ensorte qu'ils soient plutost une matiere de bonté, & de moderation, que de debauche, de superbe, & d'arrogance. *Tractanda etiam in laudationibus hæc sunt naturæ & fortunæ bona in quibus est summa laus non extulisse se in potestate, non fuisse insolentem in pecunia, non se pratulisse aliis propter abundantiam fortunæ, ut opes, & copia non superbiæ videantur ac libidini, sed bonitati, ac moderationi facultatem & materiam dedisse.*

CHAPITRE V.

De la Iustice, du Droit, & des Loix.

COmme le propre de la Iustice est de rendre à un chacun ce qui luy appartient, cela fait qu'elle est d'une tres grande etendue, & qu'elle est consideree comme la source & la racine de tous les offices ou devoirs de la vie, & comme le lien sans lequel la societé des hommes ne sçauroit, subsister. *Ceux-là mesme qui se repaissent de crimes*, dit Ciceron, *ne sçauroient vivre sans quelque espece de Iustice : Si un Voleur vole son compagnon, ou luy oste en cachette quelque chose, il ne sera point souffert dans la compagnie des Voleurs : Et si un Chef de Pyrates ne partage egalement le butin, il sera tué par ses compagnons, ou il en sera abandonné.*

Les Iurisconsultes la definissent, *Vne constante, & perpetuelle volonté de rendre à un chacun ce qui luy appartient de Droit.* Ils l'appellent *une volonté constante & perpetuelle*, pour montrer que c'est une habitude, & que c'est dans l'habitude de vouloir que consiste la veritable loüange de la Iustice. Car pour estre recommandable en Iustice il ne suffit pas simplement *de faire des choses justes*; puisque celuy qui en feroit ou sans le sçavoir, ou par crainte, ou en consideration d'un Amy, ou pour le lucre, ou pour quelque autre fin de la sorte, ne seroit pas pour cela juste, ni ne seroit pas dit agir justement, d'autant que la fin cessant il agiroit autrement, mais il faut qu'il vueille agir pour l'amour de la juſtice ; d'ou vient qu'Ariſtote fait difference entre *une action juſte*, *& une action faite juſtement*, en ce que c'eſt la volonté ſeule qui fait qu'une choſe eſt juſtement, ou injuſtement faite, & que celuy-là qui ne fait ſimplement point de tort, n'eſt pas eſtimé juſte, mais celuy-la, dit Philemon, qui le pouvant, n'a neanmoins pas la volonté de le faire,

Sed qui facere licet potis, non vult tamen, & celuy qui n'affecte point d'en tirer de la gloire

Vult eſſe juſtus, quàm viderier magis.

Ils ajoûtent que c'eſt une volonté de rendre à un chacun ce qui luy appartient de Droit, c'eſt à dire de ne nuire à perſonne, ou de ne luy faire aucun tort, & de luy donner, ou reſtituer ce qu'il peut dire à bon droit eſtre ſien ; car c'eſt en cela que conſiſte toute la Iuſtice, & c'eſt là ſa vraye & ſpeciale fonction.

A l'egard de ce terme *Ius* ou *Droit* qu'ils inſerent de neceſſité dans leur definition, quoy qu'il ſoit pris en diverſes manieres, neanmoins dans ſa vraye & primitive ſignification ce n'eſt autre choſe qu'un pouvoir que quelqu'un a de faire d'une choſe ce qu'il luy plaiſt, de l'avoir, de s'en servir, d'en joüir; desorte que lorsque l'on fait toutes ces distinctions ordinaires, & que l'on dit le Droit Naturel, le Droit des Gens, & le Civil, le Droit Particulier, & le Public, le Droit Ecrit, & le Non-Ecrit, le Droit de la Guerre, &c. ce n'est autre chose que designer divers Chefs d'ou se tire le Droit, ou le pouvoir qu'on a sur quelque chose.

Ainsi le Droit semble estre de sa nature plus ancien que la Iustice, & estre independant d'elle; puisque la Iustice est une certaine bonté, ou une certaine disposition innocente par laquelle l'on ne veut pas qu'il soit fait tort à personne, par laquelle l'on veut qu'un chacun joüisse de son droit, & par laquelle un homme est remis dans ses droits, & qu'ainsi la Iustice suppose le Droit. C'est pourquoy l'on doit en premier lieu poser le Droit, secondement l'Injure qui ne soit autre chose que le violement du Droit; troisiemement la Iustice, ou la volonté de rendre à un chacun ce qui luy appartient, la volonté, dis-je, qui repare l'injure, qui remette, & retablisse le Droit, & qui fasse que celuy dans lequel elle est soit appellé juste; quatriemement l'ouvrage mesme de la Iustice, ou le retablissement actuel du Droit, lequel ouvrage soit aussi appellé juste a-cause de la Iustice de laquelle il tire cette denomination.

Observons icy avec Aristote qu'il y a deux sortes de Iustice, l'une qui est dite Distributive, parcequ'elle consiste dans la distribution de l'honneur, de l'argent, ou de quelque autre chose dont ceux qui sont dans une mesme Societé peuvent estre faits participans; l'autre qui est dite Commutative, parcequ'elle consiste dans la correction des choses qui arrivent dans les Contracts, Commerces, & Echanges.

Du Talion.

OBservons de plus avec le mesme Aristote, que le Talion n'est pas le Droit simplement & absolument pris, comme vouloient les Pytagoriciens; parcequ'il ne se peut pas trouver dans la Iustice Distributive dans laquelle l'on a egard au merite, ou aux personnes: Car un Magistrat, par exemple, qui auroit frappé quelqu'un ne doit pas pour cela estre refrappé de mesme; & il ne suffiroit pas que celuy qui auroit donné un soufflet à un Magiſtrat, receuſt ſeulement un pareil ſoufflet, mais il devroit eſtre chaſtié plus rigoureuſement : Pour ne dire point qu'il faut avoir beaucoup d'egard à ce qui ſe fait volontairement, ou involontairement. Le Talion n'a pas meſme lieu dans cette partie de la Juſtice Commutative qui regarde les faits, & qui eſt ſpecialement dite Correctrice; puiſque ſi pour une dent arrachée l'on arrache ſimplement une dent, ou un œil pour un œil, l'on ne fait pas droit pour cela, ou l'on ne repare pas pour cela le tort & le dommage qui a eſté fait, mais il faut autant qu'il eſt poſſible compenſer le dommage ſoit par argent, ſoit par quelque autre choſe que le Juge trouvera à propos.

Obſervons enfin avec Ariſtote, que le Iuge qui veut faire juſtice, ne doit pas toujours juger preciſément ſelon que la Loy le preſcrit, mais comme on dit, ſelon l'Equité, *ex æquo, & bono*. Car comme la Loy n'ordonne des choſes qu'en general, & que ſouvent il arrive des cas particuliers dans leſquels acauſe de certaines circonſtances l'on ne peut pas juger ſans injuſtice ſelon les paroles de la Loy, pour cette raiſon, dit-il, *ſi le Le-*

giſlateur a omis quelque choſe, ou peché en quelque choſe lorſqu'il a parlé abſolument, il faut ſupléer ce qui a eſté omis, ce que le Legiſlateur commanderoit s'il eſtoit preſent, & ce qu'il auroit ordonné par la Loy s'il l'avoit ſceu auparavant. Ainſi, ajoûtent les Interpretes, ſi la Loy avoit commandé qu'aucun Etranger n'allaſt ſur les ramparts, il ne faudroit pas pour cela faire mourir celuy qui y ſeroit allé pour deffendre la Ville, & pour chaſſer l'ennemy; parceque ſi le Legiſlateur avoit preveu ce cas là, il auroit fait la Loy de cette maniere. Auſſi dit-on d'ordinaire que ſous une Loy inique il faut implorer l'aſſiſtance du Iuge; & que les Loix meſme veulent eſtre conduites par la Iuſtice. *Iudicis auxilium ſub iniqua Lege rogato; Ipſæ etiam Leges cupiunt ut jure regantur.*

De l'Origine du Droit.

ENtre ceux qui recherchent la premiere origine du Droit, les uns ſuppoſent que l'âge des hommes commença par ce fameux Siecle d'or, lorſque les hommes vivoient dans l'innocence, & que cultivant d'eux-meſmes, & ſans contrainte, ou ſans aucune Loy, ni ſans Iuge, la pieté, la juſtice, & l'equité, ils ne craignoient ni les peines, ni les fers, ni les Arrests des Iuges.

———— cum vindice nullo,
Sponte sua, sine lege fidem, rectumq; colebāt:
Pœna, metúsque aberant, nec vincla minacia
   colle
Ære ligabātur, nec supplex turba timebat
Iudicis ora sui, sed erant sine Iudice tuti.

Voicy comme en parle Seneque apres Posidonius. *Ils n'estoient point encore corrompus, ni depravez dans leurs mœurs, & suivants la Nature qu'ils avoient pour guide, & pour loy, ils ne regardoient dans l'election de leur Chef ni à la force, ni à la corpulence, mais à l'Esprit, & à la bonté : Heureuses Nations chez lesquelles il n'y avoit que le plus honneste homme qui pust estre le plus puissant ! Car celuy-là peut autant qu'il veut, lequel ne croit pouvoir que ce qu'il doit. C'estoit donc dans ce Siecle d'or que la Royauté estoit entre les mains des Sages. Ils empeschoient les querelles, & defendoient les plus foibles contre l'oppression des plus forts ; ils conseilloient, ils dissuadoient, & remontroient ce qui estoit utile, & inutile ; leur prudence pourvoioit aux necessitez de ceux qui estoient sous leur conduite ; leur valeur écartoit les dangers, & leur beneficence attiroit de nou-*

veaux Sujets. Commander estoit une Charge, & non pas une Royauté, & la plus grande menace que pouvoit faire un Roy à ceux qui n'obeissoient pas, c'estoit de les quitter, & de sortir du Royaume. Mais depuis que le Vice, & la corruption eurent changé les Royautez en Tyrannie, l'on commença d'avoir besoin de Loix, & les Sages en furent les premiers Autheurs.

Les autres pretendent que l'âge des Hommes commença par une certaine maniere de vie sauvage & incommode que quelques gens sages, & eloquents, comme Orphée, & Amphion, entreprirent de changer; car c'est ainsi que les plus anciens Poëtes en ont parlé.
Sylvestres homines sacer, interpres, Deorũ Moribus, & fœdo victu deterruit Orpheus, Dictus ob id lenire tigres, rabidosque leones. Dictus & Amphion Thebanæ cõditor arcis Saxa movere sono testudinis, & prece blãda Ducere quò vellet.

Ciceron fait voir clairement en plusieurs endroits que c'estoit là son sentiment; car comme s'il ne se souvenoit plus d'avoir tant exageré la dignité de la Nature humaine, & de l'avoir faite toute celeste, & toute divine, il dit *qu'il y a eu un temps que les hommes estoient er-*

rants, & vagabonds parmy les champs à la maniere des bestes, que ni la Raison, ni la Religion, ni la Pieté, ni l'Humanité n'estoient point encore connuës parmy eux; qu'ils ne sçavoient ce que c'estoit que de mariages, ni que d'enfans legitimes; qu'il n'y avoit encore ni Droit Naturel, ni Civil escrits; qu'ils estoient dans une ignorance grossiere, & que la cupidité aveugle & temeraire se prevaloit des forces du corps pour s'assouvir, chacun possedant plus ou moins de choses, qu'il en avoit pû oster ou retenir par force, en se battant, & en se dechirant avec l'un, & avec l'autre. Il ajoûte, qu'il se trouva enfin des hommes de meilleur sens, & de meilleur jugement que les autres, qui faisant reflection sur cette miserable vie, & reconnoissant d'ailleurs la docilité de l'Esprit humain, s'aviserent de faire des Remonstrances à leurs compagnons, & de leur faire voir l'utilité qu'il y auroit de se joindre ensemble; sibien que les retirant ainsi peu à peu de cette premiere ferocité, ils les ramenerent à la justice, & à l'humanité, inventerent le Droit Divin, & Humain, firent des Assemblées, puis des Villages, puis des Villes, & créerent enfin des Loix, & des Rois pour reprimer les plus petulans, & pour deffendre les *plus foibles alencontre des plus forts.*

L'on pourroit peuteftre concilier ces deux Opinions, fi l'on admettoit qu'apres que l'Age d'Or eut degeneré par celuy d'Argent, & de Cuivre en celuy de Fer, c'eft à dire en un eftat pire que celuy des Beftes, il y eut derechef des gens fages qui ramollirent le fer, c'eft à dire qui par leurs enfeignemens porterent les hommes à la juftice, & à l'humanité, mais nous ne devons pas nous arrefter fur cecy.

Remarquons feulement qu'Epicure femble avoir eu beaucoup de pente pour cette derniere Opinion ; car voicy à peu prés comment les divers Autheurs, Laërce, Lucrece, Ciceron, Porphire, & Seneque le font parler. *Les hommes vivants, dit-il, au commencement parmy les champs, à la façon des Beftes fauvages, fans regle & fans difcipline, & eftant expofez à beaucoup d'incommoditez que les Animaux farouches, & la rigueur des Saifons leur faifoient fouffrir, quelque naturelle inclination qu'ils eurent les uns pour les autres, acaufe qu'ils fe reffembloient dans la figure exterieure du corps, & dans les mœurs, fift bien à la verité qu'ils s'approcherent, & fe joignirent en diverfes petites troupes, com-*

me il se remarque encore en quelques Nations qui ne sont pas civilisées, & qu'en ce petit commencement de société ils remedierent d'une commune main à quelques-unes de leurs incommoditez, dressant des cabanes, & se munissant contre le froid,& contre les bestes farouches. Mais chacun aimant mieux pour soy que pour autruy les avantages qui revenoient de ce voisinage,il y eut alors tous les jours des querelles pour les femmes, pour les alimens,& pour les autres choses necessaires qu'ils se ravissoient par une volerie continuelle. Cela dura fort longtemps sans doute, jusques à ce qu'ils prirent garde qu'ils ne pouvoient pas vivre en seureté, ni commodement s'ils ne faisoient quelque Traité, & ne dressoient quelques Articles de ne se point nuire les uns aux autres, s'obligeant de se jetter tous d'un commun accord sur celuy qui viendroit à enfraindre leur alliance, & à faire tort à quelqu'un des alliez.

Ce fut là donc le premier bien de la Societé, dans laquelle comme l'on supposa que chacun pouvoit avoir quelque chose en propre, & qu'il pouvoit nommer sienne, ou parce qu'il s'en estoit saisy le premier, ou parce qu'elle luy avoit esté donnée, ou parce qu'il l'avoit achetée, ou parce qu'il l'avoit acquise par son industrie, ou enfin parcequ'il s'en trouvoit possesseur par quelque autre maniere, à cause, dis-je, de quelqu'une de ces raisons, la possession dans laquelle chacun se trouva luy fut confirmée. Or ce lien & ce Pacte ne fut autre chose qu'une Loy commune, à l'observation de laquelle tous seroient obligez, & qui assuroit à chacun en particulier la faculté de joüir de son bien ; desorte que la Loy aussi ne fut autre chose que le Droit commun de la Societé.

Ie laisse à part comment il se fit que tout le corps de la Societé Civile confera toute sa puissance de punir les delinquants, & de reprimer l'insolence des refractaires, à un petit nombre de Sages, & de gens de bien, ou à un seul qui fut estimé le plus prudent & le meilleur de la troupe : Ie remarque seulement que ceux-là furent estimez justes parmy eux, & rigides observateurs de la Iustice, qui se contentant de leurs droits, n'envahissoient pas le bien d'autruy, & ainsi qui ne faisoient tort à personne, mais que ceux-là furent tenus pour injustes, & commettans injustice, qui ne se contentant pas de leurs droits, envahissoient ceux des autres, & ainsi qui faisoient tort à leur prochain par leurs rapines, par leurs violences, & par les dommages qu'ils luy causoient.

DES VERTUS.

Les Hommes menerent une Vie en quelque façon heureuse & tranquille sous le gouvernement d'un seul, ou de plusieurs tandis que les Rois & les Princes, ou les principaux de l'Estat Aristocratique furent des personnes Sages & bonnes, qui s'occupoient uniquement au bien du public, & au salut du peuple, du consentement duquel ils dresserent diverses Loix, afin de prevenir leurs dissensions, ou de les esteindre. Mais comme les affaires humaines ne demeurent pas longtemps dans un mesme estat, enfin des Hommes vicieux parvinrent à la Souveraine Dignité, d'où leur Tyrannie les ayant precipité, le Peuple reprit la puissance qu'il leur avoit donnée, neanmoins les brigues & les factions pour la Souveraineté renouvellerent les desordres de l'ancienne confusion, & le Peuple se lassant enfin de cette violente façon de vivre, rentra derechef dans le gouvernement Aristocratique, ou dans le Monarchique, mais avec cette reserve, qu'au lieu qu'auparavant la Volonté des Princes estoit la plus part du temps la souveraine Loy, sous ce nouveau regne le Peuple dressa des Articles, & fist des conditions selon lesquelles il pretendit d'estre gouverné; tant-y-a qu'il subit derechef le joug des Loix, & se soûmit aux rigueurs de la Iustice.

Ie ne pretends pas deduire par le menu tout ce qui se passa ensuite sous une Police plus etudiée, je me contente d'en toucher icy le principal chef qui regarde la conservation de la vie, à laquelle on donna les premiers soins, comme à la chose que l'on a la plus chere dans le Monde, & pour l'etablissement de laquelle les premirs Pactes furent faits, & les premieres Loix instituées. Il semble donc que d'abord pour jetter les fondemens de la seureté publique, & cimenter la Société dans laquelle on alloit entrer, les Sages & prudens Legislateurs condamnerent l'Homicide, & declarerent que celuy qui le commettroit seroit puny du dernier supplice, & perdroit ignominieusement la vie.

Or ceux qui prirent de bonne heure garde à l'utilité de cette Constitution ne chercherent point d'autre raison de s'abstenir de l'homicide qui estoit defendu, mais ceux qui n'en comprirent pas l'importance s'abstinrent neanmoins du meurtre par la crainte du supplice, & de l'infamie; & encore aujourd'huy la pluspart des Hommes se tiennent dans leur devoir par l'une de ces deux considerations. En effet, ceux qui considerent l'utilité de cette Constitution se disposent à la garder etroitement, & ceux qui ne sont pas capables de faire cette serieuse reflection se retiennent par la crainte des peines dont les Loix les menacent.

Certes, si tous les Hommes estoient egalement capables de comprendre d'eux-mesmes ce qui leur est utile, ils n'auroient pas besoin de Loix, & ils s'abstiendroient volontairement de ce qu'elles defendent, ils feroient ce qu'elles ordonnent par la simple connoissance du dommage & de l'utilité: Mais la menace des peines est necessaire à ceux qui n'ont pas assez de raisonnement pour connoitre ce qui est expedient, & de l'interest public. Car cette crainte les tient en bride, arreste l'instinct de leur mauvais naturel qui les pousse au mal, & les contraint de faire en depit qu'ils en ayent ce que les Loix jugent raisonnable.

C'est ainsi que la partie brute & sensuelle de l'Ame en laquelle sont les Passions, fut corrigée & reduite dans les termes de douceur ausquels elle est maintenant accoutumée en la plus part de ceux qui vivent parmy les Nations disciplinées, quoy qu'il y faille toujours employer pour tenir en bride l'impetuosité des affections, les mesmes artifices dont on se servit pour apprivoiser les Peuples encore farouches. La premiere chose que l'on tascha d'obtenir d'eux, ce fut qu'ils s'abstinssent de s'egorger indifferemment les uns les autres, & c'est là encore aujourd'huy l'une des Loix fondamentales de la Société Civile; Voila à peu pres la maniere dont raisonne Epicure, d'ou il conclud que les Loix, & les Droits tirent leur origine de l'utilité.

Mais pour ne nous arrester point à ce que luy ou les autres s'imaginent de ces divers Ages, ou de ces diverses manieres de vie des Hommes dans le commencement, puisqu'on sçait assez que nous devons avoir d'autres sentimens; Remarquons seulement en premier lieu que ce n'est pas sans raison que ce Philosophe tire l'origine des Loix de l'utilité; parcequ'il n'y a personne qui ne demeure d'accord que les premiers Legislateurs, & ceux qui les ont suivy se sont proposez l'utilité publique, & qu'il n'y a aucune Loy juste qui ne tende à procurer cette utilité. *La Société Civile*, dit Aristote, *semble avoir commencé, & subsister encore maintenant a cause de l'utilité. Car les Legislateurs l'ont pour but, & ils appellent droit ou juste ce qui est generalement utile.* Toutes les Loix, dit aussi Ciceron, *se doivent rapporter au salut, & à l'interest public. Salus populi suprema lex esto : Cavendum est ne summum jus in summam inducat injuriam, & ne nimis callida, atque malitiosa Iuris interpretatio eam destruat quæ à Lege, seu Iure intenditur utilitatem.*

Je remarque en second lieu que la Loy selon Demosthene, Platon, & Aristide, n'est autre chose qu'une espece *de Pacte. Lex est pactio Civitatis communis, juxta quam omnes vivere qui in Civitate sunt decet. Lex est Civitatis placitum. Oratio est communi consensu Civitatis definita, jubensque quemadmodum unumquodque agendum sit.*

La Loy Divine mesme semble n'estre autre chose qu'une espece de Pacte entre Dieu, & les Hommes, & il n'y a rien de plus frequent dans les Saintes Ecritures que d'entendre appeller la Loy Ancienne, & la Nouvelle une Alliance, un Pacte. Dans la Genese, lorsqu'il stipule avec Noë, avec Abraham, & avec Jacob. *Ecce ero tecum, & custodiam te quocunque perrexeris, & reducam te in terram hanc, &c. Si fuerit Dominus mecum, & custodierit me in via hac per quam ambulabo, & dederit mihi panem ad vescendum, & vestimentum ad induendum, reversúsque fuero prosperè ad domum patris mei, erit mihi*

Dominus in Deum, &c. Dans l'Exode, lorsque Dieu vouloit donner l'Ancienne Loy par l'entremise de Moyse. *Si audieritis vocem meam, & custodieritis Pactum meum, eritis mihi quasi peculium præ omnibus populis. Cuncta quæ locutus est Deus faciemus.* Et à l'égard de la Loy Nouvelle, voicy la Prophetie qu'en fait Ieremie. *Ecce dies venient, dicit Dominus, & feriam cum domo Israël, & domo Iuda Pactum novum. Non secundum Pactum quod pepigi cum patribus eorum, in die qua apprehendi manum eorum ut educerem eos è terra Ægypti: Sed hoc erit Pactum, quod feriam cum domo Israël post dies illos, dicit Dominus. Dabo legem meam in visceribus eorum, & in corde eorum scribam eam; & ero eis in Deum, & ipsi erunt mihi in Populum.*

Je remarque enfin qu'il y a une certaine Loy naturelle sur laquelle le Droit des gens est fondé, & que cette Loy n'est autre chose que la Raison mesme, entant qu'elle dicte ce qui est bon ou mauvais, ce qui est juste ou injuste. *Il y a deux sortes de Loix*, dit Aristote, *l'une propre ou particuliere que les Hommes ont étably parmy eux, soit par écrit ou autrement; l'autre est commune & selon la Nature; car il y a quelque chose que tous les Hom-*

mes sentent naturellement estre juste, ou injuste. *Est enim aliquid quod esse auguyantur omnes commune natura justum, & injustum, tametsi nulla invicem Societas sit, nullaque pactio,* & c'est de cette Loy qu'entend parler Ciceron dans ce beau passage. La droite raison est la veritable Loy, elle est convenable à la nature, elle est repandue & imprimée dans tous les Hommes. C'est une Loy constante & eternelle qui n'a pas besoin d'estre promulguée, & qui ne sçauroit entierement estre abrogée. Ni le Senat, ni le Peuple ne sçauroit nous en dispenser. Elle est claire & evidente d'elle-mesme, & elle n'a besoin de personne pour l'exprimer, & pour l'interpreter. Elle ne sera point autre à Rome, autre à Athenes, autre maintenant, autre par le passé, elle sera la mesme dans toutes les Nations, elle sera eternelle, & immuable dans tous les temps, & Dieu seul sera comme le Maistre commun, & comme l'Empereur Vniversel; c'est luy qui est l'Autheur & l'Interprete de cette Loy; quiconque n'y obeira pas, il se fuira luy-mesme, mesprisera la nature de l'Homme, & sera acause de cela puny rigoureusement, quoy qu'il ait evité les supplices apparents.

Or cette Loy qui porte qu'il ne faut

point faire à autruy ce que l'on ne voudroit pas que l'on nous fît, *quod tibi fieri non vis, alteri ne feceris*. Cette Loy, dis-je, est à bon droit censée comme la premiere & naturelle Loy de la Nature; car elle contient elle seule de telle maniere toutes les Loix de la Société, qu'aucun ne viole le droit d'un autre que parce qu'il viole cette Loy; desorte qu'elle peut estre censée comme la Regle de toutes les actions humaines qui regardent autruy.

De la Iustice des Hommes à l'egard des Bestes.

POur ce qui est de la Justice qui pourroit regarder les Bestes, veritablement si les Hommes avoient pû traitter avec elles de mesme qu'ils traittent entre-eux, & demeurer mutuellement d'accord qu'elles ne nous tueroient point, & qu'elles ne nous feroient aucun mal, ni nous à elles, nous serions tenus à l'observation de cet Article, en vertu de la convention qui auroit esté faite, & la Justice requereroit que nous contribuassions de nostre part tout ce que nous pourrions pour le maintien de la seureté mutuelle : Mais d'autant qu'il ne se peut faire que des Animaux sans raison soient liez avec nous par des Loix communes, nous ne pouvons pas avoir de leur part de plus grandes seuretez que nous en avons des choses inanimées : Desorte qu'il ne nous reste aucun autre moyen pour nous assurer contre elles que de nous servir le plus qu'il nous est possible de la faculté de les tuer, ou de les contraindre à nous obeir.

Mais du moins, direz vous, pourquoy tuer les Animaux innocens desquels nous n'avons rien à craindre de la mesme maniere que nous tuons ceux dont nous apprehendons justement la force, & la ferocité ? Il faut certes avoüer que nous faisons souvent cela par intemperance, & par une espece de barbarie, & d'inhumanité, mais nous ne pechons neanmoins pas precisement pour cela contre la Iustice qui suppose des Pactes, & des Loix etablies. Ioint qu'il n'y a aucune espece d'Animaux quelque familiere & innocente qu'elle soit, qui ne nous apportast beaucoup de dommage si nous la laissions trop multiplier, au lieu qu'elle nous est de grande utilité lorsque nous la reduisons à un nombre mediocre & convenable. Il n'y a pas jusques aux
Bœufs

DES VERTUS 433

Bœufs, aux Brebis, & aux autres Animaux de cette nature si utiles & si necessaires à la vie tandis qu'ils sont ainsi contenus dans une certaine quantité mediocre, qui estant laissez multiplier outre mesure, ne nous devinssent enfin tres incommodes, & tres prejudiciables, soit en se servant peuteftre de leurs forces naturelles contre nous, soit en broutant tout ce que la Terre produit pour nostre usage. Et c'est pour cette raison qu'il n'est pas deffendu de tuer ces Animaux, & de les reduire à un petit nombre dont il ne soit pas mal aisé d'estre les Maistres. Ie dis d'estre les Maistres, car nous n'en devons pas user de mesme à l'egard des Loups, des Ours, des Lions, & des autres que nous nommons farouches ; nostre propre conservation nous obligeant à les exterminer entierement, ou à en tuer tout autant qu'il s'en rencontre.

De là nous pouvons comprendre, que ce ne fut pas sans sujet que dés le commencement on fist grande difference entre l'Homicide, & le Meurtre des autres Animaux. Car la raison vouloit que les premiers Legislateurs qui ont reglé nos actions, ne deffendissent pas de tuer aucun des Animaux qui se presenteroient,

TOME VII. T

parce qu'il falloit nous faire faire place, & nous rendre maiftres d'eux, avant que par une façon d'agir contraire nous donnaffions lieu à la clemence, & en refervaffions quelques-uns pour noftre utilité.

Que c'eft avec beaucoup de raifon que l'on obferve la Iuftice.

COmme la Iuftice a efté eftablie par un Pacte commun, chacun doit eftimer qu'il eft né, ou a efté receu en la Societé Civile à cette condition tacite ou expreffe, qu'il ne mal-traiteroit, & ne feroit mal-traité de perfonne. Deforte que l'on eft obligé ou de tenir cet accord, ou de fortir de la Societé en laquelle on eft ; puifque l'on ne peut y eftre fouffert que fous la mefme condition que l'on y a efté receu. D'où il s'enfuit que comme naturellement perfonne ne veut recevoir du deplaifir, on ne doit pas auffi en faire à perfonne, n'eftant pas raifonnable que les aurres recevoient un traitement different de celuy que nous voudrions qui nous fuft fait à nous mefmes.

Cela eftant, on peut dire que les Loix ont efté etablies en quelque façon pour l'amour des Sages & des perfonnes vertueufes ; non certes pour les empefcher de commettre des injuftices, mais pour les deffendre de celles qui leur pourroient eftre faites. Car d'ailleurs ils font d'eux-mefmes difpofez de telle forte à fe comporter felon la raifon, que quand il n'y auroit aucunes Loix qui reglaffent leurs actions, ils n'auroient garde de faire tort à perfonne. Leurs defirs font moderez, & par une longue etude ils les ont rangez dans les bornes de la Nature, à laquelle il eft aifé de fatisfaire fans aucune injuftice.

En effet, entre les plaifirs que la Nature demande, il n'y en a aucun qui foit caufe de quelque injuftice ; il n'y a que les voluptez illegitimes, & les defirs qui naiffent des vaines opinions aufquels l'on ne puiffe fatisfaire qu'en faifant tort à autruy ; la Nature a produit les herbes, les fruits, les femences, & l'eau fort aifées à recouvrer, le plaifir que l'on prend à raffafier la faim & la foif par leur ufage, n'eft pas ce qui caufe les larcins & les brigandages, mais plutoft le defir dereglé d'amaffer des richeffes par où nous puiffions fatisfaire à noftre gourmandife, à noftre delicateffe, & à noftre ambition. Le mefme fe doit dire des habits, des maisons, des alliances, & autres choses semblables, il n'y a aussi que l'ambition, le luxe, & la convoitise qui nous portent à passer au delà de ce qui convient à nostre condition, & de ce que la Nature demande pour survenir à son indigence.

D'ailleurs le Sage faisant en quelque façon toutes choses pour l'amour de soy mesme, il ne fait rien de plus conforme à son dessein que lorsqu'il agit selon les Loix & la Justice. Car tandis qu'il rend à un chacun ce qui luy appartient, & qu'il ne nuit à personne, il maintient en son entier autant qu'il luy est possible la Societé Civile dans la conservation de laquelle il rencontre la sienne propre, desorte que ne provoquât personne à luy faire tort, il ne craint l'ignominie de quel. que costé que ce soit, ni les amendes, si vous voulez, ni les chatimens du costé du Magistrat, & ce qui est le plus excellent des fruits de la Iustice, & un des plus grands biens qu'on se puisse procurer, il n'a point de ces remors de Conscience qui le rongent, & qui le dechirent.

Car il ne faut pas penser que celuy qui en secret a violé les Loix, puisse joüir d'autant de repos d'Esprit que celuy qui est veritablement juste : Quoy qu'il ait fait l'action hors de la veüe des temoins, & qu'aujourd'huy la chose soit ensevelie si profondement que qui que ce soit n'en ait la moindre connoissance, il est neanmoins dans une incertitude, & dans une apprehension continuelle. Qui sçait, dit-il en luy mesme, si mon crime demeurera toujours caché de la sorte? les forests, comme on dit, & les caves les plus profondes ne parlent-elles pas? Il ne se commet jamais guere de crime enorme qu'on n'en ait quelque soupçon, l'on en parle ensuite, le bruit s'en repend, les accusations se forment, & souvent les Sentences s'en ensuivent. Il y en a eu mesme plusieurs qui se sont decouverts eux-mesmes soit en dormant, soit estât ou malades, ou dans le vin, soit en laissant echapper quelque parole par megarde; desorte qu'encore qu'un meschant homme trompe, comme l'on dit d'ordinaire, & les Dieux, & les Hommes, il ne doit neanmoins pas croire que cette tromperie reüssisse toujours, & que ses meschancetez ne puissent jamais estre decouvertes.

De là vient aussi que quand mesme l'Injustice ne seroit pas un mal en soy,

T. 3

en ce que ce qui eſt injuſte icy, eſt quelquefois reputé juſte ailleurs, elle l'eſt neanmoins toujours eu egard à cette crainte qu'elle excite dans l'Ame des meſchans qui ſont dans une apprehenſion continuelle que leurs crimes ne viennent à la connoiſſance de ceux qui ſont etablis pour les punir; ſibien que le plus ſeur & le plus court chemin pour vivre heureuſement & en repos, eſt de vivre innocemment, & de ne rompre par aucune action injuſte les articles de Paix auſquels on s'eſt mutuellement obligé dans la Societé civile.

Ciceron eſt merveilleux ſur ce ſujet. *Si un chacun,* dit-il, *pour ſon avantage particulier eſtoit preſt & diſpoſé à violer le droit des autres, & à les depoüiller de leurs biens, l'on verroit bientoſt la ruine de cette Societé humaine qui eſt ſi fort ſelon la Nature: Car de meſme que ſi chaque membre avoit ce ſentiment, qu'il cruſt de ſe pouvoir bien porter s'il attiroit à ſoy la ſanté du membre voiſin, il faudroit de neceſſité que tout le corps s'affoiblit, & perit enfin; ainſi il faut de neceſſité que la Societé & la communauté des hommes ſe detruiſe, ſi un chacun de nous ravit à ſoy le bien d'autruy, & luy oſte ce qu'il a pour le convertir à ſon profit.*

Veritablement il nous est permis sans que la Nature y repugne, d'estre plus curieux d'asquerir pour nous ce qui est necessaire à l'usage de la vie, que pour les autres; mais d'oster à autruy ce qui luy appartient, & de voir l'homme s'enrichir de la misere de l'homme, cela est plus contraire à la Nature que la mort, que la pauvreté, que la douleur, que tout ce qui peut arriver de plus funeste.

Il n'est rien de veritablement utile qui ne soit honneste, ni rien d'honneste qui ne soit utile, l'opiniõ de ceux qui separent ces deux choses est la peste la plus pernicieuse à la vie des hommes : Car c'est de là que naissent les empoisonnemens, les faux temoignages, les larcins, les concussions, &c. Ils voient l'utilité des choses par de faux jugemens, & s'ils echappent la peine des Loix qu'ils violent, ils n'echappent pas celle de l'Infamie qui est la plus grande, & la plus rigoureuse de toutes ; ils ne voient pas que de toutes les choses du monde la plus importãte, & la plus considerable c'est la reputation d'estre honneste homme, homme juste, homme de bien, & qu'il n'y a utilité ni commodité si grande qui en puisse reparer la perte.

La vie d'un homme injuste est pleine de

troubles, d'inquietudes, de remors, d'embusches, & de perils ; que peut-il y avoir de bon & d'utile dans une vie qui est telle que si quelqu'un la ravissoit il seroit aimé & honnoré de tout le monde ? Il n'est donc pas possible que la veritable utilité soit separée de la Iustice, & qu'elle puisse estre conjointe avec l'Injustice. Or comme le Iuste, & l'Injuste sont opposez, desorte que de mesme que le premier est exempt de trouble, l'autre en est toujours environné; quelle plus grande utilité peut recevoir un homme de bien que celle qui luy revient par le moyen de la Iustice, & quel plus grand dommage peut craindre un meschant que celuy que luy cause son injustice ? Car quel profit peut-on retirer des soucis, des inquietudes, & des allarmes dans lesquelles on est jour & nuit ?

Puis donc que la Iustice est un bien si excellent, & l'Injustice un mal si redoutable, ayons autant d'aversion pour celle-cy, que d'amour & de veneration pour celle-là ; & si en quelques rencontres nostre Esprit se trouve en doute, & incertain du party qu'il doit prendre, proposons-nous Dieu comme present à toutes choses, ou du moins proposons-nous l'exemple de quelque Homme de bien, &

nous le representons toujours comme temoin de toutes nos actiōs, afin de ne rien faire ou dire qui ne merite sō approbatiō.

Ce conseil nous sera non seulement utile pour regler toutes nos entreprises à ce que la Justice nous ordonne, mais aussi pour ne pecher jamais contre les Loix de l'honneur, & de la bienseance: L'idée de cet homme vertueux nous servira de garde & de Maistre qui veillera sur nous, mesme sur nos pensées les plus secrettes, & nous empeschera de les porter hors des bornes de la Justice & de l'honnesteté. Nous dirons en nous mesmes, je ne ferois pas cela si un tel le voyoit, & pourquoy l'oserois-je donc faire en son absence? Il le condamneroit comme une chose mauvaise, pourquoy n'auray-je donc pas de moy-mesme une pareille aversion pour le mal? Imaginons-nous donc que toujours quelque personne de consideration nous regarde, & si nous avons pour elle de la veneration, croyons que nous ne tarderons pas d'en avoir pour nous-mesmes. Mais passons aux Vertus, qui ont quelque affinité avec la Justice, en ce qu'elles regardent autruy, & qui bien qu'elles ne soient pas prescrites par des Loix,

T 5.

& par des pactes, ne laissent pourtant pas de tirer du devoir, de l'usage, & de la bienseance quelque obligation semblable à celle qui vient de la Justice.

De la Beneficence.

TElle est entre autres la Beneficence à laquelle sont obligez ceux qui peuvent ayder de leur argent, de leur credit, & de leurs bons offices les personnes qui en ont besoin ; dautant que s'ils y manquent, ils sont censez barbares, & inhumains, & de plus sordides & avares s'il s'agit d'argent ; au lieu que s'ils se portent genereusement à les assister, ils sont censez courtois, benins, officieux, & mesme liberaux, genereux, magnifiques ; desorte qu'à se considerer eux-mesmes, ou leur propre utilité, ils sont tenus à cette Vertu, puisque ceux qui la mettent en usage s'acquierent de la bienveillance, & de l'amitié, ce qui est de la derniere importance pour la seureté & la tranquillité de la vie ; au lieu que ceux qui la negligent sont mal voulus, mesprisez, hays, & par consequent sujets aux insultes & à beaucoup de deplaisirs.

Ce n'est pas certes sans raison qu'on

dit icy, qu'il est plus excellent & plus agreable de faire un plaisir que de le recevoir; parceque celuy qui donne, outre qu'en cela il prend quelque degré de superiorité par dessus celuy qui reçoit, il s'attire la grace de celuy à qui il donne, qui est l'interest le plus doux, & le plus agreable qui soit: Car il en est, disoit Platon, d'un homme bienfaisant comme d'une belle Fontaine qui seroit ravie de joye, si elle avoit du sentiment, de voir alentour de soy des Prairies qu'elle arrose luy fournir la veüe agreable de mille sortes de fleurs differentes qui parmy la verdure des herbes luy temoignent, pour ainsi dire, leur reconnoissance.

De la Gratitude.

Telle est ensuite la Gratitude ou la reconnoissance, à laquelle celuy qui reçoit un bienfait est reciproquement obligé, à moins que de vouloir encourir de la haine, du blasme & de l'infamie. Ainsi ce n'est pas à tort que l'Ingratitude est generalement haye de tout le monde; car comme il n'y a rien de plus naturel que d'avoir de l'inclination pour le bien, il est tout à fait contre nature de n'avoir pas de l'inclination pour celuy qui en est l'autheur.

Or l'on peut dire qu'il n'appartient qu'au Sage de sçavoir bien reconnoitre les bienfaits, en ce qu'il en conserve ineffaçablement la memoire, & qu'il temoigne sa gratitude à ses Amis non seulement lorsqu'ils sont presens, & lorsqu'ils sont absens, mais encore lorsqu'ils sont morts ; au lieu que la plus part des Hommes n'ont de reconnoissance que pour ceux qui sont presens, encore n'est-ce souvent qu'afin de s'attirer quelque nouveau service ; car combien peu s'en trouve-t'il qui se souviennent des absens, qui recherchent les occasions de rendre la pareille & de faire du bien à leurs enfans, & à leurs Amis ? Et combien y en a-t'il qui se rejoüissent de ce qu'ils ne sont plus, comme se croyans quittes par là des devoirs de la reconnoissance ?

De l'Amitié.

Telle est aussi l'Amitié, aux devoirs de laquelle sont tenus ceux qui sont reciproquement aimez. *De tout ce que la Sagesse a pû inventer pour rendre la vie heureuse*, dit Ciceron aprés Epicure, il n'est rien de plus grand, de plus fecond, de plus agreable que la possession de l'Amitié ; parceque le Sage ne trouve rien de plus doux que de s'entretenir & de philosopher avec un Amy dont il reconnoit la sincerité, & de luy pouvoir dire, nous sommes seuls, nous pouvons chercher la verité sans envie. De toutes les choses que la Fortune, ou la Nature m'a données, ajoûte-t'il, je n'ay rien que je puisse comparer avec l'amitié de Scipion: Nous-nous communiquions mutuellement nos sentimens, & nos desseins tant sur les affaires publiques, que sur nos affaires particulieres: Iamais, que je sçache, je ne l'ay offensé dans la moindre chose ; je ne luy ay aussi rien entendu dire qui m'ait pû fascher. Nous demeurions en mesme maison, nous mangions, & nous beuvions ensemble, & nous jouïssions paisiblement de tout ce qu'il y a de plus doux dans la vie. Car que diray-je de cette passion commune de connoitre & d'apprendre toujours quelque chose? Que diray-je de ces etudes dans lesquelles loin des yeux du peuple nous cherchions agreablement la verité, & passions de si agreables momens ? Si la memoire de nos decouvertes & de nos entretiens avoit pery avec luy, je serois tout à fait inconsolable *de la perte d'une si chere personne, mais ces chofes ne font point eteintes, au contraire elles s'augmentent & s'entretienent dans ma pensée & dans ma memoire, &c.*

Et certes, ce n'est pas sans raison que Ciceron vante tant les fruits de l'Amitié ; car de mesme que les haines, les envies, & le mespris choquent extremement, & traversent le cours de nos plaisirs, ainsi les amitiez entretiennent les douceurs de la vie, & font tous les jours naistre quelque nouveau plaisir; de sorte que la solitude, ou la vie sans Amis estant exposée à une infinité d'embusches, & pleine de crainte, la raison mesme nous avertit de faire des amitiez qui nous rassurent l'Esprit, & qui en remettant l'esperance, & en banissant la crainte, etablissent la joye & le repos.

Aristote tient qu'il n'y a de vraye & de constante Amitié qu'entre les gens de bien, *parceque*, dit-il, *les vrais Amis n'exigent, ni ne conseillent jamais rien de mauvais, au contraire ils en dissuadent, & en detournent l'Ami; le propre des gens de bien estant de ne pecher en rien, & de ne permettre pas que les Amis pechent en aucune chose.* Ce devoit estre le sentiment de Ciceron lorsqu'il veut *que la premiere*

Loy de l'Amitié soit qu'on ne demande rien de deshonneste, & qu'en estant prié, on s'en excuse; que l'on fasse pour un Amy tout ce que l'honnesteté peut desirer, & qu'on n'attende pas mesme a'en estre prié. Il veut dans un autre endroit, qu'il n'y ait rien de feint, ni de dissimulé entre les Amis, parce qu'il y a mesme plus d'ingenuité à hair ouvertement, qu'a feindre & a dissimuler. Il veut de plus que non seulement on rejette comme faux les mauvais discours qu'on tient d'un Amy, mais qu'on ne soupçonne pas mesme qu'il ait esté capable de la moindre lascheté; que d'ailleurs il y ait une certaine douceur dans les discours & dans les mœurs, ce qui est un grand assaisonnement de l'Amitié, & que la tristesse & la seuerité soient absolument bannies. Il veut mesme qu'on prene garde qu'il n'y ait pas trop de gravité dans l'Amitié, parceque, dit-il, cela pourroit empescher cette liberté, & cette douceur qui en est comme le seul & unique lien. Enfin il veut que les Amis se fassent quelquefois des reprimendes, & qu'on le souffre de part & d'autre, parce qu'elles ne se font que par une chaleur de bonne volonté.

Et à l'egard de ce qui se dit d'ordinaire, que la Complaisance fait des Amis,

& que la Verité engendre la hayne. *Obsequium Amicos, Odium veritas parit*, voicy de quelle maniere il traite la chose. *La Verité*, dit-il, *est fascheuse & deplaisante, parcequ'il en naist la haine qui est le poison de l'Amitié ; mais la Complaisance qui pour souffrir les fautes de l'Amy le laisse tomber dans le precipice, est beaucoup plus fascheuse. C'est pourquoy il faut en cecy se comporter avec beaucoup de circonspection, & prendre garde que l'avertissement qui doit preceder ne soit pas aigre, ni la reprimende injurieuse & outrageuse* : Pour ce qui est de la Complaisance, il doit y avoir de la bonté & de la douceur, mais non pas de la flatterie qui fomente les vices ; car l'on vit autrement avec un Tyran, & autrement avec un Amy : Au reste il n'y a plus rien à esperer de celuy qui a les oreilles bouchées à la verité qui luy vient de la part d'un Amy.

Et comme les Amitiez se contractent pour les utilitez qui en reviènent, de mesme que l'on seme la terre pour l'esperance de la recolte, il est bien vray que les premieres approches de l'Amitié se font en consideration de l'utilité, & du plaisir qu'on en attend, mais lorsque le long usage a fait la familiarité, il n'y a plus que l'Amour qui agisse ; de sorte qu'encore qu'il n'y ait point d'utilité, les Amis ne laissent pas de s'entre-aimer acause d'eux-mesmes. Et certes, si nous aimons d'ordinaire certains lieux, les Temples, les Villes, les Colleges, une Maison de campagne, les Chiens, les Chevaux, &c. par l'accoûtumance que nous avons prise avec ces choses, combien à plus forte raison cela aura-t'il lieu à l'egard des hommes?

Cependant l'on doit faire un Choix discret & prudent des Amis ; *Car il faut bien plutost*, selon le Proverbe, *prendre garde avec qui l'on mange, qu'a ce que l'on mange*; & quoyque de manger, & de se rëplir le vêtre tout seul, soit, pour ainsi dire une vie de Lion & de Loup, il ne faut neanmoins pas se donner indifferement au premier venu, mais l'on se doit choisir un Amy dont l'entretien & la conversation soit agreable, qui n'ait rien plus en recommandation que la candeur, la simplicité, & la bonne foy, qui n'estant point de ces humeurs chagrines, difficiles, & plaintives, ou qui deplorent eternellement toutes choses, puisse par la douceur, & par la facilité de ses mœurs, par sa gayeté, & par les esperances agreables qu'il donne, contribuer à la douceur de la vie.

De la Pieté.

TElle est enfin la Pieté, cette sainte espece de Gratitude qui est indispensable à tous les hommes. Elle regarde primitivement les Parens, ausquels sans doute nous sommes plus obligez qu'a tout le reste des hommes ; puisque nous leur devons nostre estre & nostre subsistance, & que nous ne pouvons devoir aux autres que quelques moindres avantages. Et certes, s'il est tellement selon la Nature de nous aimer nous mesmes, combien doit-il estre selon la Nature d'aimer ceux par qui nous qui aimons sommes, & par qui nous avons ce que nous aimons, c'est à dire nous mesmes ? S'il est mesme si fort selon la Nature d'aimer celuy qui nous aime, y a-t'il un plus ardent amour que celuy des peres & des meres à l'egard de leurs enfans ? Aussi n'y a-t'il rien de plus agreable à un Enfant bien né, que de se sentir avoir de la tendresse pour ceux qui l'ont mis au Monde, de n'avoir rien plus à cœur que de leur temoigner sa gratitude par toutes sortes de bons offices, soit en les honorant, soit en les aimant, & de n'avoir point de plus grande joye que de leur procurer de la joye, & principalement celle d'avoir engendré un tel Fils. O combien agreable & combien estimable estoit le fardeau de celuy qui dans l'embrasement public meprisa genereusement toutes choses pour sauver son pere, & qui le sauva effectivement le portant sur ses epaules au travers des flammes, & des fleches ennemies.

Illum ego per flāmas & mille sequentia tela
Eripui his humeris, medióq; ex hoste recepi.

C'est pourquoy l'Ingratitude envers qui que ce soit estant une chose odieuse, elle est sur tout detestable & en execration lorsqu'elle regarde ceux qui nous ont mis au Monde.

J'ay dit que cette Vertu regarde primitivement les Parens, parcequ'elle s'etend ensuite à ceux de nostre sang, & principalement à nos freres, & à nos sœurs, ausquels nous sommes si etroitement liez par le moyen de nos communs parens, que nous ne pouvons pas leur refuser nostre amitié sans estre ingrats, non seulement envers les plus proches autheurs de nostre vie, mais envers nos Ayeulx & nos Anceſtres, qui ont ſans doute aimé tous leurs deſcendans, & qui nous pourroient accuſer d'ingratitude ſi nous ne les aimions à leur exemple.

Cette Pieté n'eſt pas ſeparée de l'Amour de la Patrie qui comprend auſſi nos parens meſmes, & nos ayeulx, & qui non ſeulement nous reçoit lorſque nous naiſſons, mais qui nous nourrit & conſerve quand nous ſommes nez. Et comme par le moyen de nos Parens nous ſommes tenus d'aimer ceux de noſtre ſang, ainſi par le moyen de la Patrie nous ſommes tenus d'aimer nos Concitoyens, & ſur tout les Magiſtrats, & les Princes, qui entant qu'ils conſervent la Patrie & les Loix, nous rendent à nous en particulier ce bon office que de pouvoir vivre en repos, & en ſeureté ſous leur protection.

Du Reſpect.

C'Eſt à la Pieté que ſe doit rapporter le Reſpect, ou cette reverence affectueuſe que nous devons à tous ceux qui ont quelque ſureminence ou quelque choſe qui les diſtinguent des autres. C'eſt pourquoy elle eſt conjointe avec la Gratitude, & la Pieté, entant que nous ne pouvons mieux temoigner la reconnoissance que nous avons dans l'Ame que par le respect, & l'obeïssance que nous rendons à nos Bienfacteurs, à nos Parens, à nos Princes, & en general à tous ceux qui sont elevez à quelque haute dignité. Elle se pratique aussi avec beaucoup de bienseance envers ceux qui nous surpassent en âge, & en sagesse, ou en vertu, qui sont les choses du Monde les plus considerables.

De la Religion.

C'Est aussi à la Pieté que se doit rapporter la Religion ou le Culte de Dieu, comme le premier, le principal, & le plus juste devoir de l'Homme. Or comme il y a principalement deux causes pour lesquelles Dieu merite du Culte, & de la Veneration, la souveraine excellence de sa nature, & sa souveraine beneficence à nostre egard, l'on pourroit, ce semble, louer icy Epicure de ce qu'il a cru *que Dieu devoit estre honoré, non pour les bienfaits qu'on ait receu, ou qu'on espere de luy, mais acause de sa souveraine nature, & de sa souveraine Majesté*; ce que des personnes tres pieuses,

& très religieuses demandent encore maintenant, lorsqu'ils disent que l'amour, & le culte envers Dieu doit estre liberal & filial, & non pas mercenaire ou servile ; mais il ne sçauroit estre trop blasmé d'avoir cru que Dieu ne prend ancun soin du Monde, ni specialement de l'Homme, & de ce qu'il ait ainsi osté la Providence, & la Beneficence à raison desquelles les actions de graces, & plusieurs autres Ceremonies religieuses ont esté instituées.

Car celuy-là, s'ecrie Seneque, *qui dit que Dieu ne nous fait point de bien, mais que joüissant d'un repos asseuré,& ne se souciant pas de nous, il fait tout autre chose, ou ne fait rien du tout, & n'est pas plus touché des bonnes que des mauvaises actions,* conformement à ces Vers de Lucrece.
Omnis enim per se diûm natura necesse'st
Immortali ævo summa cum pace fruatur,
Semota ab nostris rebus, sejunctaque longè.
Nam privata dolore omni, privata periclis,
Ipsa suis pollens opibus, nil indiga nostri,
Nec bene promeritis capitur, nec tangitur ira.
Celuy-là, dis-je, s'ecrie Seneque, *qui tiēt ces discours impies n'entend pas les voix de ceux qui prient de toutes parts, & qui les mains levées vers le Ciel, font des vœux soit pu-*

blics, soit particuliers ; ce qui ne se feroit assurement point, & tous les Mortels n'auroient pas d'un commun accord donné dans une telle fureur, que de parler à de sourdes & inefficaces Divinitez, s'ils ne connoissoient que tantost les Dieux previenent, & tantost secondent nos vœux par leurs bien-faits, & que souvent mesme ils nous secourent si puissamment, & si à propos, qu'ils detournent de grands malheurs qui nous menaçoient. Quel est l'Homme si miserable, si abandonné, & d'une destinée si malheureuse qui n'ait ressenti cette grande munificence des Dieux ? Si vous considerez mesme ceux-là qui deplorent leur fortune, & qui ne font que se plaindre, vous n'en trouverez aucun à qui le Ciel n'ait fait quelque grace, & auquel il ne soit parvenu quelque ecoulement de cette liberale Source ?

Voicy comme il poursuit. Dieu ne nous fait point de bien ? D'où te viennent donc tant de choses que tu possede, que tu donne, que tu refuse, que tu garde, que tu prens ? D'où vient cette infinité d'objects qui flattent si agreablement tes yeux, tes oreilles, & ton Esprit ? Il ne s'est pas contenté de pourvoir aux choses necessaires, son amour a passé jusques à nous fournir

des choses delicieuses, tant de fruits diffe‑
rens, tant d'herbes salutaires, tant d'ali‑
mens divers qui se succedent l'un à l'autre
selon les Saisons ? Il n'y a pas jusques aux
plus paresseux qui n'en trouvent fortuite‑
ment par tout sans peine & sans travail.
C'est luy qui nous a fait naistre toutes ces
especes d'Animaux soit dans la Terre, soit
dans les Eaux, soit dans l'Air, afin que
toutes les parties de la Nature nous payas‑
sent quelque tribut. C'est par son ordre que
de certains Fleuves vont serpentant dans les
Campagnes fertiles pour faciliter le trans‑
port mutuel des choses necessaires à la vie,
& que d'autres par une merveille inconnue
s'enflent subitement & reglement dans le
plus fort de l'Esté pour arroser les terres
qui sont sujettes aux chaleurs bruslantes du
Soleil. Que dirons-nous de toutes ces Sour‑
ces d'eaux Medicinales soit chaudes, soit
froides, qui sont repandues par toute la
Terre, & dont les chaudes semblent quel‑
quefois sortir du sein mesme de la froideur?

Si l'on vous a donné quelques journeaux
de terre, ou quelque somme d'argent, vous
appellez cela un bienfait, & vous avez de
la peine à avoüer que ces immenses espa‑
ces de terre, & toutes ces mines inepuisa‑
bles d'or, & d'argent soient des bienfaits?
Ingrat

DES VERTUS. 457

Ingrat que tu es, d'où te vient cet Air que tu respires, cette lumiere qui te sert à te conduire, ce sang qui coule dans tes veines, & qui contient les esprits vitaux & animaux, ces saveurs exquises, ce repos dans lequel tu pourris ? Si tu avois quelque ressentiment de Gratitude, ne dirois-tu pas que c'est Dieu qui est l'Autheur de ce repos?

—— Deus nobis hæc otia fecit ;
Namque erit ille mihi semper Deus.

Nous avons en nous mesmes les semences de tous les âges, & de tous les Arts, & Dieu le Souverain Maistre les tire secrettement, & les fait paroitre comme il luy plaist. C'est la Nature, dites-vous, qui me donne tout cela: Hé ne voyez-vous pas que ce n'est que changer les noms de Dieu ? Car que pensez-vous que soit cette Nature sinon Dieu-mesme, & la Divine intelligence qui est infuse & repandue dans tout le Monde, & dans toutes ses parties ? Vous le pouvez nommer de tel autre nom qu'il vous plaira, Iupiter tres bon, tres grand, tonnant, &c. Vous le pouvez mesme si vous voulez appeller Destin, ou Fortune, puisque le Destin n'est autre chose qu'un enchainement de causes qui se suivent l'une l'autre, & que Dieu est la premiere Cause de laquelle toutes les autres dependent. Vous n'avancez donc rien de dire que vous ne devez rien à Dieu, mais à la Nature, puisque la Nature n'est point sans Dieu, ni Dieu sans la Nature, puisque Dieu & la Nature sont une mesme chose, & que tous ces noms sont des noms d'un mesme Dieu qui use différemment de de sa puissance. La Iustice, la Probité, la Prudence, la Force, la Frugalité, & autres semblables sont toutes des Qualitez d'une mesme Ame, que celle-cy ou celle-là vous plaise, c'est toujours l'Ame qui vous plaist.

Celuy-là, dit-il dans un autre endroit, adore & honore Dieu qui le connoit. L'on n'avancera jamais beaucoup si l'on ne conçoit Dieu comme il doit estre conceu, ayant toutes choses en sa puissance, & donnant gratuitement toutes choses. Le premier Culte qu'on rend aux Dieux, c'est de croire qu'il y en a; c'est de reconnoitre ensuite leur Majesté, & puis leur bonté sans laquelle il n'y a point de Majesté; c'est de sçavoir que ce sont eux qui president à l'Vnivers, qui gouvernent toutes choses par leur propre force, qui ont pris la protection de tout le Genre Humain, & qui font quelquefois eclater leur providence sur des personnes particulieres. Ces Divines Natures sont sans malice, & ne font point de mal, cependant elles en chatient quelques-uns, & les punissent quelquefois pour leur bien. Voulez-vous avoir les Dieux favorables ? Soyez homme de bien. C'est les honorer que de les imiter. Ce n'est pas par ces Sacrifices sanglans qu'on les honore; car quel plaisir y a-t'il à tuer des Animaux innocens ? Mais c'est par une conscience pure, & par une ferme resolution de bien faire, & de suivre l'honnesteté.

Des Fausses Prieres.

PRiez les Dieux, dit-il encore, mais faites que ce soient des Prieres qui puissent estre entendues de tout le monde. Il les faut prier qu'ils nous donnent un bon Entendement, la santé de l'Esprit, & puis celle du Corps.

Orandū est ut sit mens sana in corpore sano. Vous pouvez dire que vous estes hors de toute passion quand vous en estes venu au point de ne rien demander à Dieu que vous ne luy puissiez demander tout haut. Car aujourd'huy quelle folie est celle des Hommes ? Ils ne desirent rien de si infame qu'ils n'ayent la hardiesse de le demander à Dieu, & tous leurs vœux sont autant de crimes. Si quelqu'un s'approchoit d'eux d'assez prés pour les pouvoir entendre, ils se tairoient incontinent, & ils ont bien l'effronterie de dire à Dieuce qu'ils ne voudroient pas qu'un homme sceust. Vivez donc avec les hommes, comme si Dieu vous regardoit toujours? Parlez avec Dieu, comme si les hommes vous ecoutoient?

Aussi les Poëtes Satyriques ont-ils de tout temps declamé contre ces vœux infames qu'un meschant homme fait tout bas en luy-mesme, & en marmotant entre ses dents.

Ille sibi introrsùm, & sub lingua obmurmurat, ô si
Ebullet patrui præclarum funus ! &, ô si
Sub rastro crepet argenti mihi seria dextro
Hercule ! pupillumque utinam, quem proximus hæres
Impello, expungam !

Le celebre Satyrique de nostre temps n'a aussi pû s'en taire dans cette sçavante Epistre qu'il adresse à son spirituel Amy Monsieur de Guilleragues.

O ! que si cet Hyver, un rhume salutaire
Guerissant de tous maux mõ avare Beaupere
Pouvoit, biē confessé l'estēdre en un cercueil,
Et remplir sa maison d'un agreable deüil!
Que mõ ame en ce jour de joye & d'opulēce,
D'ũ superbe cõvoy plaindroit peu la depēse!
Disoit le mois passé, doux, hõneste & soumis

L'Heritier affamé de ce riche Commis
Qui, pour luy preparer cette douce journée,
Tourmenta quarante ans sa vie infortunée.

L'on sçait à propos de ces sortes de prieres indignes & ridicules, la reponse que Socrate fit à ceux qui luy demandoient pourquoy l'Oracle favorisoit plutost les Lacedemoniens que les Atheniens; *parceque, dit-il, les prieres des Lacedemoniens plaisent davantage à l'Oracle que celles des Atheniens, & elles luy plaisent davantage parce qu'ils ne demandent jamais autre chose aux Dieux soit en public, soit en particulier, sinon qu'ils leur donnent ce qui est bon, & honneste.* L'on sçait aussi qu'Epicure disoit, *que si Dieu acceptoit toutes les prieres qu'on luy fait, les hommes periroient bientost, parce qu'ils demandent continuellement des choses qui estant utiles aux uns, sont pernisieuses aux autres.*

De la Superstition.

POur ce qui est de la Superstition, Ciceron veut qu'on la distingue soigneusement de la vraye Religion. Car il ne faut pas s'imaginer, dit-il, qu'en ostant la Superstition on oste la Religion. Il est d'un homme sage de garder les Institutions, les Mysteres, & les Ceremonies de ses Ancestres, & de reconnoitre cette excellente, eternelle, & admirable Nature que la beauté de l'Univers, & l'ordre des choses celestes contraignent d'avoüer. C'est pourquoy, de mesme qu'il faut tascher d'etendre la Religion qui est jointe avec la connoissance de la Nature ; ainsi il faut tascher d'extirper la Superstition, & d'en oster toutes les racines. Car elle vous presse, & vous poursuit par tout, & de quelque costé que vous-vous tourniez vous la rencontrez toujours, soit que vous entendiez un Devin, ou un presage, soit que vous immoliez un Animal, soit que vous consideriez le vol d'un oyseau, soit que vous voyiez un Chaldéen, ou un de ceux qui predisent par l'inspection des entrailles des Animaux, soit qu'il eclaire, ou qu'il tonne, ou que la foudre tombe du Ciel, soit qu'il soit né quelque Animal monstreux, ou qu'il se soit fait quelque chose de ce qui doit d'ordinaire, & necessairement arriver ; de telle sorte que l'on ne sçauroit jamais avoir l'Esprit bien en repos. Du Sommeil mesme qui semble devoir estre le refuge de tous les travaux, & de toutes les inquietudes, il en naist plusieurs soucis, & plusieurs terreurs. Ce que nous, &c.

Au reste, nous n'entreprenons pas icy de montrer comme la Religion que nous professons est la seule & unique qui soit vraye, nous laissons cela aux Sacrez Docteurs, il suffit d'avoir simplement touché ce que la lumiere de la Nature demontre.

V 4

LIVRE III.

DE LA LIBERTÉ, DE LA FORTUNE, DU DESTIN, ET DE LA DIVINATION.

CHAPITRE I.
Ce que c'est que Liberté, ou Liberal-Arbitre.

PRES avoir examiné ce qui regarde les Vertus, il est, ce semble, à propos de toucher quelque chose du Destin, de la Fortune, & du Liberal-Arbitre, que quelques-uns prennent pour des Causes, d'autres pour

des Modes ou manieres d'agir de certaines causes, & d'autres pour des Noms vains & imaginaires, il est, dis-je, à propos d'en toucher quelque chose, parceque selon qu'on les admettra, ou qu'on les rejettera, il y aura, ou il n'y aura pas entre les hommes des Vertus & des Vices, & par consequent des Actions qui pourront estre censées meriter de la loüange, ou du blasme, de la recompense, ou du chatiment : Car il est constant qu'il n'y a rien de loüable ou de blasmable que ce qui se fait avec deliberation, & librement, & que ce qui se fait fortuitement, ou par necessité n'est ni digne de loüange, ni digne de blasme. Cela estant, la premiere chose que nous devons faire, c'est d'examiner en quoy consiste la Liberté, la Fortune, & le Destin, afin que par là l'on puisse voir comment la Fortune, & la Liberté ou repugnét, ou se peuvér accorder avec le Destin.

Pour commencer donc par la *Liberté*, il n'est pas necessaire d'avertir que l'on n'entend pas precisement icy cette Liberté qui regarde le Corps, & qui estant opposée à la Servitude est definie *Une puissance de vivre comme l'on veut*, mais qu'on entend celle que les Grecs ont coutume d'appeller τὸ ἐφ'ἡμῖν, ou τὸ παρ' ὑμᾶς. *Id quod in nobis, seu penes nos, nostróve in arbitrio, potestateque situm est,* ce qui est en nous, ou dans nostre Librearbitre, & en nostre puissance ; asçavoir quelque chose qui est dans l'Esprit, & qui n'est point sujet aux Maistres exterieurs, ou, pour me servir des termes d'Epictete, *qui ne peut aucunement estre empesché.* Les Grecs l'appellent encore αὐτεξύσιον, comme qui diroit une pleine, & entiere puissance de faire quelque chose. Et les Latins, & principalement les Theologiens, luy donnent d'ordinaire le nom de *Libre-arbitre*, & le plus souvent de *Liberal-Arbitre.*

Sur quoy il est à remarquer I. que ce nom s'attribuë à la Raison, ou, ce qui est le mesme, à l'Entendement, en ce que la Raison est considerée comme un Arbitre assis entre deux Parties, ou comme un Iuge qui examine, qui consulte, qui delibere, & qui enfin decide ou porte son jugement sur ce qu'il faut, ou ne faut pas faire dans une chose douteuse.

II. Que sitost que cette Raison, la Consultation & la Deliberation estant faites, a jugé, eleu, ou choisi une chose preferablement à l'autre, & qu'elle l'a crüe la meilleure, la fonction de l'Appetit suit incontinent.

III. Que par ce mot d'Appetit j'entens icy l'Appetit raisonnable, & qui est particulier à l'homme comme est la Raison ; parce que nous-nous servirons deformais indifferemment des termes de Volonté, & d'Appetit, entendant l'Appetit raisonnable.

IV. Que parce que l'action de la faculté motrice, qui est proprement la poursuite mesme du bien, suit l'Appetition, ou, comme l'on parle d'ordinaire, la Volonté, la faculté estant prise pour l'action, cette action de la faculté motrice est pour cette raison dite ou denommée Volontaire, comme qui diroit volontairement entreprise, ou avec deliberation, & consultation.

V. Que la Raison libre, ou le Liberal-Arbitre est censé estre dans l'Homme, en ce que de plusieurs choses qui tombent en deliberation, il n'en choisit point tellement une, qu'il ne puisse ou la negliger, ou en choisir une autre.

Veritablement l'on a coûtume d'attribuër cette Liberté à la Volonté, ou à l'Appetit raisonnable, mais cela revient au mesme, en ce qu'on demeure d'accord que la racine de la Liberté est dans la Raison, ou dans l'Entendement, c'est à dire dans la puissance connoissante. Car l'on tient communement que la Volonté est une faculté, ou une puissance aveugle, laquelle ne sçauroit se porter nulle part que l'Entendement ne precede, & ne porte, pour ainsi dire, le flambeau devant elle ; desorte que le propre de l'Entendement estant de preceder en eclairant, & le propre de la Volonté estant de le suivre de telle maniere qu'elle ne puisse estre detournée de la route qu'elle a prise qu'il ne se detourne luy-mesme autre part, & ne detourne la lumiere, la Liberté semble par consequent estre premierement ou primitivement, & par soy dans l'Entendement, & en second lieu ou consecutivement, & dependemment dans la Volonté.

Pour dire la chose un peu plus expressement. La nature de la Liberté semble premierement consister dans l'Indifference, par laquelle la Faculté qui est appellée Libre peut se porter, ou ne se porter pas à quelque chose (ce qui s'appelle Liberté de Contradiction), ou se porter de telle maniere à une chose, qu'elle se puisse porter au contraire (ce qui s'appelle Liberté de Contrarieté.) Et certes, comme l'on ne peut point concevoir de liberté sans qu'il y ait faculté de choisir, il est constant qu'il n'y a de choix que là où il y a de l'indifference, parceque lorsqu'il n'y a qu'une seule chose proposée, ou lorsque la faculté est determinée à faire, ou à poursuivre une certaine chose, il ne peut point y avoir de choix, lequel suppose du moins deux choses dont l'une soit preferée à l'autre.

Il est vray qu'il y en a qui tiennent que la Volonté est alors principalement & souverainement libre, quand elle est tellement determinée à une certaine chose (comme si c'est, par exemple, le souverain Bien) qu'elle ne puisse estre flechie ou detournée vers une autre, c'est à dire vers le mal ; parce que, disent-ils, l'amour actuel, la poursuite, la joüissande ce bien est souverainement Volontaire, & par consequent souverainement Libre.

Mais je ne sçais s'ils prenent assez garde qu'il y a cela de difference entre une action Spontanée, & une action Libre, que l'action Spontanée n'est autre chose qu'une certaine impulsion de la Nature, laquelle impulsion peut par consequent estre sans aucun raisonnement ; au lieu que l'action Libre depend de quelque raisonnement, examen, jugement, ou choix precedent.

Et une marque que l'action Spontanée est une certaine impulsion de Nature, c'est qu'on dit des Enfans, & des Bestes, à qui cependant l'on attribue ni l'usage de la Raison, ni la Liberté, qu'ils font plusieurs choses *sponte*, ce qui se dit mesme des choses inanimées, comme d'une pierre, qui est dite tomber *sponte*, ou du feu, qui est dit monter *sponte* ; desorte que *fieri sponte*, & *fieri naturâ* semblent estre une mesme chose.

Ainsi, comme l'Appetit se porte de sa nature au bien, ce n'est pas merveille qu'on dise qu'il y est porté *sponte*. Et certes, de mesme qu'une pierre parce qu'elle tombe *sponte*, ou de sa nature vers le bas, ne peut pas par soy tendre vers le haut ; ainsi l'Appetit parce qu'il est porté *sponte*, ou de sa nature au bien, ne peut pas par soy tendre au mal. D'ailleurs, de mesme que la pierre, parcequ'elle est determinée au mouvement vers le bas, n'a pas d'indifference pour ce mouvement, ni pour le mouvement vers le haut ; ainsi l'Appetit, parce qu'il est determiné au bien, n'est pas indifferent au bien, ni indifferent au mal. Enfin de mesme que la pierre, faute d'indifference à l'un & à l'autre mouvement, est veritablement dite estre meüe *sponte*, mais non pas toutefois librement vers le bas ; ainsi l'Appetit, faute d'indifference au bien & au mal, est veritablement dit se mouvoir *sponte*, mais non pas librement vers le bien en general.

C'est pourquoy si vous supposez que la Volonté soit de telle maniere determinée, par exemple, au souverain bien, qu'elle ne puisse pas en le laissant estre divertie à en suivre un autre, elle sera veritablement censée y estre portée *sponte*, mais non pas librement, parce qu'elle n'est pas indifferente à ce bien là, & à un autre, & qu'il n'est pas en sa puissance de se porter à un autre en laissant celuy-là.

Il est vray qu'elle s'y porte *volens*, volontiers, & sans repugnance, mais cette sorte de Volonté qu'on pourroit nommer *volentia*, s'il estoit permis de se servir de ce terme, ne dit pas Liberté, mais Pente, complaisance, *libentiam, collubescentiam*, & par consequent exclusion de contrainte, de violence, de repugnance, de fafcherie ; de forte que fi la pourfuite, ou l'amour actuel de ce bien eft dit fouverainement Volontaire, il ne faut pas inferer pour cela qu'il foit fouverainement Libre, mais feulement qu'il eft *fummè libitus*, s'il eftoit encore permis de fe fervir de ce terme, ou *libens*, parceque *libentia* peut bien eftre fans indifference, mais non pas *libertas*.

Or il importe de remarquer ce qui fe dit d'ordinaire chez les Theologiens, afçavoir qu'il eft impoffible qu'une Volonté, telle qu'eft celle des Bien-heureux qui joüit du Souverain Bien clairement connu, laiffe ce bien pour en fuivre un autre ; il importe, dis-je, de faire cette remarque, parcequ'il femble que cela nous peut faire entendre quelle eft cette indifference en quoy confifte la nature de la liberté de cette vie mortelle.

Nous difions tout prefentement que l'Entendement porte le flambeau devant la Volonté, & il eft conftant que ce flambeau, ou cette lumiere n'eft autre chofe que le Jugement que l'Entendement porte fur les biens, & fur les maux, afçavoir en prononçant que cecy eft bon, cela mauvais, que de ces deux biens, ou de ces deux maux celuy - cy eft le plus grand, celuy-là le moindre ; desorte que lorsque la Volonté est dite estre detournée de l'un, estre tournée ou portée vers l'autre, cela se fait entant que le jugement est tantost pour l'un, & tantost pour l'autre, & que l'inflection de la Volonté se fait conformement à l'inflection de l'Entendement.

Ainsi, parceque l'Entendement est souvent inconstant dans ses jugemens, la Volonté balance aussi souvent dans ses inclinations ou *appetitions* ; ensorte que comme l'Entendement juge aujourd'huy qu'une chose est bonne, & demain qu'elle est mauvaise, la Volonté aime aussi aujourd'huy cette chose, & demain a de l'aversion pour elle : Et comme il juge aujourd'huy qu'il faut embrasser quelque chose, parcequ'elle est bonne, & que demain il juge qu'il en faut plutost embrasser une autre, parceque cette autre luy semble meilleure ; ainsi la Volonté se porte aujourd'huy vers l'une, & demain vers l'autre : En un mot, il semble que selon les notions que l'Entendement a des choses, ou selon les jugemens qu'il en porte, la Volonté poursuit ces mesmes choses, ou s'en detourne, & les fuit.

De mesme, parce qu'entre les biens, comme entre les maux, les uns sont vrais ou effectifs, & les autres faux ou apparents, le bien estant quelquefois voilé de l'espece de mal, & le mal de l'espece de bien, cela fait que demesme que l'Entendement est souvent trompé en jugeant, en ce qu'estant meu par l'espece du bien il juge un mal estre un bien, ou qu'estant meu par l'espece du mal il juge un bien estre un mal, ainsi la Volonté manque aussi souvent son but, en ce que tendant au bien, & le poursuivant il luy vient du mal, & que fuyant le mal elle est frustrée de quelque bien; ce qui fait aussi que l'Entendement tenant le moindre bien pour le plus grand, le plus grand mal pour le moindre, la Volonté en poursuivant le plus grand bien obtient le moindre, & en fuyant le moindre mal tombe dans le plus grand.

Puisque la Volonté est donc ainsi attachée à suivre l'Entendement, ou son jugement, il est certes constant que l'indifference qui se trouve dans la Volonté va justement, & absolument de mesme pas que l'indifference de l'Entendement: Or l'indifference de l'Entendement semble consister en ce qu'il ne soit pas tellement adherant à un jugement qu'il aura fait sur une chose qui luy aura semblé vraye, qu'il ne puisse en le laissant se porter à un autre jugement sur cette mesme chose s'il se presente d'ailleurs une plus grande vray-semblance. Car l'Entendement n'est pas de ces facultez qui sont determinées à une chose, comme est la pesanteur dans les choses inanimées, la faculté d'engendrer dans les vivantes, & ainsi des autres; mais il est de sa nature tellement flexible, qu'ayant le vray pour objet, il peut tantost juger cecy, & tantost cela d'une certaine chose, & entre les jugemens qui se peuvent faire sur cette chose, tantost tenir celuy là pour vray, & tantost un autre.

C'est pourquoy l'Entendement peut estre consideré comme une Balance: Car de mesme qu'une Balance est indifferente à pancher vers l'un ou l'autre des bassins, & qu'elle panche de telle maniere vers celuy qu'on charge de quelque poids, que si l'on charge l'autre d'un plus grand poids elle y panchera; ainsi l'Entendement est indifferent à pouvoir estre flechy ou porté à l'un ou à l'autre des jugemens opposez, & il est de telle maniere flechy ou emporté à celuy qui aura, comme une espece de poids, quelque apparence de vray, que si quelqu'autre plus grande apparence de vray survient à l'autre, il y sera tout aussitost flechy. Cette comparaison est de Ciceron lorsqu'il enseigne, *que de mesme qu'un bassin de Balance est abaissé par le poids que l'on y met, ainsi l'Esprit cede aux choses evidentes, ou ne peut n'approuver pas une chose qui luy paroit evidente.*

Ce qui tend à nous faire entendre, que l'Entendement estant indifferent à suivre un jugement, ou un autre, il n'est neanmoins pas indifferent à laisser une chose evidente pour en suivre une moins evidente, ou à laisser le jugement qui paroit plus vray pour embrasser celuy qui est moins vraysemblable ; parceque de mesme qu'un bassin abbaissé par un poids plus pesant ne sera jamais elevé acause d'un moins pesant qui sera mis dans l'autre bassin, mais plutost acause d'un plus pesant qui abbaissant celuy-cy sera cause que l'autre s'elevera ; ainsi il n'est pas possible que le consentement de l'Entendement que l'evidence de quelque experience, ou de quelque raison aura tiré, soit de telle maniere changé qu'il en succede un opposé, si ce n'est acause d'un plus grand poids, c'est à dire acause d'une experience plus excellente, ou d'une raison plus evidente.

Cecy paroit principalement de ce que nous demeurons quelquefois en suspens, & que nous balançons dans le doute, & dans l'incertitude ; car cela n'arrive que parceque de part & d'autre il y a, pour ainsi dire, des poids egaux de verité, dont l'un (comme des poids egaux dans une Balance) empesche l'autre, & fait que l'Entendement n'est pas attiré par l'un plutost que par l'autre.

Que s'il semble pancher tantost d'un costé, & tantost d'un autre, cela ne se fait que parcequ'il devient tantost plus attentif à un poids, & tantost plus attentif à l'autre, & que l'un attire à soy tout autant de temps que l'autre ne paroit pas demesme, cet autre attirant neanmoins demesme quand il apparoit plus fortement ; demesme que si ayant mis une Balance en equilibre avec des poids egaux, vous ajoûtez tantost à l'un, & ostez tantost à l'autre quelque petit poids; de sorte que si l'Entendement panche enfin plutost d'un costé que de l'autre, il faut que cela soit venu de ce que quelque chose l'aura meu davantage de ce costé là que de l'autre, ou mesme de ce que la seule attention plus constante jointe à l'impatience aura pû faire quelque poids.

Il est vray que l'Entendement laissant quelquefois le jugement qui de soy est plus vray, ou absolument vray, embrasse celuy qui de soy est moins vray, ou absolument faux : Mais toutefois ce qui meut l'Entendement, c'est toujours l'espece du vray qu'il considere dans quelque chose ; & parceque cette espece peut estre ou vraye ou fausse, il arrive que ce qui est vray de soy pouvant estre voilé par l'espece du faux, ou du moins-vray, & ce qui est faux de soy estre voilé par l'espece du vray, ou du moins-faux, il arrive, dis-je, que l'Entendement peut aussi estre porté vers le faux, ou vers le moins-vray, tandis que le faux est couvert de l'espece du vray, ou du moins-faux, ou que le vray est couvert de l'espece du faux, ou du moins-vray. C'est pourquoy toutes les fois que l'Entendement estant attaché à un jugement vray, laisse ce jugement pour en suivre un faux, il faut qu'il soit intervenu quelque chose qui ait ôté au vray sa veritable & naturelle espece, & qui au faux en ait donné une apparente, ce qui ait causé ce changement de jugement.

Que s'il en est universellement de la sorte, il est constant que cela confirme ce qui vient specialement d'estre dit du changement des consentemens, ou des jugemens soit a l'egard du bien, soit à l'egard du mal, & par consequent que le jugement qu'on fait qu'une chose est bonne, ou meilleure, demeure dans l'Entendement tant que l'espece vraye ou fausse qui fait que la chose paroit telle, y est en vigueur, & qu'il est changé lorsque l'espece est changée.

Il est de mesme constant, qu'estant necessaire à la Volonté que l'Entendement precede, en vain l'on tente que la Volonté change son appetition, si l'on n'a soin que l'Entendement change son jugement, comme l'on tente en vain que la Volonté persiste dans son appetition, si l'on n'a soin que l'Entendement persiste dans son jugement.

Aussi est-ce pour cela que celuy qui se sera proposé d'embrasser la Vertu preferablement à tous les autres biens, doit prendre garde qu'il ne se glisse de la fausseté qui trompant l'Entendement fasse qu'il juge qu'il y a quelque chose de plus excellent que la Vertu : Et comme il aura fait consister la souveraine Vertu à conformer sa volonté à la volonté Divine, il faut qu'il s'imprime fortement dans la pensée, qu'il ne peut rien vouloir de plus excellent que ce que Dieu aura voulu, disant en soy-mesme avec Epictete, *j'ay soûmis mon appetit à Dieu. Il veut que je sois malade, j'en suis content. Il veut que j'entreprene quelque chose, je l'entreprendray volontiers. Il veut que je viene à bout de quelque chose, je le veux aussi. Ne le veut-il pas? je ne le veux pas. Veut-il que je meure? je le veux.*

Enfin il est constant, que parceque tant que nous vivons icy bas, nous sommes & tres foibles, & tres debiles, & que nous ne pouvons point nous promettre une constance soit de jugement, soit de volonté, & de resolution acause de l'indifference par laquelle l'Entendement, & la Volonté peuvent passer d'une chose vraye à une qui paroitra plus vraye, d'une chose bonne à une qui paroitra meilleure, il est constant, dis-je, qu'il ne reste que la vie future dans laquelle cette indifference puisse cesser; parceque c'est dans cette vie future que la souveraine Verité, & la souveraine bonté sont connües evidemment, & que ne se pouvant

vant rien presenter de plus vray à l'Entendement, ni de meilleur à la Volonté vers quoy elle se puisse tourner, il n'est pas possible de n'y demeurer pas attachée tres constamment, tres invariablement, tres necessairement, & tres volontiers, *summa cum libentia*, qui est ce que nous avions entrepris d'expliquer.

Maintenant pour ne sembler pas nous vouloir arrester sur les choses sur-naturelles, revenons & disons derechef, que la Liberté, ou le Liberal-Arbitre n'est dans l'homme qu'en ce que cette indifference que nous venons de dire y est. Car il est libre Premierement afin que le bien, & le mal luy estant proposez, il choisisse ou le bien par l'espece duquel il soit meu, ou le mal s'il est voilé d'une espece de bien qui paroisse plus clairement & qui par consequent attire, & meuve plus fortement que l'espece du bien mesme. Secondement afin que deux biens luy estant aussi proposez, il suive le plus grand dont l'espece le meuve, ou le moindre si son espece est plus evidente, & plus attirante que celle du plus grand. Troisiemement afin qu'ayant devant les yeux deux maux, il fuie le plus grand estant repoussé par son espece, ou le moindre si son espece paroit plus horrible, & plus repoussante.

Cecy supposé, ce passage de Platon fait extremement à ce sujet. *Que personne de son bon gré ne se porte au mal, & qu'il n'est pas dans la nature de l'homme de vouloir se tourner vers ce qu'il repute estre mal au lieu de se porter vers le bien; desorte que si de deux maux il est necessaire d'en choisir un, il n'y a personne qui pouvant choisir le moindre, choisisse le plus grand.*

Mais parceque l'on oppose d'abord ce qu'Ovide fait dire à Medée, Ie vois ce qui est de meilleur, & je l'approuve, & cependant j'embrasse le pire.

——*Video meliora, probóque, Deteriora sequor.*——

Pour cette raison il faut remarquer la question que fait Aristote, lorsqu'il demande s'il est possible que celuy qui connoit bien les choses, & qui en a l'estime qu'il faut, ne soit pas Continent, *qui fieri possit vt qui de rebus rectè æstimat, incontinens sit?* Car ce n'est pas sans raison que Socrate disoit, *qu'il n'est pas possible que dans celuy où est la Science il domine quelque autre chose de repugnant à cette Science, & qu'ainsi il est impossible que celuy* qui connoit & estime les choses comme il faut, ne fasse pas ce qui est de meilleur à faire, veu que s'il fait le contraire, cela se fait par ignorance. D'où il semble qu'on ait tiré ce qui se dit vulgairement, & qu'on oppose aux paroles de Medée, Quiconque peche est ignorant, *Omnis peccans est ignorans.*

Certainement la distinction qu'Aristote donne sur cecy est tres belle. Il fait voir qu'on peut dire que quelqu'un sçait quelque chose ou Habituellement, ou Actuellement, *habitu, aut actu*; entant que quelqu'un peut avoir une Science dont il ne se serve pas, comme s'il tient son Esprit distrait à autre chose qu'a ce qu'il sçait, ou s'il est endormy, furieux, plein de vin; ou avoir une Science dont-il se serve, comme s'il a l'Esprit attentif à ce qu'il sçait.

Or si quelqu'un sçait actuellement, dit-il, & qu'il n'ait point l'Esprit distrait ailleurs qu'a ce qu'il sçait, il est impossible qu'il fasse quelque chose qui repugne à sa Science, & par consequent que voyant, par exemple, la beauté de la Vertu, & la turpitude du Vice, il abandonne celle-là, & suive celle-cy. Mais s'il ne sçait qu'habituellement, ou qu'il ne se serve pas de la Science qu'il a, parce-que c'est tout de mesme comme s'il n'en avoit point, & comme s'il ignoroit la chose, pour lors il peut faire quelque chose de repugnant à la Science; & ainsi quoy qu'il sçache habituellement combien la Vertu est belle, combien le Vice est sale & difforme, cela n'empesche pas qu'il ne puisse negliger la Vertu, & embrasser le Vice.

Mais n'arrive-t'il pas souvent, direz-vous, que celuy qui peche voit effectivement, & considere la beauté de la Vertu qu'il neglige, & la saleté du Vice qu'il poursuit ? Aristote repond qu'il en est de cet homme comme de ceux qui sont pleins de vin, & qui par une certaine habitude recitent des Vers d'Empedocle ; ou comme des Enfans qui ne laissent pas de lire ce qu'ils n'entendent que tres peu ; ou comme des Comediens qui font des personnages à qui ils ne ressemblent point. Car il s'eleve toujours dans celuy qui peche quelque passion soit de Volupté, ou de Colere, d'Ambition, ou d'Avarice, qui remue & qui trouble tellement l'Esprit & cette Science, qu'il obscurcit & couvre comme d'une espece de brouillar tout ce qu'il y a de bien dans la Vertu, tout ce qu'il y a de mal dans le Vice, enforte qu'il eft caché, ou ne paroit qu'a peine, au lieu que tout ce qu'il y a de mal, c'eft à dire de penible dans la Vertu, tout ce qu'il y a de bien, c'eft à dire d'agreable dans le Vice, eft à decouvert, & comme en plein jour.

D'ou vient que le bien qui eft dans la Vertu n'attire que foiblement à l'egard de celuy qui eft dans le Vice, & que le mal qui eft dans le Vice ne detourne qu'impuiffamment à l'egard de celuy qui eft dans la Vertu; deforte que celuy qui peche, peut veritablement bien dire qu'il voit les chofes qu'il quitte meilleures, celles qu'il fuit pires, mais pour un autre temps ou fuivant l'habitude qui le fait fouvenir confufement & comme en paffant qu'il a autrefois jugé de la forte; mais il ne le peut neanmoins pas dire pour ce temps-là mefme qu'il peche; car alors il tient pour meilleur ce qu'il fuit, & pour pire ce qu'il laiffe: Sibien qu'en difant qu'il approuve alors comme meilleures les mefmes chofes qu'il aura autrefois approuvées, il ment, veu qu'il fe contredit luy-mefme approuvant plutoft ce qu'il fuit.

Que s'il fait cela non fans quelque

sorte de repentir, & de douleur, cela vient veritablement de ce qu'il s'appercoit qu'il fait quelque perte de bien, & qu'il s'attire quelque mal; mais ce qui montre toutesfois que cette douleur est petite en comparaison du plaisir qui ne laisse pas de l'attirer, c'est qu'il ne voit, & ne considere que comme en passant, & non pas serieusement la perte du bien, & l'atteinte du mal. Ce qui est d'autant plus aisé à comprendre, que si le supplice, la douleur, l'ignominie, & les autres maux qu'il ne voit, & n'apprehende, ou ne craint que legerement, & confusement, estoient attentivement & clairement veus & considerez, non comme absens, non comme eloignez ou à venir, non comme douteux, mais comme penchants sur sa teste, mais comme presens & certains, & comme devant immediatement arriver apres la mauvaise action faite, il en seroit asseurement detourné, & ne se precipiteroit pas dans le Vice.

Encore donc que celuy qui peche, & qui suit le pire, dise qu'il voit & qu'il approuve le meilleur, neanmoins l'inconsideration, ou l'inadvertence qui fait qu'il ne voit & ne considere pas toutes les circonstances qui sont dans la chose, ou qu'il ne les voit pas telles qu'elles doivent estre, & seront, est une ignorance. Et c'est pour cela que celuy qui peche est dit ignorant, puisqu'il ne pecheroit pas s'il ne l'estoit de la sorte.

Il faut neanmoins remarquer, qu'il ne se doit pas pour cela croire excusable, de ce qu'il agit avec ignorance, de ce qu'il suit le bien tel qu'il luy paroit, de ce qu'il n'est pas en son pouvoir d'empescher qu'il ne paroisse tel, pretextant *que nous ne sommes pas maistres de ce qu'une chose paroit estre.* Car encore qu'entre les choses qui excusent les pechez on ait accoûtumé de mettre l'Ignorance, neanmoins cette ignorance qui excuse est une pure, absoluë, & invincible ignorance, telle que fut, par exemple, celle de Cephale, lorsqu'il tua Procris qui estoit cachée dans des buissons, lors qu'il tua, dis-je, Procris qu'il croyoit estre une beste sauvage, & qu'il ne pouvoit aucunement soupçonner estre sa chere femme ; au lieu que l'Ignorance dont il s'agit icy vient faute de soin, & par negligence, comme dit Aristote, *per incuriam, negligentiam-ve paritur,* & est pour cette raison appellée ignorance crasse, affectée, *affectata, supina.* Car celuy qui peche, ignore, ou parcequ'il a esté luy mesme cause de ce qu'il ignore, ou *parcequ'il ne se met pas en peine de sçavoir*; c'est à dire *parce qu'il ne se soucie pas de prendre garde, & de considerer comme il faut.*

Vn homme yvre, dit Aristote, ignore en la premiere maniere, car il est luy-mesme cause de son ignorance, & de son yvresse, & il a esté en sa puissance de ne devenir pas yvre, & de n'ignorer pas ce qu'il feroit; d'ou vient, dit-il, que l'ignorance ne l'excuse pas, au contraire il merite double peine, l'une de s'estre fait yvre, l'autre d'avoir peché estant yvre.

Il en est de mesme de celuy qui du commencement ne resiste pas à une legere passion, mais qui la laisse prendre de telles forces qu'elle l'emporte ensuite avec plus de violence, & generalement de tous ceux qui souffrent qu'une habitude dont il sont les maistres dans le commencement, s'enracine tellement, & deviene tellement forte & puissante qu'on ne luy puisse ensuite resister.

Aristote enseigne qu'il en est de cecy, comme de celuy qui jetteroit une pierre qu'il ne pourroit faire revenir, en ce qu'il a esté en son pouvoir de ne la pas jetter, ou comme d'un homme qui vivant en gourmand deviendroit necessairement malade, en ce qu'il a aussi esté en sa puissance de vivre sobrement.

Un homme ignore de la derniere maniere, lequel poussé par la passion peut encore dire, *video meliora, probóque, parceque'il est aussi alors en sa puissance d'estre attentif aux maux*, ou de considerer serieusement quels & combien grands seront les maux qui doivent suivre, ce que faisant il ne pecheroit pas. *Cela, dis-je, est en sa puissance*, puisqu'il arrive souvent, que si estant sur le poinct de pecher il survient une personne de consideration, ou un homme qui doive tirer la vangeance & le châtiment de l'action, il s'abstient de pecher, & qu'il y en a qui se retiennent au milieu de la passion, & qui ont assez de generosité pour ne se laisser pas surmonter par elle. Joint que l'usage des Loix, des Preceptes, & des Exhortations n'est pas en vain ; *nous pouvons y prendre garde, & l'Esprit y estant attentif peut devenir maistre des apparences des choses*, & faire ensorte qu'elles luy paroissent de la maniere qu'elles doivent effectivement paroitre.

Certes, toutes les fois qu'on peut dire *video meliora, probóque*, il est evident que

X. 5

l'action qui se fait est deliberée, & que nous en sommes par consequent les maistres ; car l'on ne sçauroit rien dire de tel lorsqu'elle se fait sans deliberation, comme lorsqu'au premier mouvement de Colere nous-nous emportons à la vangeance ; d'ou vient l'excuse ordinaire, *que les premiers mouvemens ne sont pas en nostre puissance.*

Et l'on ne peut pas dire avec les Hegesiaques dans Laërce, que les pechez se doivent pardonner parceque personne ne peche qu'il n'y soit contraint par quelque passion qui luy trouble l'Esprit, *neque enim quemquam volentem, sed perturbatione aliquâ coactum peccare.* Car du moins il est constant que lorsque l'on donne occasion au trouble, il n'y a point de contrainte.

Neanmoins parcequ'il y a de certains troubles naturels, & de certains desirs qui ont leur principe en nous-mesmes, & qui s'elevent malgré nous, Aristote enseigne qu'ils sont d'autant plus pardonnables qu'ils sont communs à tous. Et afin de montrer qu'il y a quelques passions qui naissent en nous, & qui passent de pere en fils, il cite l'exemple de celuy qui s'excusoit de ce qu'il battoit son pere, *car mon pere*, disoit-il, *a battu le sien, ce dernier le sien, & mon fils que voila me battra quand il sera grand.* Il cite encore l'exemple de celuy qui estant trainé par son fils, luy commanda quand il fut venu jusques à la porte, de ne se trainer pas plus avant, *parcequ'il n'avoit pas trainé son pere plus loin.*

Au reste, je me sens obligé d'avertir, que ce qui s'est dit jusques icy de cette grande attache de la Volonté à suivre les mouvemens de l'Entendement, se doit entendre avec circonspection, & moderation. Car quoy qu'il soit constant que l'on ne desire jamais ce qui est inconnu, *ignoti nulla cupido*, & qu'ainsi la Volonté n'agit jamais que l'Entendement ne l'éclaire prealablement de ses connoissances, & ne porte, comme l'on dit d'ordinaire, le flambeau, & la lumiere devant elle. Quoy qu'il ne soit pas moins constant que la Volonté est tellement attachée à suivre l'Entendement, que de deux biens qui paroissent inegaux, elle embrasse d'ordinaire le plus grand: Toutefois il semble que lors qu'elle est encore sur le poinct d'agir, elle peut nonobstant cette connoissance, & sans qu'il en intervienne aucune autre, laisser celuy qui paroit le plus grand, & embrasser ou suivre celuy qui paroit le moindre.

Il semble mesme que la Volonté exerce quelquefois cette puissance : Car si nous voulons nous consulter nous-mesmes, n'est-il pas vray qu'il est des temps que nous prenons garde à la bonté & à l'excellence de la Vertu, que nous la voyons clairement, & que nous demeurons d'accord qu'elle est preferable à la bonté, ou au plaisir qui se trouve dans le Vice, ensorte que si nous suivions nostre propre interest, nous laisserions le Vice, & embrasserions la Vertu ? N'est-il pas vray, dis-je, que quelquefois nous avons ces veües & ces connoissances, & que nous ne laissons pas pour cela de nous porter au Vice, abandonnant la Vertu, que nous laissons le grand bien, & prenons le moindre, en un mot, que nous voyons le meilleur, & prenons le pire, selon ce que dit Medée.

Video meliora, probóque, deteriora sequor.

Cela estant il semble que nous devons davantage etendre la puissance de la Volonté, que nous ne devons point la faire tellement attachée aux jugemens de l'Entendement qu'elle ne puisse s'en departir, & que si nous voulons sauver noſtre Liberté ſans qu'il reſte aucun ſcrupule, nous ne la devons point tant faire conſiſter dans l'indifference de l'Entendement qui determine la Volonté, que dans l'indifference de la Volonté qui ſe determine d'elle meſme, enſorte que toutes les choſes neceſſaires pour agir eſtant poſées, elle puiſſe ou agir, ou n'agir pas, ſuivre le bien, ou ne le ſuivre pas, ſuivre le bien qui paroit le plus grand, ou celuy qui paroit le moindre ; de telle maniere qu'il n'en ſoit pas de la Volonté comme d'une Balance qui eſt determinée à trebucher du coſté qu'il y a plus de poids, mais comme d'une Balance qui ſe determineroit elle meſme, & par ſa propre force, & quelquefois meſme du coſté qu'il y a moins de poids, qu'il y a moins de raiſons, qu'il paroit moins de bien.

Et qu'on ne diſe point qu'un moindre bien en comparaiſon d'un plus grand eſt cenſé eſtre un mal, & que la Volonté ne ſe pouvant porter au mal comme mal, elle ne ſe peut par conſequent porter au moindre bien : Car l'on peut nier abſolument qu'un moindre bien ſoit un mal en comparaison d'un plus grand, puisque quelque petit qu'il soit, c'est toujours un bien : Et d'ailleurs l'on peut repondre que si la Volonté laissant le plus grand bien se porte au moindre, elle ne se porte pas pour cela au mal comme mal, parcequ'elle ne le considere pas comme mal, mais simplement comme bien, lequel se trouve par hazard estre moindre: Et certes, si de deux biens qui luy sont proposez elle a bien le pouvoir de les negliger tous deux, elle aura bien le pouvoir de prendre l'un ou l'autre, & d'embrasser le moindre.

Quoy qu'il en soit, il est constant qu'encore qu'on s'en voulust tenir à l'Opinion de Platon, & d'Aristote, qui est celle pour laquelle nostre Autheur semble avoir plus de pente, ensorte qu'on fist consister primitivement & originairement la liberté dans l'indifference de l'Entendement, il est, dis-je, constant que dans cette hypothese l'on peut toujours tres bien sauver la Liberté, en ce que lorsque nous sommes sur le poinct, & en estat d'agir, il est toujours en nostre pouvoir de suspendre l'action, & de nous arrester a considerer meurement les choses, ensorte que distinguant les veritables biens des biens apparens, nous faſsions changer les fauſſes connoiſſances ou opinions qui pourroient eſtre dans l'Entendement, & par là faire changer la pente que la Volonté pourroit avoir à ſuivre les biens faux & trompeurs pour les veritables, le bien deshonneſte pour l'honneſte, le Vice pour la Vertu.

CHAPITRE II.
Ce que c'eſt que la Fortune, & le Deſtin.

Ciceron tient que *la folie, l'erreur, l'aveuglement, & l'ignorance des choſes, & des cauſes, ont introduit les noms de Nature, & de Fortune*; cependant l'on ne demeure pas generalement d'accord que ce ſoit un nom purement vain, & imaginaire. Car quoy qu'il ſe trouve des Philoſophes qui nient abſolument qu'il y ait aucune Fortune, & que quelques-uns en doutent chez Ariſtote, il y en a neanmoins pluſieurs qui tienent que c'eſt une cauſe, & meſme une cauſe Divine, ce qui a donné lieu à ces Vers de Juvenal.

─────── *Sed te*
Nos facim°, Fortuna, Deam, cœlóq; locamus.
Quelques-uns avec Platon veulent que ce soit *Vne Cause par accident, & qui suit inopinement dans les choses qui se font par conseil.* D'autres avec Aristote soutiennent de mesme que c'est *Vne Cause par accident dans les choses qui se font pour quelque fin, & que cette cause est incertaine, & sans stabilité aucune.* D'autres enfin, comme Lactance, ne donnant le nom de Fortune qu'a la chose fortuite, ou à ce qui arrive par fortune, la definissent *Vn evenement subit, & inopiné des choses qui arrivent.*

Mais sans nous arrester trop à ces differentes descriptions, la Fortune semble estre *Vn Concours de diverses causes fait sans conseil mutuel, ensorte qu'il suive un evenement, ou un effet appellé fortuit que toutes les causes, ou quelques-unes, ou du moins celuy auquel il arrive n'ayent point eu dans l'intention.* Ainsi, comme afin qu'il se trouve un Thresor, il est non seulement necessaire que quelqu'un fouïlle dans la terre, mais aussi que quelqu'un cache premierement de l'argent ; il est evident que la Fortune, ou la cause d'un tel evenement ou d'une telle decouverte, est le concours du *cachement* de l'argent, & du *creusement* de la terre en cet endroit là.

J'ay dit sans le conseil mutuel, & outre l'intention de toutes, ou de quelquesunes des causes; parce qu'encore qu'une, ou plusieurs causes l'ayent peutestre eu en veüe, & dans l'intention, ce n'est pas moins Fortune à l'egard de celuy qui ne l'a point eu : Comme si quelqu'un cache un thresor à dessein que celuy qu'il prevoit qui foüillera dans la terre le trouve, cet evenement ne sera veritablement pas fortuit à l'egard de celuy qui aura caché, mais il le sera neanmoins à l'egard de celuy qui aura ignoré qu'il y ait eu rien de caché. Ainsi ce qui arriva de l'ouverture du Sepulchre de Nitocris ne fut pas absolument fortuit à l'egard de Nitocris, en ce qu'il se douta bien qu'il y auroit quelque Roy qui l'ouvriroit y estant invité par cette inscription : *Si quelqu'un des Rois de Babilone qui viendront apres moy se trouve en disette d'argent, qu'il ouvre le Sepulchre, & qu'il en prenne tant qu'il voudra : Qu'il ne l'ouvre toutefois pas s'il n'en a besoin ; car il ne luy serviroit de rien* : Mais l'evenement fut neanmoins fortuit à l'egard de Darius, parce qu'au lieu d'argent il trouva cecy ecrit dedans : *Si tu n'eſtois inſatiable d'argent, tu n'aurois pas ouvert les Sepulchres des morts.*

Il faut toutefois avoüer que l'on appelle proprement Fortune, lorſque de toutes les cauſes qui concourent aucune ne penſe ou n'a en veüe ce qui doit arriver du concours. L'on en apporte un illuſtre exemple dans Socrate, ou dans le retardement de ſa mort apres la Sentence prononcée. *Car la cauſe de ce retardement fut que le jour precedent de la Sentence, il arriva que ſelon la coûtume annuelle l'on couronna un Navire pour Delos; & cependant ni le Preſtre en couronnant le Navire, ni les Iuges en prononçant la Sentence ne ſongeoient point à retarder la mort de Socrate.*

Il faut auſſi remarquer que le concours des cauſes ſe doit interpreter moralement comme l'on parle d'ordinaire. Car il n'eſt pas neceſſaire que toutes les cauſes agiſſent enſemble, mais il ſuffit qu'elles contribuent en quelque façon au meſme effet. Cependant il eſt conſtant que la Fortune de ſoy, & en effet n'eſt rien, en ce que ſi vous mettez à part les cauſes par ſoy, il ne reſte plus que la ſeule negation de la prenotion du concours, & de l'intention de l'evenement, & que le concours mesme n'est dit cause qu'entant que c'est *une condition sans laquelle l'evenement ne seroit pas*, de mesme que sans l'approchement du bois au feu, le bruslement ne se feroit pas.

Or ce n'est pas sans raison qu'Epicure recommande tant qu'on ne reconnoisse pas la Fortune comme quelque Deesse; car la foiblesse des hommes est telle, que non seulemét ils admirent tout ce qu'ils n'entendent point, mais qu'ils le croyent mesme comme quelque chose de divin, & au dessus de la Nature, ensorte qu'ayant veu que la Fortune tantost estoit favorable, & tantost contraire, ils l'ont adorée sous diverses representations, & luy ont erigé des Temples sous ces differents titres, *Fortuna Bona, Mala, Blanda, Averruncæ, Calvæ, Equestri*, &c.

Et c'est de là que sont venuës ces plaintes de Pline, *Que par tout le Monde, en tout lieu, & à toute heure l'on invoque la Fortune; qu'elle seule est nommée, elle seule accusée, elle seule traitée de criminelle, elle seule loüée, blasmée; qu'elle seule est adorée avec des injures; que plusieurs la tien-*

nent pour incertaine, inconstante, & aveugle, favorisant ceux qui ne le meritent pas, &c. d'où vient qu'on dit d'ordinaire, *le joüet de la fortune*, & qu'il y en a qui comparent la vie des hommes à un jeu de hazard qui est autant fortuit à l'egard du mauvais que du bon joüeur.

Il est vray que comme le jeu & la vie sont meslez d'industrie, le bon joüeur, & le Sage reüssissent quelquefois mieux, mais cela n'arrive pas toujours, le mauvais joüeur est souvent plus heureux que le bon, l'homme imprudent plus heureux que le Sage, & souvent la Fortune a autant ou plus de part aux bons evenemens que la Sagesse; ce qui a fait dire à Plutarque, *que la Fortune & la Sagesse quoy que tres dissemblables, produisent souvent des effects tres semblables*: Et mesme, comme il y en a peu entre ceux qui font profession de Sagesse qui sçachent bien manier & conduire les evenemens de la Fortune, Theophraste a osé dire, que c'est la Fortune, & non pas la Sagesse qui conduit la vie.

Vitam regit Fortuna, non Sapientia.

Et Lucrece parlant populairement, dit que la Fortune vient souvent sans estre invoquée à ceux qui ne la cherchent point avec tant d'empressement, & qu'elle fuit souvent ceux qui la poursuivent jour & nuit, sans cesse, par mer & par terre ; tant il est vray, ajoûte-t'il, qu'il y a quelque force occulte qui maistrise les choses humaines, & qui semble prendre plaisir à se mocquer des Puissances, & des Dignitez, & à les fouler aux pieds.

Usque adeò res humanas vis abdita quædam Obterit, & pulcros fasces, sævásque secures Proculcare, & ludibrio sibi habere videtur!

Pource qui est du *Destin*, Homere en a parlé plus expressément que de la Fortune ; car il fait dire à Hector que si les Destins ne l'ordonnent rien n'est capable de luy oster la vie, mais que personne n'evite le Destin.

Nã nisi fata vocēt, nemo me mittat ad Orcũ : At fatum vitat nemo, mihi crede, virorum.

Ciceron tient que le Destin est un nom vain & superstitieux, *anilis plenum superstitionis fati nomen*, & Epicure, *Que c'est un nom imaginaire, & que rien ne se fait par le Destin* : Toutefois comme le Destin a toujours eu des Defenseurs, & que les uns l'ont pris d'une maniere, & les autres d'une autre, il faut connoitre les diverses Opinions qui les ont partagez.

Entre ces Opinions il y en a deux capitales, dont l'une reconnoit le Destin pour une chose divine, l'autre pour une chose purement naturelle. Ceux qui soûtiennent la premiere Opinion sont les Platoniciens, & les Stoïciens, selon lesquels Plutarque, Chalcidius, & quelques autres considerent le Destin en deux façons. Premierement ὡς οὐσία, comme une substance qu'ils prenoient pour Dieu-mesme, ou pour cette Raison eternelle qui de toute Eternité a disposé toutes choses, & a tellement lié les causes aux causes, que tout ce qui arrive soit bien, soit mal, arrive par la suite de ces causes. Ils donnoient divers noms à cette divine substance ou Raison; car tantost ils l'appelloient comme a fait Platon, *l'Ame du Monde; la Raison, & la Loy eternelle de la Nature de l'Vnivers*; tantost comme Zenon, & Chrysippe, *la Vertu-motrice de la matiere, une vertu spirituelle, & la Raison de l'ordre gouvernant toutes choses*; tantost *Dieu, Iupiter, Entendement*, comme Aristote, & Seneque; tantost comme Heraclite, *la Raison qui penetre toutes choses*, & tantost comme Pythagore, *la cause directrice des choses universelles, & particulieres.*

Secondement ὡς ἐνέργεια, comme acte, aſçavoir en partie pour le Decret & le commandement meſme par lequel Dieu ait eſtably & diſpoſé toutes choſes ; en partie pour l'ordre meſme, pour la ſuite, ou pour l'enchainement qui eſt eſtably dans les choſes, lequel enchainement va pourſuivant ſon train invariablement ſelon la teneur qui a eſté une fois preſcrite. Car c'eſt ainſi qu'ils en parloient, comme lors qu'ils nommoient le Deſtin *la Loy de la Nature; la compagne du Tout; la Fille de la Neceſſité; l'ordre comprenant tous les ordres* ; ou comme dit Chryſippe, *une certaine ſuite eternelle, & immuable des choſes, &c. Sempiterna quadam & indeclinabilis ſeries rerum, & catena volvens ſemetipſa ſeſe, & implicans per aternos conſequentia ordines, in quibus apta, connexaque eſt*, ce que devoit avoir en veüe Lucain dans ces deux Vers.
At ſimul à prima deſcendit origine Mũdi Cauſarum ſeries, atque omnia fata laborant.
Et Heſiode, lors qu'il diſtingue trois Parques qui filent la vie des Hommes, & dont la premiere eſt dite *Atropos*, acauſe de l'irrevocable temps paſſé, qui eſt comme le fil fait & tourné dans le fuſeau. La ſeconde *Cloto*, acauſe du pre-

sent, ou du courant, qui est comme le fil dans la main de celle qui file. La troisieme *Lachesis*, acause du futur, ou du sort, qui est comme le lin qui n'est pas encore tors ; Lachesis dans Platon gouvernant le passé, Cloto le present, Atropos le futur.

Platon mesme ajoûte en parlant de l'Ame du Monde, que la partie la plus elevée de cette Ame, qui est dans la region des Etoiles fixes, doit estre appellée Cloto ; celle qui vient ensuite, & qui est dans la region des Planetes, Atropos, la plus basse, ou celle qui est au dessous du Ciel, & alentour de la Terre, Lachesis, comme il est remarqué dans Plutarque. Or lorsqu'il est dit que Lachesis reçoit les actions celestes des deux autres Sœurs, qu'elle les joint, & qu'elle les distribue icy bas sur les choses terrestres, l'Opinion des Astrologues qui attache la destinée des Hommes aux Astres, & qui l'en fait dependre, & descendre, est comme nous avons dit ailleurs assez bien marquée. C'est cette Opinion que Manile exprime en ces termes.

Fata quoque & vitas hominum suspendit ab Astris.

Opinion

DE LA LIBERTE'. 505

Opinion qui est plus seure chez les Astrologues que les Sybilles, & les Oracles qui sont dits *chanter la Destinée*. Car à les entendre parler, ils ne sont pas moins participants des volontez du Ciel, que les Chesnes dont Platon dit qu'il sortit *des voix Devineresses*, comme l'a marqué Virgile.

Quâ comitabātur fatalia carmina quercus.

   Au reste, l'on fait de grandes Objections aux Platoniciens, & aux Stoïciens, & principalement aux derniers, parcequ'ils soûtiennent entre autres, comme dit Seneque, que toutes les choses & toutes les actions sont sujettes à une certaine necessité fatale & inflexible que nulle force ne sçauroit rompre, *Fata jus suum peragere, nec ulla commoveri prece; non misericordia flecti, non gratia; servare cursum irrevocabilem; ex destinato fluere. Quemadmodum rapidorum aqua torrentium in se non recurrit, nec moratur quidem, quia priorem superveniens præcipitat; sic ordinem rerum fati series rotat, cujus hæc prima lex est, stare decreto.* L'on fait, dis-je, de grandes Objections aux Stoïciens, dont la premiere est, que cette Necessité qu'ils soûtiennent semble detruire entierement la Liberté des actions humaines, & ne rien laisser dans noſtre Liberal-Arbitre, parceque ſi elle y laiſſoit quelque choſe, cela ne ſe feroit pas neceſſairement, & il pourroit arriver quelque choſe contre le Deſtin ou le Decret.

La ſeconde, que ſi nos Eſprits, comme ils ſont mis & rangez dans la ſuite des choſes, ſont auſſi conduits par le Deſtin, & que deſtituez de liberté ils faſſent tout par une neceſſité immobile, invariable, & inevitable, la maniere & la conduite ordinaire de la vie humaine perit, & toutes les Conſultations ſont inutiles. Car quelque choſe que vous deliberiez, il n'arrivera que ce qui aura eſté decreté par le Deſtin ; ainſi la prudence ſera vaine, & l'etude de la Sageſſe inutile, & tous les Legiſlateurs ſeront ridicules, ou des Tyrans ; veu qu'ils commandent des choſes ou que nous ferons abſolument & neceſſairement, ou que nous ne pouvons aucunement faire : Ainſi il n'y aura ni Vice, ni Vertu, ni rien qui merite d'eſtre loüé, ou blaſmé, puiſque ceux-là ſeuls ſont cenſez dignes de loüange, qui pourroient faire du mal, & qui font du bien, ceux-là dignes de blaſme, qui pourroient ſuivre

DE LA LIBERTE'. 507

la Vertu, & qui embraſſent le Vice ; ſi bien que perſonne ne meritera de recompenſe pour ſes belles actions, comme perſonne ne meritera de chatiment pour ſes crimes ; parceque demeſme que celuy-là ne peut n'agir pas honneſtement, demeſme celuy-cy n'a pas la puiſſance de ſe retenir, & de s'abſtenir du crime : Enfin toutes choſes allant par une Neceſſité inevitable, en vain ſeroient les Prieres, les Vœux, les Sacrifices, &c.

Auſſi eſt-ce en veüe de cette etrange Doctrine des Stoïciens que Lucian introduit aſſez plaiſamment Cyniſcus objectant à Jupiter, *qu'il ne craint point ſes foudres, s'il n'eſt pas dans les Deſtinées qu'il periſſe de la ſorte* ; puiſque Iupiter, & les autres Dieux ſont eux-meſmes attachez au Deſtin, & qu'ainſi ils ne ſont, comme les Hommes, que les Serviteurs ou les Miniſtres des Parques; les Dieux-meſmes ne pouvant rien entreprendre que ce que les Parques auront decreté.

C'eſt de méme en veüe de cette Doctrine Stoïciene que Philemon dit *que nous ſervons aux Rois, les Rois aux Dieux, & les Dieux à la Neceſſité*: Que Jupiter ſe plaint de n'avoir pû retirer ſon fils Sarpedon de la mort, contre le Decret du Deſtin,

Y 2

comme remarque Virgile apres Homere.
Tot nati cecidere, quin occidit nnà
Sarpedon mea progenies ———

Que Seneque veut que Dieu ait veritablement ecrit les Destinées, mais qu'il est luy-mesme obligé de les suivre. *Ille ipse omnium conditor & rector scripsit quidem fata, sed sequitur ; semper paret, semel jussit.*

Fatis agimur, cedite fatis ?
Non sollicitæ possunt curæ
Mutare rati stamina fusi.
Quidquid patitur mortale genus ;
Quidquid facimus, venit ex alto ;
Servatque sua decreta colus
Lachesis dura revoluta manu ;
Omnia certo tramite vadunt,
Primúsque dies dedit extremum.

Enfin c'est dans cette veüe que Manile s'ecrie que les Destins gouvernent le Monde, que nous mourons en naissant, & que la fin depend du commencement. *Fata regunt Orbem, certa stant omnia lege, Largáq; per certos signantur têpora cursus; Nascentes morimur, finisq; ab origine pêdet.*

Quant à ceux qui soûtiennent la seconde Opinion, ou qui croyent que le Destin est une chose purement naturelle, & qui ne depend d'aucun Decret, ils doivent estre divisez en deux classes : Car les uns posoient une suite de causes naturelles, arrangées, & liées d'une telle maniere que les dernieres toujours dependantes des premieres, & meües par leur impression, ne pouvoient ne faire pas ce qu'elles faisoient, d'ou il suivoit une necessité qui ne pouvoit aucunement estre empeschée, & qui estoit toute pareille à celle qui a esté tirée de la premiere Opinion, ou du moins qui n'en estoit differente, qu'en ce que selon celle là la suite des choses couloit par un Decret eternel de Dieu, & que selon celle-cy elle couloit d'elle-mesme, ou par elle mesme. Les autres posoient veritablement une suite de cause naturelles liées, & jointes entre-elles, mais de telle maniere toutefois que les dernieres causes ne dependoient pas tellement des premieres, ou n'en estoient pas tellement meües, qu'elles ne pûssent estre empeschées ou par les choses fortuites, ou par celles qui agissent librement.

 Entre les premiers l'on conte Heraclite, Empedocle, Parmenides, Leucippe, Democrite, & quelques autres, mais pour ne parler que de Democrite, comme estant le plus celebre de tous : Ce Philosophe tient que la Nature ne sçauroit faire que ce qu'elle fait, parceque les premiers principes, ou les Atomes dont toutes les choses sont faites, ont un mouvement naturel & inamissible par lequel elles ne peuvent n'estre pas agitées ou meües, & que les Composez qui tous sont faits d'Atomes, ne peuvent n'estre pas meus par les mouvemens dont les Atomes sont meus. Et c'est de là qu'il tire cette pretendue Necessité, par laquelle il veut que toutes choses se fassent, & par laquelle le Monde mesme se soit fait tel qu'il est ; parceque les Atomes qui se sont, dit-il, fortuitement icy assemblez ont eu de tels & de tels mouvemens qu'ils n'ont pû s'assembler d'une autre maniere, ni faire une autre forme, & que cette forme estant posée, ils ne peuvent ne faire pas les mouvemens qu'ils font, & par ces mouvemens tout ce qui se fait. Car selon luy *la Necessité n'est autre chose que le mouvement, la percussion, & la repercussion de la matiere*, c'est à dire des Atomes qui sont la matiere des choses.

Ainsi il est aisé de voir ce qu'il avoit en veüe lorsqu'il a dit, *que la Necessité par laquelle toutes choses se font, est & le*

DE LA LIBERTE'. 511
Destin, & la Iustice, & la Providence, l'Architecte du Monde, &c. Car il pretend que la suite des choses dans laquelle consiste la nature du Destin, ne peut estre autre qu'elle est, & qu'il depend de cette suite que cette chose soit, ou soit censée juste, celle-là injuste, que le Monde soit conduit de la maniere qu'il va, qu'au commencement il ait esté fait tel, &c. Car il rapportoit la cause de tout à ces mouvemens naturels des Atomes : Sibien qu'il croyoit I. Que l'Esprit mesme, qu'il composoit principalement d'atomes ronds, & polis, se meut diversement de luy mesme, acause de leurs motions differentes, autrement par exemple dans les Melancoliques, autrement dans les Coleriques, & autrement dans ceux qui sont d'un naturel temperé. II. Qu'il est diversement meu & poussé par les divers mouvemens des Atomes dont les images ou les especes sensibles & intellectuelles sont tissuës, desorte qu'il ne peut n'estre pas attiré si ces especes sont convenables, & n'estre pas repoussé si elles sont disconvenables. III. Que si quelquefois il n'est pas attiré par quelque espece attirante, cela vient de ce qu'il s'en trouve du mesme costé de plus puissantes qui

repoussent ; demesme que s'il n'est pas repoussé par quelques repoussantes, c'est parceque du mesme costé il s'en emeut de plus puissantes qui attirent en mesme temps vers le mesme endroit. IV. Qu'il ne peut par consequent n'estre pas porté au bien, ou à ce qui flatte & attire, tandis qu'il ne le voit meslé d'aucun mal, & ne fuir pas le mal, ou ce qui blesse, & qui donne de l'aversion, tandis qu'il ne le voit meslé d'aucun bien. V. Qu'il ne peut derechef de deux biens n'estre pas porté au plus grand, comme en estant attiré plus fortement, & de deux maux ne fuir pas le pire, comme en estant plus fortement repoussé. Enfin, que l'ignorance & l'obscurité de l'Esprit humain faisant qu'il ne voit souvent pas tout le mal qui suit d'un bien, tout le bien qui suit d'un mal, il est veritablement trompé, & est souvent porté à un objet d'ou il seroit à desirer qu'il fust detourné, fuyant ce qui seroit à desirer qu'il poursuivit, mais que cependant les choses se rencontrant de cette façon, & non pas d'une autre, il ne peut n'estre pas porté où il est porté, n'estre pas détourné de ce dont il est detourné; sibien qu'il ne luy reste autre chose à desirer, sinon que les especes des choses luy puissent venir telles qu'il le faut pour faire que les choses paroissent telles qu'elles sont, & faire que les mauvaises ne trompent pas sous l'espece du bien, ni les bonnes sous l'espece du mal.

Suivant cela, il tient qu'il semble veritablement que certaines choses soient en nostre pouvoir, puisque nous experimentons que nous consultons, & que nous choisissons sans contrainte, & librement une chose preferablement à une autre, mais toutefois que cela n'est rien en effect; parceque l'occasion de la consultation, ou la representation de plusieurs choses qui nous meuvent presque egalement, & qui par leurs poids egaux tiennent l'Esprit en balance, ne peut ne nous estre pas faite acause de la suite des choses qui est prise de plus haut, l'Esprit demeurant dans cette incertitude jusques à ce que l'utilité de l'une paroissant surpasser l'utilité de l'autre, cette premiere utilité l'attire, & le determine: Comme si le choix n'estoit autre chose que la poursuite d'une chose meilleure, ou qui paroit meilleure, & qui se fait sans contrainte, ou sans aversion, parceque de nous mesmes nous aimons le bien, & que nous-nous y portons volontiers, la la liberté selon luy n'estant autre chose que *Libentia*.

Bien davantage, il tient, côme font tous les Deffenseurs du Destin, & nommement Manile, que de traiter icy maintenant du Destin, & d'en examiner les Loix & la nature côme nous faisons presentement cela mesme est dans la suite du Destin. *Hoc quoq; fatorũ est legem perdiscere fati.* *Hoc quoq; fatale est sic ipsũ expẽdere fatũ.*

Parceque quelque action humaine que vous supposiez, ils veulent que sa cause prochaine ait esté tellement meüe par quelque autre cause antecedente, celle-cy par une autre, cette autre par une autre en remontant à l'infiny, que telle suite ait esté posée, & que telle action n'ait pû ne suivre pas : *Tel qu'est ce souhait d'Ennius*, dit Ciceron, *Pleust à Dieu que jamais haches n'eussent coupé ces malheureux arbres du Pelion ? Il eust pû reprendre ainsi la chose de plus loin : Pleust à Dieu qu'il ne fust jamais né aucun arbre dans le Pelion ? Et de plus loin encore: Pleust à Dieu que le mont Pelion n'eust jamais esté ? & ainsi en remontant retourner à l'infiny ; afin de ne donner jamais commencement au Navire, & que Medée n'eust jamais sorty de sa maison.*

Entre ceux qui ont veritablement admis

une Necessité naturelle, mais non pas toutefois absoluë, & inevitable, les principaux sont Aristote, & Epicure. A l'egard d'Aristote, il a voulu que le Destin, ou la fatale necessité ne fust autre chose que la Nature mesme, ou si vous aimez mieux, chaque cause entant qu'elle agit selon sa nature, ou selon son cours naturel.

Pour ce qui est d'Epicure, il estoit dans le mesme sentiment qu'Aristote, & il ostoit comme luy la Necessité absoluë, & inevitable des choses; il a neanmoins cecy de particulier, que cherchant pour cela une Hypothese, il a feint ce mouvement de Declinaison, ou ce detour des Atomes dont nous avons parlé ailleurs, afin qu'il y eust quelque chose qui pûst rompre la Necessité du Destin, & qui conservast la liberté de la Volonté, qu'il dit estre libre, & tirée hors des Destinées.

——— *& fatis avolsa voluntas.*

C'est à dire hors de cette suite de mouvemens qui selon Democrite se suivent les uns les autres par une necessité absoluë, eternelle, & inevitable, comme si l'Experience & la Raison avoient tiré cette verité de la bouche d'Epicure contre ses propres principes.

Denique si semper motus connectitur omnis,

Et vetere exoritur semper nouus ordine
  certo,
Nec declinando faciunt primordia motus
Principiũ quoddã, quod fati fœdera rũpat,
Ex infinito ne causam causa sequatur;
Libera per terras unde hæc Animantibus
  exstat,
Vnde est hæc, inquam, fatis avolsa voluntas,
Per quam progredimur, quò ducit quemque
  Voluptas?

Mais Democrite se mocqueroit à bon droit, comme a fait depuis Ciceron, de cet Hypothese, non seulement comme estant purement imaginaire, mais comme ne servant mesme de rien à Epicure pour son dessein ; parceque, dira-t'il, ce mouvement de declinaison estant autant naturel aux Atomes que le prependiculaire, toutes choses se feront toujours de mesme que par le Destin, puisque ce qui arrivera, arrivera toujours par une mesme necessité, selon la diversité des mouvemens, des coups, des reflections, des repercussions, &c. qui se suivent, comme dans une espece de chaine par une certaine suite eternelle; d'autant que faisant l'Esprit humain corporel, ou composé d'Atomes comme les autres choses, il ne le tire point de cette chai ne eternelle de mouvemens par soy, naturels, & necessaires qu'il attribue generalement à tous les Atomes.

Et qu'ainsi ne soit, diroit Democrite à Epicure, afin que l'Esprit humain montre ou exerce cette liberté par laquelle il desire, par exemple, une pomme, il luy doit premierement venir de la pomme une image ou une espece visible, qui passant au travers de ses yeux, excite l'Entendement afin qu'il connoisse la pomme : Et afin que la pomme ait pû transmettre l'espece à l'œil, elle a deu estre mise en tel endroit par celuy qui l'a cueillie sur l'arbre, ou qui l'a eüe d'ailleurs : Or l'arbre, outre les rayons du Soleil, l'humidité, & la terre qui l'ont fait croistre, a aussi deu avoir un grain de semence d'ou il ait pris naissance : Ce grain a deu estre d'une autre pomme, cette pomme d'un autre arbre lequel arbre ait esté planté dans cet endroit, & dans ce temps, & non pas dans un autre, & ainsi retournant jusques au commencement du Monde, auquel temps la Terre, & les semences terrestres sont nées selon luy du concours des Atomes, qui afin de pouvoir concourir & s'assembler dans cet endroit, & de cette maniere, ont deu venir de là, & non pas d'ailleurs, de ce Monde là, & non pas d'un autre, & ainsi dans toute l'Eternité antecedente. De plus, si comme il pretend, l'Esprit s'est aussi formé d'Atomes, ces Atomes ont necessairement deu estre contenus dans les semences des parens, ils ont deu s'amasser là de certains alimens, d'un certain Air, d'un certain Soleil : Tels & tels alimens ont deu estre pris, & non pas d'autres ; leurs causes, & toutes les autres causes ont deu estre de telles & de telles causes, & non pas d'autres, & ainsi derechef de toute Eternité ; desorte que les causes ont esté de toute Eternité tellement attachées aux causes, que ces dernieres ayant enfin concouru, l'Esprit n'a pû ne connoitre pas, & n'appeter pas la pomme.

Et c'est ce que devoit apparemment considerer Ciceron, lorsqu'il se mocque de cette declinaison d'Atomes comme d'une chose purement chymerique, & imaginaire, & de nulle utilité pour sauver la Liberté, & oster la Necessité absoluë des choses ; puisque si le mouvement droit ou perpendiculaire des Atomes vient d'une Necessité de Nature, celuy de declinaison en sera aussi, ou se fera de mesme par une Necessité de Nature. Desorte qu'encore qu'on puisse dire qu'Epicure merite de la loüange pour avoir tasché de sauver la Liberté humaine, l'on peut neanmoins dire aussi qu'il n'a pas reüssi, & qu'il ne l'a peu faire en demeurant dans ses principes; c'estpourquoy laissant là Epicure avec son *Clinamen Principiorum*, nous tenterons une autre voye.

CHAPITRE III.

Comment le Destin peut estre concilié ou accordé avec la Fortune, & la Liberté.

Apres avoir expliqué les diverses Opinions des Philosophes sur le Destin, il nous reste à examiner si on le doit admettre, en quelle maniere il peut estre admis, & comment on le peut concilier ou accorder avec la Liberté. En premier lieu l'Opinion de Democrite doit estre rejettée, en ce qu'ostant à Dieu la creation, & l'administration des choses, elle ne peut subsister avec les principes de la Foy, & que d'ailleurs elle repugne à la lumiere de la Nature, qui nous fait reconnoitre par nostre propre experience que nous sommes libres.

Pour ce qui est de l'Opinion d'Aristote & d'Epicure, elle peut veritablement estre soûtenuë entant qu'elle tient le Destin, & la Nature, ou les causes naturelles pour choses Synonimes, & qu'elle tasche de sauver la Liberté ; mais elle doit aussi estre rejettée en ce qu'elle n'admet pas dans Dieu la Science des choses, & qu'elle suppose qu'il n'y a ni Creation, ni Providence. Ainsi il ne reste que l'Opinion de Platon, & des Stoïciens à laquelle on puisse s'attacher, d'autant plus qu'elle tient que c'est Dieu qui a etably, ou disposé, & qui gouverne toutes choses.

Cela estant, comme la principale difficulté qui se rencontre icy, est à concilier le Destin avec la Liberté, il n'est pas fort necessaire de nous arrester à le concilier avec la Fortune. Car l'on peut dire en un mot, que le Destin, & la Fortune se peuvent admettre, pourveu que l'on demeure d'accord que le Destin soit le Decret de la Volonté divine, sans quoy rien ne se fasse, & la Fortune le concours, ou l'evenement, qui estant impreveu aux hommes, ait toutefois esté preveu de Dieu, & mis dans la suite des causes: Desorte que le mot de Fortune marquant deux choses, asçavoir le concours des causes, & l'ignorance antecedente de l'evenement, il est visible qu'a raison de l'ignorance l'on peut admettre la Fortune à l'egard de l'homme, mais non pas à l'egard de Dieu, & qu'a raison du concours, rien n'empesche que nous ne disions que la Fortune soit partie non seulement du Destin, mais aussi de la Divine Providence qui comprenne autant les choses preveües aux hommes, que celles qui leur sont impreveües.

Pour ne nous arrester donc point tant à concilier la Fortune, que le Liberal-Arbitre avec le Destin, nous ne sçaurions, ce semble, mieux nous y prendre qu'en supposant avec S. Thomas, que le Destin à l'egard des hommes n'est autre chose que cette partie de la Providence que les Theologiens appellent Predestination; car par ce moyen l'on pourra concilier & la Predestination, & le Destin avec la Liberté, & l'on dira que Dieu a produit des causes necessaires, & des causes libres, & que les unes & les autres sont de telle maniere sujettes à la

Divine Providence, qu'elles agiſſent chacune à leur maniere, les neceſſaires neceſſairement, & les libres librement, mais il ſe rencontre deux grandes Difficultez.

La premiere Difficulté eſt celle qui ſe prend de la Prenotion ou *Preſcience* divine, & qu'Ammonius dit eſtre *tellement embarraſſante qu'elle a contraint des gens ſçavans d'oſter ce que nous appellons Contingent.* Car ce n'eſt pas ſeulement chez les Theologiens qu'on entend cette maniere d'Argumentation. *Ou Dieu ſçait determinement & certainement que Pierre reniera, ou il ne le ſçait pas. L'on ne peut pas dire qu'il ne le ſçache; car il l'a predit, & il n'eſt pas menteur; & s'il ne le ſçavoit pas, il ne ſçauroit pas tout, & ne ſeroit par conſequent pas Dieu. Il ſçait donc cela determinement, & certainement. Il ne ſe peut donc pas faire que Pierre ne nie. Car s'il ſe pouvoit, & que ſe ſervant de ſa puiſſance, il ne niaſt effectivement pas, l'on pourroit dire que la prenotion de Dieu ſeroit trompeuſe, & ſa prediction menteuſe. Que s'il ne ſe peut, il n'eſt donc pas libre à nier, & à ne nier pas. Il n'a donc point de liberté:* Ce n'eſt pas, dis-je, chez les Theologiens ſeuls qu'on entend cette ſorte d'Argumentation, l'on en entend une pareille chez les Philosophes: Car voicy comme ils parlent chez Ammonius. *Ou les Dieux sçavent determinement l'issuë des choses contingentes (c'est à dire lequel des deux arrivera) ou ils ne le sçavent pas. L'on ne peut pas dire, &c.*

Or l'on sçait que les Theologiens respondent à la difficulté en distinguant deux sortes de Necessité, l'une Absoluë, & l'autre de Supposition. Car, par exemple, il est absolument necessaire que deux fois deux soient quatre, ou que le jour d'hyer soit passé ; mais quoy qu'il ne soit pas necessaire que vous jettiez des fondemens, ou que vous sortiez de la Ville, si toutefois vous supposez que vous bastirez, ou que vous serez aux champs, alors il est necessaire que vous jettiez des fondemens, ou que vous sortiez de la Ville ; mais cette necessité sera une necessité de Supposition, laquelle n'oste point la Liberté, en ce que celuy qui jette les fondemens pourroit absolument ne les pas jetter, comme celuy qui sort de la Ville pourroit absolument n'en pas sortir : Ainsi à l'egard de Pierre, il est bien vray, disent-ils, que le reniement de Pierre que Dieu a preveu sera necesfairement, mais ce ne fera toutefois que par une neceffité de Suppofition, laquelle comme il a efté dit, ne fait rien à la Liberté.

Et ce n'eft pas certes merveille, ajoûtent-t'ils, que cette Neceffité ne repugne pas à la Liberté, parce qu'elle ne la precede pas, ou n'en precede pas l'ufage, mais qu'elle la fuit, & qu'elle n'eft point tant dans la chofe mefme, que dans la circonftance du temps. Car lors qu'on dit qu'il eft neceffaire que Pierre ait nié, l'on n'entend pas qu'antecedemment il y ait eu quelque chofe dans Pierre qui l'ait contraint d'agir, mais feulement qu'il y a maintenant quelque chofe dans le temps qui fait qu'il a agy, dans le temps, dis-je, qui comme il eft paffé, & ne peut n'eftre pas paffé, ainfi la chofe qui eft faite dans ce temps, de quelque maniere qu'elle y ait efté faite, ne peut n'y avoir pas efté faite; deforte que toute la Neceffité tombe fur le temps paffé.

Or comme Dieu fçait tout, il prevoit veritablement que Pierre niera, mais la previfion du reniement fuit la previfion de la libre determination, & ainfi il prevoit fimplement que Pierre niera, parce qu'il prevoit que Pierre fe determinera librement à nier: D'où vient, ce que l'on dit d'ordinaire, que Pierre ne niera pas parceque Dieu a preveu, mais que Dieu a preveu parceque Pierre niera.

En effet, toute connoissance est exterieure à la chose connüe, & une chose n'a pas ce qu'elle est de la connoissance, mais elle l'a de soy, ou de sa cause: De mesme que la neige n'est pas blanche parce qu'elle est connüe blanche, mais elle est connüe blanche parce qu'elle est blanche.

Il est vray qu'il y a cela de difference entre nostre connoissance, & la connoissance Divine, que la nostre à l'egard des choses Contingentes ne peut s'etendre distinctement qu'aux presentes, & aux passées, au lieu que la Divine s'etend aussi aux futures; neanmoins, comme les choses qui maintenant sont passées, ont quelquefois esté futures, & dans la mesme condition que celles qui maintenant sont futures, & que l'on entend que celles qui maintenant sont futures seront quelquefois passées, & dans la mesme condition que sont maintenant les passées; Il est evident que de mesme que la connoissance soit de Dieu, soit des hommes, ne fait pas que les choses qui maintenant ont esté soient passées parce qu'elles soient connües passées, mais qu'elles sont connües passées parce qu'elles sont maintenant passées, ainsi celles qui sont futures ne sont pas futures parce que Dieu les connoisse, mais parce qu'elles sont futures.

Cependant il est aisé de voir que tout ce qui se dit de la Prevision ou Prenotion, se doit entendre de la Prediction ; d'autant plus que la prediction est quelque chose de posterieur à la prevision de la chose. D'où vient que lorsque l'on dit, que la Prevision ou la Prediction de Dieu ne peut pas estre trompeuse, cela certes est tres vray, parceque Dieu ne prevoit, ou ne predit rien qui ne doive effectivement arriver.

Et lorsque l'on fait cette Instance, si Pierre pouvoit ne nier pas, & qu'usant de sa liberté il ne niast pas, il arriveroit que dans la prevision ou prediction de Dieu il y auroit de la tromperie : C'est ce que l'on nie, parce qu'en mesme temps l'on n'accorde pas que Dieu prevoiroit ou prediroit que Pierre nieroit : Car en ce cas il eust preveu, & predit qu'il ne nieroit pas ; parce qu'en ce cas il y auroit une supposition opposée, asçavoir que Pierre se determineroit librement à ne nier pas. Or maintenant l'on accorde que Pierre niera, & que Dieu prevoit ou predit cela veritablement, parceque Pierre pouvant se determiner à l'un, ou à l'autre, il se determinera neanmoins plutost à nier, qu'a ne pas nier.

La seconde Difficulté se tire de cette espece d'Interrogation, ou de Sophisme que l'on appelle *la Raison paresseuse, parceque si nous y obeïssions*, dit Ciceron, *nous demeurerions les bras croisez sans rien faire dans la vie*. Voicy comme elle se prend en Theologie. *Ou je suis predestiné, ou je ne le suis pas, c'est à dire, ou je suis eleu de toute Eternité à une gloire eternelle, ou reprouvé, & destiné à un supplice perpetuel : Si je suis predestiné, donc quelque chose que je fasse je ne puis perir : Si je suis reprouvé, donc quelque chose que j'entreprenne, & quelque peine que je me donne, je ne puis estre sauvé. Or l'un ou l'autre est necessaire : C'est pourquoy quelque chose que je fasse, puisque je n'avāce en rien, qu'est-il besoin que je me soucie de rien ?* Ainsi il y en a qui concluent de là qu'ils peuvent donc hardiment se jetter dans le Vice, & dans le Crime. Car l'on entend assez souvent des gens discourir de cette sorte. *Si je suis predestiné les crimes & les meschancetez ne me sçauroient damner. Si je suis reprouvé, la Vertu ne me servira de rien. Mais je suis l'un ou l'autre : C'est pourquoy je n'ay que faire de me mettre en peine de rien, & je puis m'abandonner à tout.*

Ainsi chez Ciceron il y a des Philosophes qui font ce raisonnement. *Si vostre Destin est que vous guerissiez de cette maladie, soit que vous appelliez le Medecin, ou que vous ne l'appelliez pas, vous guerirez ; Et si vostre Destin est que vous n'en guerissiez pas, aepellez le Medecin ou ne l'appellez pas, vous ne guerirez point : Mais l'un ou l'autre doit estre, il ne sert donc de rien d'appeller le Medecin.* L'on peut mesme sans se servir du mot de Destin changer les termes de cette sorte, & dire la mesme chose : *Si de toute Eternité cecy a esté vray, Vous guerirez de cette maladie, appellez, ou n'appellez pas le Medecin, vous en guerirez. Et demesme, si de toute Eternité cecy a esté vray ; Vous ne guerirez point de cette maladie, soit que vous appelliez le Medecin, ou non, vous ne guerirez point.*

Cette difficulté a donné sujet entre les Theologiens a deux celebres Opinions,

dans

dans l'une & l'autre desquelles il y a toujours cela de commun qu'apres qu'on les a bien examinées, l'on est toujours obligé, quelque party que l'on puisse prendre, d'avoüer que ce Mystere est au dessus de la portée de l'Esprit humain, & de s'ecrier avec l'Apostre, que la profondeur des richesses de la Sagesse, & de la Science de Dieu est grande, que ses Jugemens sont incomprehensibles, & les voyes qu'il tient impenetrables ! *O altitudo divitiarum Sapientiæ, & Scientiæ Dei, quàm incomprehensibilia sunt judicia eius, & investigabiles viæ ejus!*

La premiere Opinion soutient que Dieu de toute Eternité a Predestiné, ou eleu de la masse future des hommes un certain nombre d'hommes, ausquels par une pure bonté, & sans avoir eu en veüe leurs merites, ou preveu aucune de leurs bonnes actions futures, il a Decreté la felicité eternelle, & qu'il a Reprouvé, ou condamné tous les autres à des peines eternelles, ayant toutefois eu en veüe, ou ayant preveu leurs mauvaises actions.

La seconde Opinion soutient, que Dieu en a aussi Predestiné quelques-uns à la gloire, mais eu egard à leurs bonnes œuvres preveües, comme il a Reprouvé tous les autres eu egard à leurs mauvaises œuvres preveües. Car voicy à peu pres comme la chose conceuë à la maniere humaine s'explique. Dieu de toute eternité a decreté de creer le Monde, & dans ce Monde des hommes qui usant de leur raison, & de leur liberté, fussent capables de meriter, & de demeriter. Il a deplus decreté d'accorder à tous les hommes un secours surnaturel, c'est à dire une grace Suffisante, afin que ceux qui selon leur liberté se serviroient de cette grace à bien faire, fussent destinez à la gloire, & que ceux qui en abuseroient & feroient mal, fussent destinez aux tourments. Enfin, parce qu'il a preveu que quelques-uns feroient un bon usage de la grace, & mourroient dans cet estat, au lieu que tous les autres en useroient mal, & ne s'améderoient point, pas mesme à l'heure de la mort ; pour cette raison il a à ceux-là decreté la gloire eternelle, & à ceux-cy les peines eternelles.

Or l'une & l'autre Opinion ayant à repondre à *la Raison Paresseuse*, la derniere a l'avantage qu'elle y peut repondre plus facilement que la premiere. En effet, il est fort difficile à la premiere

Opinion de conserver la liberté dans ceux qui par un decret efficace de Dieu, & sans aucun egard à leurs bonnes œuvres preveües, ont esté Predestinez à la gloire. Car comme ce Decret precede tout concours de la Volonté preveu, comment la Volonté peut-elle estre libre à faire quelque chose d'où puisse suivre la damnation eternelle, puisque si elle le faisoit, alors le Decret de l'election seroit eludé? Et il n'est pas moins difficile de la conserver dans les Reprouvez; puisque posé qu'ils ne soient pas Eleus, ils ne peuvent, quoy qu'ils fassent, estre mis au nombre des Eleus.

Il est vray qu'il y en a qui distinguent diversement, lorsqu'ils donnent à Dieu une certaine Science Moyenne, & Conditionnelle, & qu'ils requierent de telle maniere de bonnes œuvres, sinon pour le decret de l'election, du moins pour son execution, que personne ne parviene jamais à la gloire sans œuvres & sans merites antecedentes, du moins sans celles du Sauveur : mais comme la difficulté retourne toujours, la verité est qu'ils ne reconnoissent point d'autre liberté que ce que l'on entend d'ordinaire par ce mot de *Libentia*.

Cependant ils ne laiſſent pas d'oppoſer à celuy qui ſe voudroit ſervir de la Raiſon Pareſſeuſe, qu'il y a ſujet pourquoy un homme ſe doive plutoſt attacher au bien qu'au mal, parce qu'encore qu'il ſoit incertain du decret, il eſt neanmoins certain qu'il ne ſera jamais elevé à la gloire s'il n'a fait de bonnes œuvres, qu'il ne ſera jamais relegué dans les peines s'il n'en a fait de mauvaiſes.

Ils ajoûtent meſme qu'il luy importe extremement de ſe faire plutoſt, autant qu'il eſt poſſible, certain de l'Election par de bonnes œuvres, que de la Reprobation par de mauvaiſes, afin de pouvoir temperer cette crainte dans laquelle il doit paſſer ſa vie, & agir ou operer avec cette confiance, qu'il ſçait que tant qu'il fera bien il n'a aucun mal à attendre de Dieu qui eſt & tres bon, & tres juſte.

Et afin cependant que perſonne ne ſe glorifie comme ayant deu eſtre eleu a cauſe de ſes bonnes œuvres, ou ne ſe plaigne comme n'ayant pas eſté compris, ſans toutefois qu'il y ait de ſa faute, dans l'election, contre celuy qui ſe glorifie, ils ſe ſervent de ces paroles, *O homme qui eſt-ce qui te diſtingue ?* Si quelqu'un ſe plaint, ils luy diſent, *Qui es-tu toy qui* osé repondre à Dieu ? Est-ce que le vaisseau de terre dira au Potier, pourquoy m'as tu fait de la sorte ? Est-ce qu'il n'est pas permis au Potier d'en faire l'un un vaisseau d'Honneur, & l'autre d'Ignominie? Et à l'egard de ceux qui recherchent avec trop de curiosité les secrets de Dieu, ils se servent de ces paroles qui sont du sacré Docteur. *Noli judicare quare hunc trahat, &c. Ne determine point pourquoy il tire celuy-cy, & ne tire pas celuy-là, si tu ne veux errer ?*

Pour ce qui est de la derniere Opinion, ses Deffenseurs semblent pouvoir plus aisement refuter celuy qui se sert de la raison Paresseuse : *Ou je suis, dites-vous, predestiné, & eleu à la gloire, ou reprouvé, & condamné aux peines ?* C'est ce qu'il faut conceder, mais il faut en mesme temps ajouter, Il est à present en vostre pouvoir que vous ayez esté predestiné, ou reprouvé: Car vous estes maintenant en l'estat dans lequel Dieu a preveu que vous feriez avec une grace Suffisante, & il depend maintenant de vostre liberal-arbitre qu'il vous ait preveu bien, ou mal-faisant, ensorte qu'en consequence de cette prevision il vous ait predestiné, ou reprouvé : Sibien que vous voyez que c'est à vous, & qu'il est de vostre interest de bien-faire maintenant, & de cooperer à la grace, afin que Dieu prevoyant de toute eternité cette cooperation, vous ait predestiné : Car si vous en agissez autrement, ce seront ces mesmes œuvres mauvaises en veüe desquelles Dieu vous aura reprouvé.

Et n'objectez point que Dieu sçait de toute Eternité si vous estes predestiné ou non, & qu'ainsi vous serez necessairement ce que vous avez deu estre, puisque la Science divine ne peut ni estre trompée, ni estre changée : Car Dieu l'a veritablement sceu de toute eternité, mais consequemment à son decret, & il n'a point fait son decret qu'en prevoyant ce que vous deviez faire. C'est pourquoy cette action de vostre volonté precede dans la prevision & le decret Divin de vostre predestination, ou reprobation, & la Divine prenotion de vostre perpetuel ou bonheur, ou malheur. Non que ces *antecessions* & *consecutions* soient temporanées, mais à la maniere humaine nous le concevons, & le disons de la sorte, considerant la nature du Liberal-arbitre, & la nature de Dieu qui est juste ou qui ne peut n'agir pas justement.

Cependant quoy que l'on puisse inferer qu'il n'y a ici aucune Volonté antecedente qui fasse que la Volonté ne soit pas libre, ne puisse pas faire ce qui luy plaist, ne soit pas en estat de porter sa main ou au feu, ou à l'eau; il n'y a pourtant pas lieu d'objecter qu'il est donc en vous, ou en vostre pouvoir de faire le Decret de Dieu muable ; parceque le Decret n'a esté fait qu'en supposant ce que vous deviez faire, & son immutabilité vient d'une necessité de Supposition laquelle n'oste rien de la Liberté.

Mais, direz vous, si Dieu ayant en veüe les bónes œuvres que je fais maintenant m'a predestiné, ce sera donc moy qui me distingueray: Mais ce ne sera pas vous qui par vos propres forces vous distinguerez, mais bien la grace sans laquelle vous ne feriez pas ces bonnes œuvres. Du moins ne sera-t'il pas difficile de dire pourquoy ce vaisseau a esté fait de la sorte, *quare hoc in honorem, illud in contumeliam, quare hic trahatur, ille non trahatur* ; puisque la grace Suffisante estant dans tous, le concours mesme de la Volonté en peut estre dit la cause.

Il est vray qu'il sera toujours difficile de dire pourquoy Dieu ait fait les hommes tels que les uns puſſent eſtre deſtinez à l'honneur, & les autres au deshonneur, & non pas tous tels qu'ils ſe laiſſaſſent volontiers attirer, ou vouluſſent cooperer à ſa grace. Auſſi eſt-ce pour cela qu'encore que cette Opinion ſemble plus aiſée, elle ſemble neanmoins toujours laiſſer quelques difficultez, & l'on ne voit point ſi clair en tout cecy, que l'on ne ſoit enfin obligé d'en revenir aux paroles de l'Apoſtre, & de s'ecrier avec luy, *O altitudo divitiarum Sapientiæ*, &c.

Cependant comme j'ay longtemps demeuré parmy des Nations enteſtées de Predeſtination, je diray de bonne foy, ſelon ce que j'ay veu & reconnu, que la premiere Opinion a d'etranges ſuites, & qu'elle me ſemble tres dangereuſe & tres pernicieuſe à la Societé publique, comme eſtant capable ou de porter les hommes à toutes ſortes de vices, ou de les jetter dans le deſeſpoir. Car ſans m'arreſter aux raiſons Theologiques, ou à cet Autheur Perſan qui la conſiderant comme celle qui efface tout, l'a nommée *l'Eponge de toutes les Religions*, comme elle l'eſt de la Liberté; Comment penſez-vous qu'un Turc, par exemple, excuſe

DE LA LIBERTÉ. 537

sa Sceleratesque quand un Derviche entreprend de luy faire quelque remontrance ? *Hé quoy, Derviche*, di-t'il, *est-ce que tu ne sçais pas aussi bien que moy, que tout est ecrit là haut, que ce sont des Caracteres ineffaçables, & des Decrets eternels & irrevocables ? Ne conviens-tu pas aussi avec moy, que cette pretendüe Liberté, ce pretendu pouvoir à faire ou à ne faire pas, à faire bien ou à faire mal, est un vain phantôme des Iahours ou* Infideles, *& par consequent qu'il n'y a au plus en nous que du Volontaire, que de la pente, que de l'inclination, ce qui est bien eloigné de ce qu'ils appellent Libre, de ce qu'ils appellent Liberté ? Ne sont-ce pas là*, dis-je, *tes principes aussi bien que le miens ? Et cependant tu nous viens dire que Dieu nous Predestine, & nous Sauve sans avoir en veüe nos bonnes Oeuvres, sans avoir egard à nos Merites, mais qu'il nous Reprouve neanmoins & nous Damne ayant en veüe nos Crimes & nos demerites: Comme si ce n'estoit pas se contredire ? Comme si tu voulois nous faire à croire que nous fussions Libres à l'un, & que nous ne fussions pas Libres à l'autre ? Ou comme si nous pouvions meriter un chatiment eternel, & que nous ne pussions pas meriter la moindre recompense?*

Cesses donc, Derviche, cesses de parler de la sorte si tu veux parler consequemment à tes principes, & aux miens ? Dieu nous Damne comme il nous Sauve ; Ie te le dis encore une fois, Tout est ecrit là haut, & selon ta doctrine ces noms de Choix, & de Liberté ne sont que des noms vains, & imaginaires. Si je fais bien c'est que je ne puis pas faire mal ; Si je fais mal c'est que je ne puis pas faire bien ; Si je suis Destiné au Bonheur, de toute necessité je mourray Sainct comme Aly ; Si tu es Destiné au Malheur, de toute necessité tu te pendras desesperé comme Yahoud.

Paroles horribles, & qui marquent un aveuglement, un abandon, & un endurcissement d'un Pharaon: Et si ce sont pourtant là les discours, & les excuses ordinaires de ces malheureux Mahumetans, ou plutost ces blasphemes qui m'ont souvent fait trembler ou en les lisant dans leurs Livres, ou en les entendant de leur bouche : Car, je vous prie, de quels Crimes ne sont point capables des gens qui raisonnent de cette sorte, si principalement ils sont puissants, & d'un temperament qui les porte ou à la Cruauté, ou à la Vengeance, ou à l'Avarice ? Y a-t'il Crimes ? Y a-t'il Tyrannie qui leur puissent faire horreur? Les pauvres Peuples ne le ressentent que trop. Et y a-t'il Plaisirs si infames à quoy ils ne soient prests de s'abandonner? C'est ce que l'on reconnoit bientost pour peu que l'on converse avec eux.

Y a-t'il rien d'ailleurs de plus effrayant, & de plus affligeant que cette Doctrine, & ces sortes de pensées à un homme qui est d'un naturel tendre, ou qui n'est pas tout à fait endurcy? Car il ne sçauroit, ce semble, presque plus considerer Dieu que comme quelque puissant & inexorable Tyran, il n'aura plus d'esperance dans sa bonté & misericorde, plus d'esperance de le flechir soit par ses prieres, par ses aumônes, ou par sa penitence; il croira toujours voir les Enfers ouverts pour l'engloutir, & s'il ne s'abandonne pas à un dernier desespoir, du moins menera-t'il une vie malheureuse, & troublée de mille visions lugubres & funestes, comme estant privé de cette douce & souveraine consolation que je viens de dire, de l'esperance qu'il pourroit avoir dans la Bonté & dans la Misericorde infinie de Dieu.

Aussi l'ay-je dit plusieurs fois, & le dis encore, cette Opinion me paroit tellement dangereuse pour ses consequences, que si par impossible elle pouvoit estre vraye, je ne sçais s'il ne seroit point à propos pour le bien, & pour le repos public, sinon de l'etouffer, du moins qu'il ne s'en parlast point parmy les hommes: Non certes qu'il ne faille inspirer la crainte de Dieu dans l'Esprit des peuples, & leur representer la rigueur de ses jugemens, mais parce qu'il faut bien se donner de garde de les jetter dans le desespoir en leur ostant (on ne sçauroit trop le dire) l'esperance dans la Bonté & dans la Misericorde Divine, qui est la seule resource, & l'unique consolation des Pauvres, des Malades, des Affligez, & de ceux qui touchez de l'horreur de leur vie passée pensent enfin à se remettre au bon chemin.

Joint que pour reprimer les Peuples, & les contenir dans le devoir, il est de la derniere importance de leur bien persuader qu'il sont Libres, que la Prevision Divine ne force pas davantage que feroit celle d'un homme, ou d'un Ange qu'on supposeroit estre aussi certaine que celle de Dieu, qu'ils ne sont Predestinez, ou Reprouvez qu'en veüe de leurs bonnes, ou mauvaises actions, & qu'ils ont tous les moyens & tous les secours necessaires pour en faire de bonnes, que par consequent il ne tient qu'a eux de bien faire, & de se sauver, & que s'ils font mal, & se damnent, ce n'est pas à Dieu à qui il s'en faut prendre, mais à eux-mesmes, à leur propre volonté, & à leur propre & volontaire ou negligence, ou malice.

De tout cecy jugez si j'ay sujet de croire cette Doctrine si pernicieuse à la Societé humaine. Certainement à considerer que se sont principalement les Nations Mahumetanes qui s'en trouvent infectées, & que c'est principalement encore parmy elles presentement qu'elle est fomentée & entretenuë, je douterois presque que ce ne fust l'Invention de quelques-uns de ces Tyrans d'Asie, comme auroit pû estre un Mahomet, un Enguis-Kan, un Tamerlan, un Bajazet, ou quelqu'un de ces autres Fleaux du Monde, qui pour assouvir leur ambition demandoient des soldats qui estant entestez de Predestination s'abandonnassent brutalement à tout, & se precipitassent mesme volontiers aux occasions la teste la premiere dans le fossé d'une Ville assiegée pour servir de Pont au reste de l'Armée.

Je sçais bien qu'on pourrroit peut-estre dire que cette Opinion est mal prise & mal entenduë par les Mahumetans, & qu'ils n'ont pas ces grandes veües de la corruption Originaire de la Nature telles qu'il les faut avoir : Mais quoy qu'il en soit, que doit-on raisonnablement penser d'une Doctrine qui peut si aisement estre mal prise, & mal entenduë, & qui peut soit par erreur, ou autrement, avoir de si etranges suites?

Pour moy, si j'en estois creu nous n'en parlerions que peu, ou point, & sans nous amuser à reveiller des Difficultez qui ne servent qu'a embarrasser les Esprits, & que l'Apostre luy-mesme tient indissolubles, & inscrutables à l'intelligence humaine, nous avoüerions de bonne foy nostre ignorance, & nous-nous en tiendrions simplement à dire avec luy, O profondeur infinie & impenetrable de Sagesse, & de Science ! Que vos jugemens sont incomprehensibles, & les voyes que vous tenez inconnuës aux hommes ! *Quàm incomprehensibilia sunt judicia ejus, & investigabiles viæ ejus !*

CHAPITRE IV.

De la Divination, ou du Pressentiment des choses futures purement fortuites.

Comme Epicure ne pouvoit comprendre, que de deux propositions opposées qui regardent le futur contingent, l'une pust estre determinement vraye, l'autre determinement fausse, & que l'homme cependant ne laissast pas de demeurer libre, de pouvoir choisir, & de deux choses proposées faire l'une ou l'autre, quoy qu'il n'y en ait determinement qu'une qui puisse estre faite, il soûtint consequemment qu'il n'y avoit aucune Divination ou prediction certaine à l'egard de ces choses futures contingentes, & qu'ainsi *il n'y avoit aucun Art de deviner, ni aucune Divination, & que quand il y en auroit, les choses qui seroient predites, & qui arriveroient ne seroient pas en nostre puissance*; parce que si ce qui seroit predit estoit absolument vray, & indubitable, il ne pourroit en aucune maniere n'arriver pas, ni par conſequent l'oppoſé aucunement arriver ; deſorte qu'il y auroit neceſſité à l'un, & non pas liberté à l'un & à l'autre. Mais nous avons montré que la Preſcience ou ſcience antecedente de Dieu peut tres bien s'accorder avec le liberal-arbitre, & qu'ainſi la verité des choſes qui ont eſté predites par les Prophetes divinement inſpirez, & qui ſont contenües dans les Saintes Ecritures demeure en ſon entier.

C'eſt pourquoy, pour ne parler que de cette Divination qui eſtoit ſi celebre parmi les anciens Idolatres, Ciceron dit que de tous les Philoſophes il n'y en a eu aucun qui l'ait plus meſpriſée, & qui s'en ſoit plus mocqué qu'Epicure, *Nihil tam ridet Epicurus quàm prædictiones rerum futurarum*. Et en parlant des Stoïciens qui y eſtoient attachez, il dit qu'il eſt faſché que des gens qui ſont d'ailleurs de meſme Secte que luy, ayent donné occaſion aux Epicuriens de ſe mocquer d'eux, *doleo Stoicos noſtros Epicureis deridendi ſui facultatem dediſſe ; non enim ignoras quàm iſta derideant*: Si nous voulons preſter l'oreille à vos diſcours, ajoûte-t'il, nous en viendrions à un poinct de Superſtition, qu'il nous faudroit ado-

DE LA LIBERTÉ. 545

rer tous ces Devins, *tantâ imbueremur Superstitione, ut Haruspices, Augures, Harioli, & Conjectores nobis essent colendi. His terroribus ab Epicuro soluti fuimus, & in libertatem vindicati, &c.*

Il ne croyoit pas davantage aux Songes, temoins Eumolpus dans Petrone, *Hinc scies Epicurum hominem esse Divinum, qui ejusmodi ludibria facetissima ratione condemnat.* Tertullien, *Vana in totum Somnia Epicurus judicavit.* Ciceron, *Insolenter credo ab Epicureo aliquo inductus disputat somniis credi non oportere.*

Il se mocquoit aussi, selon Lucrece, de l'interpretation qui se prend des Prodiges.

Non Tyrrhena retrò volventem carmina frustrà,
Indicia occulta Diûm perquirere Mentis.

Il n'avoit pas plus d'estime pour les Oracles, si nous en croyons à Origene, & à Eusebe qui temoignent qu'Epicure & les Epicuriens s'en rioient : Et Plutarque introduit un certain Boëthus Epicurien qui reprenoit les Vers des Sybilles comme foibles, tronquez, sans pieds & sans mesure, & comme ne ressentant rien de Divin, *tanquam principio truncos, medio elumbes, fine claudicantes*, & dont le style estoit si plat qu'il n'y avoit Poëte qui les eust voulu imiter. Ioint que le mesme Plutarque remarque que Colotes tenoit pour suspect l'Oracle d'Apollon touchant Socrate. Et d'ailleurs Lucrece recommande Empedocle, & d'autres Philosophes, comme ayant donné des Reponses plus saintes & plus certaines que celles de l'Oracle de Delphes.

—multa bene ac diuinitùs invenientes
Ex adyto tanquam cordis, responsa dedere
Sactius, & multò certa ratione magis, quàm
Pythia quæ Tripode ex Phoëbi, lauróque
profatur.

Et parce qu'Epicure voyoit que vulgairement on se laissoit aller à croire que cette sorte de Divination se faisoit par l'entremise des Dieux, ou des Demons, & que ceux qui pratiquoient cet Art estoient epris comme d'une espece de fureur Divine lorsqu'ils estoient sur le poinct de deviner, ou de predire l'avenir conformement à ces Vers, & au passage d'Apulée où l'on voit le detail de toutes ces badineries des Anciens que le peuple tenoit pour des veritez, & les plus eclairez pour des impostures.

Ventũ erat ad limen, cũ Virgo, poscere fata

DE LA LIBERTÉ. 547

Tempus ait ; Deus ecce, Deus
Nec mortale sonans, afflata est Numine
  quando
Iam propiore Dei.
Dæmonum singulos curare, ut est cuique tributa provincia, vel Somniis conformādis, vel extis fissiculandis, vel præpetibus gubernandis, vel oscinibus erudiendis, vel Vatibus inspirandis, vel fulminibus jaculandis, vel nubibus coruscandis, cæterisque adeò per quæ futura cognoscimus, quæ cuncta Cœlestium voluntate, & Numine, & auctoritate, sed Dæmonum obsequio & operâ atque curâ; ut Annibali somnia orbitatem oculi commoneant; Flaminio auspicia periculum cladis prædicent; Accio Navio miraculum cotis adjiciant; atque ut nonnulla regni futuri signa præcurrant, ut Tarquinius Priscus Aquila obumbretur ab apice; Servius Tullus flamma colluminetur à capite : Postremò cuncta Hariolûm præsagia, fulgurum videntalia, carmina Sybillarum. Parce qu'Epicure, dis-je, voyoit qu'on se laissoit vulgairement aller à croire des choses qui luy sembloient si pueriles, & si eloignées de toute raison, il nia tout d'un coup l'existence des Demons, & crut que ces evenemens se devoient plutost attribuer à la fortune, &

au hazard, qu'a des causes inconnües, d'autant plus que quand on demeureroit d'accord qu'il y auroit des Demons, l'on ne devroit pas pour cela demeurer d'accord qu'ils eussent l'intelligence assez grande pour penetrer dans l'avenir, & pour prevoir, ou predire les choses futures.

Il nioit demesme la Divination que l'on prouvoit d'ordinaire par les choses que les Demons, ou les Genies en se manifestant predisoient; car apres que Brutus eut recité cette celebre apparition de son Genie à Cassius Epicurien, Cassius repondit nettement à Brutus *qu'il s'estoit trompé, qu'il n'estoit pas croyable qu'il y eust des Demons, & que quand il y en auroit, ils n'auroient ni la forme humaine, ni la voix, ni la force proportionnée à nos Sens. Que pleust à Dieu que cela fust, & que nous-nous pûssions fier non seulement aux armes, aux chevaux, & à tant de grands Navires, mais encore au secours des Demons ou Genies, nous qui sommes les Chefs d'un party tres saint & tres honneste?*

Or cette Opinion d'Epicure ne doit veritablement pas estre blasmée en ce qu'il se soit mocqué de cette trop grande credulité & superstition des Gentils tant à l'egard de la Divination, qu'a l'egard des Demons, mais en ce qu'il n'ait pas cru, du moins generalement, l'existence des Demons; puisque non seulement la Religion, mais aussi la Raison le persuade, comme elle l'a affectivement persuadé à ces Philosophes entre lesquels Plutarque cite principalement Thales, Pytagore, Platon, les Stoïciens, outre Empedocle, & quelques autres qui assurent *qu'il y a des Demons qui sont des Substances animées, qu'il y a aussi des Heros qui sont des Ames ou bonnes ou mauvaises delivrées de leurs corps:* Car quoy qu'ils ayent erré tant à l'egard de la Substance, que des adjoints qu'ils ont attribué aux Demons, ils ont du moins bien iugé lorsqu'ils ont cru qu'il y en avoit quelques-uns. Mais puisque nous avons à traitter de la Divination, peuteestre ne sera-t'il pas hors de propos de dire premierement un mot des Demons ausquels elle est vulgairement rapportée.

Des Demons selon les Anciens.

SUpposant donc que ce sont eux ausquels la Sainte Ecriture donne ordinairement le nom d'Ange, & quelquefois celuy de Demõ, de Diable, ou de Satã lorsqu'elle parle des Anges qui ont prevariqué ; les Gentils les appellent non seulement des Demons, mais aussi des Genies, quoy qu'estant chez eux estimez estre de nature Divine, ou d'une nature un peu moindre que Divine, ils soient aussi nommez Dieux, & demi-Dieux, & fils de Dieux, mais toutefois Bastards, comme estant nez de Nymphes, &c. Pour ne dire point qu'ils sont de plus appellez selon Aristote des Substances separées, en ce qu'ils sont incorporels, & selon ses Sectateurs des Intelligences, en ce qu'ils sont douez d'Entendement ; *Intelligens* en Latin estant le mesme que δαίμων en Grec, si ce que Lactance, & Macrobe apres Platõ enseignẽt est veritable.

Cecy supposé, afin de pouvoir voir quelle notion Pythagore, Platon, & les autres ont eu des Demons, il faut se remettre en memoire ce qui a esté dit de l'Ame du Monde. Car ceux qui ont admis cette Opinion, ont crû que les Demons, aussi bien que nos Ames, n'estoient autre chose que des particules de l'Ame du Monde : Et parce qu'ils croyoient d'ailleurs que l'Ame du Monde estoit la mesme chose avec Dieu, ils ont

DE LA LIBERTÉ. 551

aussi crû que les Demons estoient des particules de la nature Divine, & ont par là donné occasion à divers Heretiques dans les premiers temps de l'Eglise de philosopher des Anges de la mesme maniere, les considerant comme tirez de la Substance divine.

Ces Philosophes ont donc tenu l'Ame du Monde comme un Ocean inepuisable d'où les Demons, & les Ames estoient tirez, à condition de s'y rendre enfin derechef dans la suite des temps, comme autant de petis Ruisseaux qui se vont enfin rendre à la Mer. Et Plotin semble aussi les comparer à un tronc d'Arbre dont les Demons, & les Ames soient comme les branches, les petis rameaux, les fueilles, les fleurs, les fruits. Ils s'imaginoient d'ailleurs que de mesme que l'eau en penetrant la Terre se charge de la substance des Mineraux au travers desquels elle passe, ainsi les particules de l'Ame du Monde se revetoient souvent de la substance des corps les plus subtils, ausquels elles demeuroient specialement attachées.

Et comme ils estimoient que cette Ame, quoyque diffuse par tout le Monde, residoit neanmoins particulierement dans la

Region Etherée, & par consequent dans les Astres, & principalement dans le Soleil; ils ont cru que lorsque les choses celestes vivifient, & entretiennent les terrestres, il vient du Ciel comme divers rayons de cette Ame vivifiante, que ces rayons se *corporisent* diversement dans le passage, se revetants d'une espece de vestemét d'air, & demeurants ensuite les uns dans l'Air, & les autres parvenants jusques à la Terre: Desorte qu'ils ont cru que ces sortes de Substances, qui sont ainsi composées d'un corps tenu, tel qu'est l'Air, & d'une particule de l'Ame du Monde, sont les Demons, & les Ames; mais Demons quand elles demeurent libres du meslange des corps les plus grossiers, & Ames quand elles sont plongées dans les corps grossiers d'icy bas.

Je passe sous silence que si le corps tenu dont les particules de l'Ame sont revetues, se trouve estre d'une tissure douce & benigne, il se fait selon eux de bons Demons, & de mauvais lorsqu'elle est aspre, & maligne. Je passe de mesme sous silence qu'ils tenoient que nos Ames estant sorties des corps devenoient derechef des Demós, non pas neanmoins sitost, ni toutes egalement,

parce

parceque retenant souvent quelques restes du corps humain, elles n'estoient point des Demons qu'elles n'en fussent entierement depouillées, mais seulement des Heros, ou des demi-Dieux. Ce qui soit dit selon ceux que suivent principalement Hesiode, qui au rapport de Plutarque a fait mention de quatre Genres d'Estres douez de raison, asçavoir de Dieux, de Demons, d'Heros, & d'Hommes. Je dis ceux qui suivent Hesiode, car Platon, Pythagore, & ceux qui les croyent pour les principaux defenseurs des Demons, n'ont divisé les Estres douez de raison qu'en trois Genres, asçavoir en Dieux, en Demons, & en Hommes.

Au reste, nous pourrions montrer par plusieurs authoritez, comme ils tenoient que les Demons estoient d'une certaine nature moyenne entre les Dieux, & les Hommes, ou comme ils parlent, dans les confins des immortels, & des mortels, mais personne n'explique mieux cela qu'Apulée, car apres qu'il a dit que c'est par eux que se fait le commerce des Dieux, & des Hommes, & que de mesme que les autres Regions du Monde ont leurs Animaux qui les habitent (car l'Ether a les Astres, le Feu ces petis Animaux dont parle Aristote, la Mer les Poissons, la Terre tous nos Animaux terrestres) ainsi l'Air ne doit pas estre sans les siens qui soient les Demons, voicy comme il discourt. *Les corps des Demons, dit-il, ont tant soit peu de poids, pour ne pas monter tout au haut, & tant soit peu de legereté, pour ne pas descendre tout au bas. Ce sont des Animaux d'une tierce nature, pour repondre à la Region moyenne qu'ils habitent. Ils sont entre les Hommes & les Dieux, ayants l'immortalité commune avec les Dieux, & les passions avec les Hommes. Car ils sont comme nous sujets à la colere, & à la misericorde, & demesme qu'ils se laissent, comme nous flechir par les prieres, par les presens, & par les honneurs, demesme ils sont comme nous excitez à la colere par les injures, & par le mespris.* En un mot, dit-il, *Dæmones sunt genere Animalia, ingenio rationabilia, Animo passiva, corpore aëria, tempore æterna.*

Où vous remarquerez que ce qu'il dit de l'Eternité ne se peut point accorder avec l'Opinion des autres qui les font sujets à la generation, & à la corruption, si ce n'est qu'on prenne un temps tres long pour un temps eternel. Car de mesme, difent ces derniers, que l'homme eſt dit mortel acauſe de la diſſolution de la contexture par le moyen de laquelle l'Ame eſt attachée au corps, quoyque l'Ame ne periſſe pas pour cela ; ainſi les Demons doivent eſtre cenſez mortels, par-ce qu'encore que ce rayon de la Divinité qui fait leur partie principale & intelli-gente ne periſſe point, il arrive nean-moins que cette partie ſe ſepare de ce corps auquel eſtant jointe elle eſt cenſée Demon. Ce qui apparemment a donné occaſion à ce que nous venons de dire plus haut, que des Demons il s'en fait des Dieux, comme le croyoient autrefois les Egyptiens à l'egard d'Iſis, & d'Oſiris, d'Hercule, de Liber, & autres, ſelon la remarque qu'en a fait Plutarque ; & c'eſt par là que ſe doit interpreter ce que dit Jupiter dans Ovide, qu'il a des demi-Dieux, de Faunes, des Nymphes, des Satyres, &c.

Sunt mihi Semi-Dei, ſunt ruſtica Numina Fauni,
Et Nymphæ, Satyriq; & Mõticolæ Silvani;
Quos quoniã Cœli nondũ dignamur honore,
Quas dedimus certè terras habitare ſinamus.

Au reſte, quoy que tout cecy ſoit plein de Fables, du moins pouvons-nous reconnoitre par là que les anciens Philosophes admettoient des Demons, & mesme que plusieurs en ont disputé comme de natures differentes de la nature Divine. Que si d'ailleurs ils les ont cru corporels, cela semble d'autant plus excusable à des Philosophes, qu'il n'y a que peu de Siecles qu'il se trouvoit encore des Theologiens qui persuadez qu'il n'y avoit que Dieu d'incorporel, tenoient que les Anges, & les Ames des Hommes estoient formez d'un corps tres tenu, & que pour cette raison rien n'empeschoit qu'on ne fist leurs images, quoy qu'ils les crussent d'ailleurs immortels par une grace speciale de Dieu.

La Raison qui pouvoit porter ces anciens Philosophes à admettre des Demons semble estre fondée sur l'Opinion de la Providence. Car comme ils estoient persuadez que Dieu a soin de toutes choses, & qu'ils estimoient neanmoins qu'il estoit indigne de la Majesté Divine qu'il eust soin de tous les particuliers par luy mesme & sans aucuns Ministres qui obeïssent à ses ordres ; ils en vinrent à croire que Dieu tenant sa Cour dans le Ciel avoit aupres de soy des Ministres ou des Serviteurs toujours prests, par l'entremise desquels il pourvoyoit à tout le Monde, & specialement à ce Monde inferieur. Ils nommoient ces Ministres, qu'ils reconnoissoient estre des Substances tres agissantes, & toutefois invisibles à nos yeux, des Demons, attribuant le nom de Genie à ceux qui ont specialement soin des Hommes.

Cependãt, quoy qu'on ne puisse pas douter qu'ils n'ayent cõclu une chose vraye, puisqu'il est certain qu'il y a des Demons, ou des Anges dãs le Monde, qui sont les Ministres de Dieu, & qui assistent specialement aupres des Hommes, neanmoins leur raison se doit prendre avec precaution. Car absolument parlant, il n'est pas indigne de la Majesté de Dieu de faire tout, & de pourvoir à tout par soy-mesme, puisque c'est de luy que les Ministres tiennent toutes leurs forces, puisqu'il est present à toutes choses, & qu'il concourt à toutes les actions particulieres: Sibien que Dieu se sert de Ministres, non parce qu'il y ait de l'incedence à ne s'en servir pas, ou parce qu'il ne puisse pas gouverner autrement, mais parceque supposé l'estat du Monde tel qu'il l'a voulu estre, il l'a ainsi jugé convenable.

Or de quelque maniere que la chose

se fasse, leur pensée se trouve non seulement conforme à cette distinction de Hierarchies, & d'Ordres qui se tire des Saintes Ecritures, & que les Theologiens expliquent, mais aussi à l'Opinion de plusieurs Docteurs qui tiennent que Dieu a ordonné des Anges particuliers qui veillent à la conservation de divers genres de choses, du genre des Animaux, du genre des Plantes, &c. & qui estiment que rien ne repugne qu'il se trouve quelquefois des Demons dans l'Air, qui par la permission, ou par le commandement de Dieu fassent des choses admirables, comme des pluyes de sang ou de pierres, des foudres, & des tempestes, ou excitent des tremblemens de Terre extraordinaires. Et certes, si nous en croyons à Phylon, *ce que les Philosophes appellent des Demons, c'est ce que Moyse appelle des Anges, asçavoir des Ames qui volent par l'Air, afin que l'Air ait ses Animaux comme la Terre, l'Eau, & le Feu ont les leurs.* D'ailleurs dans les Livres Sacrez il se lit quelque chose de certaines Puissances Aëriencs ; & il y a des Exorcismes alencontre des Demons qui se meslent dans les Nuës noires & epaisses, dont on craint d'ordinaire des foudres, des grefles, & des tempeftes.

Ce que ces mefmes Philofophes difent des Genies, afçavoir qu'il y en a un general qui prefide à tout un Peuple, & qui s'appelle Genie du peuple, & un particulier pour chaque homme fingulier, & qui eft fpecialement & proprement dit Genie, eft auffi conforme à ce que nous difons en autres termes l'Ange tutelaire d'une Nation entiere, & l'Ange Gardien de chaque homme en particulier. *Car Dieu*, dit Epictete, *a donné à un chacun un Genie tutelaire, qui veille fans ceffe, qui ne dort jamais, & qui ne peut point eftre trompé. O Hommes, lorfque vous avez fermé fur vous les portes, & les feneftres, & que vous eftes dans les tenebres, prenez garde de croire que vous foyez feuls, & de faire quelque chofe de deshonnefte! Vous n'eftes certes point feuls; Dieu eft dans voftre chambre, voftre Genie y eft, & ils n'ont point befoin de lumiere pour voir tout ce que vous y faites.* Platon dit à peu pres la mefme chofe, & tient *que nous avons chacun noftre Gardien auquel nous ne fçaurions rien cacher, qui eft un temoin infeparable de tout ce que nous faifons de bien, & de mal, & que nous devons religieufement honorer*, &c.

Ces Philosophes disoient aussi Bons, & Mauvais Genies, comme nous disons bons, ou mauvais Anges; car ils estoient persuadez que le bien venoit des bons, & le mal des mauvais. Or que Dieu permette qu'il y ait des Demons, ou de mauvais Anges qui soient ennemis des Hommes, & qui taschent de les perdre, c'est ce qui regarde la Providence generale de Dieu qui n'a rien fait sans des fins & tres justes, & tres raisonnables, quoy que peu connuës aux Hommes. Et l'on peut dire en un mot que Dieu les souffre tant afin que les gens de bien soient exercez, & que par leur patience & souffrance ils meritent davantage, qu'afin que les meschans soient punis par leur entremise.

Ce qui se doit icy ajoûter est, qu'encore que nous soyons quelquefois tentez par le Demon, nous ne devons neanmoins pas pretendre que ce soit une excuse legitime au mal que nous faisons, comme si c'estoit l'œuvre du Demon; puisque la Sainte Ecriture temoigne *qu'un chacun est plutost tenté & attiré par sa concupiscence propre.* Ce qui nous doit faire connoitre que nous n'avons point tant à craindre du Demon, que de nous-

DE LA LIBERTE'. 561

mesmes, & que nous devons nous accoûtumer par la temperance à moderer le feu de la concupiscence, ce qui rendra les efforts du Demon inutils.

—— *Dij ne hunc ardorem mentibus addunt Euryale? An sua cuiq; Deus fit dira cupido?*

Ils ont aussi connu *ce mauvais Art des Enchantemens*, & des Prestiges, qui s'apprend & s'exerce par le commerce des Demons ; si ce n'est qu'il y a pourtant beaucoup de Fables meslé, quand principalement les Poëtes y meslent leurs exagerations, comme quand Horace fait dire à Canidie en colere, qu'elle peut par ses paroles faire mouvoir des images de cire, arracher la Lune du Ciel, & faire revivre les cendres des Morts.

An quæ movere cereas imagines,
Vt ipse nosti curiosus, & Polo
Deripere Lunam vocibus possim meis,
Possim crematos excitare mortuos? &c.

Ou comme Ovide, lorsqu'il introduit Medée faisant ses invocations à Diane, aux Dieux des Forests, & de la Nuit; par l'ayde desquels elle faisoit retourner les Fleuves à leur source, rapelloit, & chassoit les Vents & les Tempestes, faisoit marcher les forests, trembler & mugir

A a 5

les montagnes, sortir les ombres des sepulchres, &c.

Nox ait, arcanis fidissima, quæque diurnis
Aurea cum Luna succeditis ignibus Astra;
Túque triceps Hecate, qua cœptis conscia
  nostris,
Adjutrixq; venis, cantúsq;, artésq; Magorũ;
Quæque Magos tellus pollentibus instruis
  herbis;
Auraq; & Venti, mõtesque, amnésq;, lacúsq;,
Diique omnes Nemorum, Diique omnes no-
  ctis adeste.
Quorũ ope cũ volui, ripis mirãtibus, Amnes
In fontes rediere suos, concussáque sisto,
Stantia concutio cantu freta : Nubila pello,
Nubiláque induco: Ventos abigóq;, vocóque:
Viperas rumpo verbis, & carmine fauces;
Viváque saxa, suâ convulsáque robora terrâ;
Et sylvas moveo, jubeóque tremiscere mõtes,
Et mugire solum, manésque exire sepulchris.
Te quoque Luna traho, &c.

Le mesme se doit proprement dire de tant d'Histoires dont on nous remplit incessamment les oreilles, & d'où si vous ostiez les tromperies & les artifices des Imposteurs, les maux que causent les Empoisoneurs, les contes & les resveries de Vieilles, la credulité facile du vulgaire, à peine y trouveriez-vous rien de vray,

Ce qui semble aussi se devoir dire de cette detestable Magie, par laquelle ces malheureux se croyent estre transportez dans l'Air par des Boucs qui les enlevent (comme cette autre par des Serpens aîllez) apres que s'estant frottez d'onguens narcotiques, ils ont songé par une forte imagination qu'ils sont transportez, & qu'ils assistent à des assemblées horribles & detestables.

Et il en est presque de mesme de ceux qui se croyent devenus Loup-garous, lorsque l'humeur melancolique dominant, & boüillonant, ils se font farouches, & sauvages, & ainsi de ces autres sortes de folie.

Car pour ce qui est deceux qu'on dit estre tourmentez ou possedez du Demon, il faut veritablement avoüer qu'il y en a quelques-uns, puique les Saintes Ecritures en font foy, & que la pratique des Exorcismes prouve la chose ; mais l'on sçait aussi de quelle precaution on se doit servir pour discerner ce qui est d'une veritable possession, & ce que peut une imagination blessée, la foiblesse ou la malice du Sexe, la force d'une maladie, la tromperie affectée entre plusieurs qui s'entendent les uns les autres, &c.

Mais revenons enfin à la Divination qui est le sujet dont nous avons principalement destiné de traitter. Les Payens ont reconnu qu'il se faisoit quelque Divination par l'entremise des Demons. En effet, quoy qu'il y ait aussi eu en cecy beaucoup de Superstition, & d'imposture; neanmoins il a fallu qu'il ait quelquefois arrivé quelque chose de vray, pour avoir pû donner naissance à une si generale Anticipation : *Car je ne vois, dit* Ciceron, *aucune Nation, quelque docte, & humaine, ou ignorante, & barbare qu'elle soit, qui ne croye qu'il y a des signes des choses futures, & qu'il se trouve des gens qui les entendent, & qui les peuvent predire.* La difficulté consiste seulement à discerner quand la prediction aura esté faite, ou par l'entremise du Demon, ou par la finesse, & par l'adresse des Devins, ou par la credulité de ceux qui font les demandes. Car de mesme que Dieu a predit par les Anges plusieurs choses qui sont contenuës dans les Livres Sacrez, de mesme aussi il a souffert que chez les Payens il se fit plusieurs Divinations par l'entremise du Demon. Et c'est de là que les Peres, & les Docteurs Sacrez crient contre les Payens, de ce qu'ils se

DE LA LIBERTE'. 565

laiſſent perſuader, & tromper par le Demons; & il y a des Hiſtoires, & des Vers touchât certains Demons qui ſont devenus muets, & qui ont eſté contraints de ſe taire, ſoit à la venüe de nôtre Seigneur, ſoit à la veüe, & au commandement de certaines perſonnes illuſtres pour leur ſainteté : Mais d'un autre coſté il eſt auſſi conſtant que ſouvent ce n'eſtoit que de pures reſveries, ou de pures tromperies & impoſtures qu'on rapportoit aux Demons, mais ne nous arreſtons pas à cecy davantage.

Remarquons plutoſt, que lors qu'il s'agit icy de la Divination, ou du preſſentiment des choſes futures, l'on n'entend pas cette Divination par laquelle l'on prevoit, ou l'on predit des choſes dont il y a des cauſes naturelles, neceſſaires, & incapables d'eſtre empeſchées, comme les Eclipſes, le lever des Aſtres, & autres ſemblables Phenomenes qui dependent d'une diſpoſition certaine, & du mouvement conſtant des corps Celeſtes. L'on n'entend pas auſſi celle qui paſſe ſimplement pour une conjecture fondée ſur des cauſes vray-ſemblables qu'un chacun pourra prevoir par conjecture ſelon ſa capacité, & ſelon qu'il ſera plus heureux à atteindre le but; auquel sens Euripide, & apres luy Ciceron, ont dit que celuy qui conjecture bien est le meilleur Devin.

Qui conjicit bene, ille Vates optimus. Ainsi Thales qui predit autrefois l'abondance des Olives par des signes naturels dont nous avons parlé ailleurs, eust pû passer pour Devin : De mesme que Pherecides qui en voyant de l'eau qu'on venoit de tirer du puits, dît qu'il se feroit bientost un tremblement de terre; & generalement quiconque est tres habile dans son Art. Car, pour le dire avec Ciceron, *personne ne conjecturera mieux de quelle tempeste la Ville est menacée que le Gouverneur, ni quelle est la nature du mal que le Medecin, ni comment il se faut gouverner dans la guerre que le General d'Armée.* L'on n'entend donc pas icy parler de cette sorte de Divination conjecturale, mais de celle qui regarde des choses purement fortuites, c'est à dire ces sortes d'evenemens qui n'ont pas des causes qu'on puisse voir, & qui sont tels que la dependance qu'ils ont avec leurs causes est inconnüe, comme qu'Eschyle mourra par la chûte d'une tortüe qu'une Aigle luy laissera tomber sur la teste, & autres semblables.

Cecy supposé, l'on sçait que toute Divination estant ou avec Art, ou sans Art, la Divination qui a de l'Art est celle qui se vante de tirer son origine de l'Experience, & d'une longue observation, quoy qu'elle ne puisse rendre raison, ou dire la cause des choses qui se predisent. Telle est celle que pretendent avoir ceux que les Latins appellent *Augures*, ou qui predisent par le vol, & par le chant des oyseaux; *Haruspices* qui predisent par l'inspection des entrailles des Animaux ; *Sortilegi* qui predisent par le Sort ; les Interpretes des Songes obscurs ou ambigus; les Interpretes des foudres, des monstres, des prodiges ; les Physionomistes ; les Chyromanciens ou ceux qui par les lineamens des mains predisent quelques evenemens particuliers que ce soit, & ce avec les circonstances des lieux, des temps, des personnes, & des affaires. Car quant à ce qui regarde generalement la temperature, & le naturel, ou les inclinations, il y en a veritablement des signes dans le corps, mais ils ne marquent pas pour cela que telles & telles choses arriveront dans tel ou tel temps, & de telle ou de telle maniere.

L'on sçait aussi que la Divination sans Art est celle qui n'est point fondée sur des signes qui ayent esté observez, ou ramassez, mais sur l'apparition, ou sur le parler de quelque Genie, ou par une certaine commotion & fureur d'Esprit soit Divine, soit causée par le Demon. Telle est celle qu'on admet dans les Sybilles, & dans les Extatiques, dont l'Entendement quelquefois en veillant, & quelquefois en dormant est tellement emeu, & tellement tiré hors de son estat ordinaire, qu'il voit des choses que dans l'estat naturel & paisible il ne voit point.

Quant à la Divination Artificielle, il n'est pas necessaire de nous arrester à la refuter, puisque de ce qui a esté dit contre l'Astrologie Iudiciaire, il est constant que si cet Art qui de tous les Arts Divinatoires tient le premier rang, est vain & imaginaire, les autres ne le doivent pas moins estre. Et certes, s'il y avoit quelque chose d'effectif dans ces Arts, pourquoy maintenant qu'ils ne sont en usage dans aucune Religion ne les estimeroit-on pas tels, puisqu'autrefois mesme lorsque la Religion commandoit de les observer, les gens sçavans, & de bon sens les rejettoient? Car l'on n'ignore pas le conseil que Thales donna à Periander sur ce monstre à demy-homme qui nasquit d'une Cavale, d'ou le grand Prestre tiroit un signe d'une Seditió future. L'on n'ignore pas aussi ce que Caton au rapport de Ciceron disoit assez plaisamment, qu'il s'etonnoit de ce qu'un Augure en rencontrant un autre Augure, c'est à dire un autre fourbe comme luy, se pouvoit tenir de rire, *mirari se quòd non rideret Haruspex Haruspicem cùm vidisset.* Il en est de mesme de ce bon mot qui se dît à l'occasion du Serpent qui s'estoit entortillé alentour d'un Levier, *que ce seroit alors un prodige si le Levier s'estoit entortillé alentour du Serpent.* Ainsi Annibal dît au Roy Prusias qui n'osoit cóbatre parceque les entrailles le defendoient: *Aimez vous mieux croire à une caruncule d'un Veau qu'a un vieil General d'Armée comme Annibal?* L'on raconte une semblable chose de Claudius Pulcher qui vouloit donner Combat sur la Mer, quoyque les poulets ne voulussent point sortir de leur cage. Hé bien dît-il au Gardien qui soutenoit que c'estoit un mauvais Augure, jette les dans la Mer, puisqu'ils ne veulent pas manger ils boiront, *quia esse nolunt, bibant.* Marcellus disoit aussi en raillant, que quand il vouloit faire quelque chose, il avoit acoûtumé pour n'estre point empesché par les Auspices, de marcher sa Litiere fermée. Et Mosamac qui tua un Oyseau qui empeschoit toute une Caravane de partir, parce qu'on le voyoit tantost voler d'un costé, & tantost retourner dît demesme. *Estes-vous fols de croire que cet Oyseau qui n'a rien sceu prevoir pour conserver sa vie, ait pû prevoir quelque chose sur nostre Voyage?*

L'on oppose l'Experience journaliere. Certainement si l'experience estoit constante, il n'y a raison qui ne luy deust ceder : Mais combien souvent arrive-t'il le contraire de ce qui se predit ? *Flavinius*, dit Ciceron, *obeït aux Auspices, & perit avec son Armée. Vn an apres Paulus y obeït aussi, & ne laissa pas de perir avec l'Armée à la Bataille de Cannes. Que dirons-nous donc des Reponses des Augures? I'en pourrois rapporter une infinité qui n'ont eu aucuns evenemens, ou qui en ont eu de contraires. Les Auspices defendoient à Cesar de passer en Afrique devant l'Hyver, il y passa, il vainquit.* Que si ce que nous songeons arrive quelquefois, combien de fois n'arrive-t'il pas ? Et de ce qu'il n'arrive pas quelquefois, ne doit-on pas plutost conclure que lorsqu'il arrive c'est par hazard, que de conclure qu'il y a de l'Att ? Qui est celuy qui tirant de l'Arc tout le jour, n'atteint pas quelquefois le but ? Nous dormons toutes les nuits, & il n'y en a presque pas vne que nous ne songions, & nous-nous etonnons que ce que nous songeons arrive quelquefois ? Il est, dites-vous, de la Providence des Dieux de nous montrer par des signes les choses qui nous doivent arriver, comme n'y ayant rien de plus utile. Mais à quoy-bon les Dieux nous donneroient-ils des signes des malheurs qui nous devroient arriver ? Pourquoy nous donner des signes que nous ne puissions entendre sans Interpretes ? Pourquoy nous avertir de ce que nous ne sçaurions eviter, & si les Signes sont Divins, pourquoy sont-ils si obscurs ? Est-il plus probable que les Dieux immortels, &c. Probabilius-ne est Deos immortales rerum omnium præstantiâ excellentes, concursare omnium mortalium, qui vbique sunt, non modò lectos, verùm etiam grabatos ; & cùm stertentes aliquos viderint, objicere his visa quædam tortuosa, & obscura, quæ illi exterriti somnio, ad conjectorem manè deferant:

An naturâ fieri, ut mobiliter animus agitatus, quod vigilans viderit, dormiens videre videatur? Vtrum Philosophiâ dignius, Sagarum superstitione ista interpretari, an explicatione Naturæ? Vt si jam fieri possit conjectura vera somniorum, tamen isti, qui profitentur, eam facere non possint; ex levissimo enim, & indoctissimo genere constant.

Quant à cette Divination qui est sans Art, l'on pourroit, ce semble, tenir pour fabuleux ce qui s'est dit chez les Payens de certains Genies qui ont apparu clairement, qui ont parlé familierement, & qui ont predit des choses à venir. Car pour dire un mot de celuy de Brutus qui luy predît qu'il perdroit la Bataille aux champs de Philippe, & qu'il luy apparoitroit derechef; il faut remarquer que Brutus ayant le matin raconté à Cassius son apparition du soir precedent, Cassius luy montra alors mesme que cette pretendue apparition de Spectre n'avoit esté qu'une tromperie ou de ses yeux, ou de son imagination : Ce qui est d'autant plus probable que Brutus, comme remarque Plutarque, estoit d'un naturel melancolique, que l'inquietude l'accabloit, & qu'il ne dormoit presque point, confiderant le danger dans lequel eftoit la Republique, fe reffouvenant combien Pompée avoit efté malheureux dans une pareille caufe, meditant quel confeil il pourroit prendre les chofes fuccedant mal, & ce qui eft encore confiderable, roulant, & repaffant ainfi ces chofes, & autres femblables dans fon Efprit, la nuit eftant deja fort avancée, tout le Camp dans le filence, les lumieres eteintes, luy à demyendormy. C'eftpourquoy ce n'eft pas merveille qu'il luy ait femblé voir, & entendre un mauvais Genie, luy principalement qui eftoit perfuadé par les Dogmes de fa Secte Stoiciene qu'il y en avoit de bons, & de mauvais.

Deplus quatre Arguments montrent affez le trouble où il eftoit, & qu'il ne devoit que fommeiller, ou comme on dit, *révaffer* à demy-endormy. Le premier c'eft qu'il demanda à fes Domeftiques s'ils n'avoient rien entendu, ce qui marque qu'il eftoit en doute fi cela luy eftoit arrivé en veillant, ou plutoft en dormāt. Le fecond que les domeftiques repondirent qu'ils n'avoient ni rien veu, ni rien entendu, & cependant ils devoient bien, finon avoir veu cette horrible &

monstreuse image, du moins avoir entendu sa voix que Brutus disoit estre celle-cy. *Je suis, ô Brutus, ton mauvais Genie, tu me verras aux champs de Philippe.* Le troisieme que les domestiques devoient avoir entendu la voix de Brutus qui demandoit au Spectre s'il estoit un Dieu, ou un homme, & ce qu'il vouloit, *Ecquis tu deorum, aut hominum es ? Ecquid tibi vis qui ad nos venisti ?* Et ce mot qu'il dît avec intrepidité apres que le Spectre eut parlé, *Videbo ?* Le quatrieme est que l'Esprit de Brutus, selon le rapport qu'en fait Plutarque, fut calmé apres avoir entendu parler Cassius, comme ayant reconnu par son Raisonnement que tout cela n'estoit qu'un Songe.

Mais que dira-t'on de ce Genie ou Demon si celebre de Socrate ? Il est vray que Socrate en dit luy-mesme cent choses en divers endroits, mais comme ce Philosophe s'occupoit entierement à donner des preceptes pour les bonnes mœurs, il a pû se servir de cet artifice pour donner plus de poids à ses avis salutaires; car l'on sçait assez quelle authorité a celuy qui est cru donner des avis par inspiration Divine. Joint que Simmias dans Plutarque dit qu'il s'enquesta fort curieusement de Socrate mesme quel estoit ce Genie, & que Socrate ne luy fit aucune reponse ; ce qui montre clairement que Socrate ne voulut veritablement pas mentir en assurant, mais qu'il ne voulut pas aussi nier en parlant, de peur que ses conseils salutaires ne perdissent de leur force, & de leur grace.

Ainsi il est à croire que le Genie de Socrate n'estoit autre chose que sa Raison, sa sagacité, & sa prudence naturelle, qui estant cultivées par un exercice philosophique assidu, & continuel, luy montroient le party qu'il y avoit à prendre, & luy donnoient les avis dont il faisoit part à ses Auditeurs. Et cecy est d'autant plus vray-semblable que Xenocrate qui fut disciple, & puis Successeur de Platon, & qui devoit par consequent bien sçavoir la pensée de Platon, & celle de Socrate, dit *que celuy-là est heureux qui se trouve doüé d'une bonne Ame & que cette Ame est à chacun de nous son Demon.* Et voicy ce que Platon dit de la partie la plus excellénte de nostre Ame, *que Dieu nous l'a donnée pour estre nostre Demon qui habite dans la haute forteresse de nostre corps ; & que celuy qui a soin de ce qu'il a en soy de divin, & qui cultive bien son Demon familier, devient souverainement heureux.* Clement Alexandrin parle à peu pres de mesme, lors qu'il enseigne *que la Felicité n'est autre chose que d'avoir son Demon bien cultivé, & que la partie principale de nostre Ame est appellée du nom de Demon.*

Pour ce qui est de cette pretenduë commotion par laquelle l'Esprit estant comme sorty hors de soy-mesme, & comme separé de la matiere, predit l'avenir; cela suppose que l'Esprit soit une particule de Dieu, ou de l'Ame du Monde, & qu'ainsi il sçache toutes choses comme estant de mesme nature avec Dieu qui est present par tout, & qui n'ignore par consequent rien. Or les Platoniciens, & generalement ceux qui sont attachez à l'Opinion de l'Ame du Monde, tiennent que l'Esprit estant plongé dans le Corps, ne voit veritablement pas toutes choses cóme fait cette Ame dont il est une particule, mais qu'il les peut neámoins voir ou connoitre premierement lors qu'il est emeu par la force de certaines maladies, Aristote reconnoissant *que dans ceux que l'on appelle melancoliques il y a quelque chose de Divin, & qui predit l'avenir,* secondement lors qu'il se retire au dedans

dans de soy-mesme, dans une parfaite tranquillité, se retirant en mesme temps de la pensée, & du commerce des choses corporelles, & estant, pour ainsi dire, tout à luy, ce qui arrive, disent-ils, principalement dans le sommeil, ou lors qu'on est sur le poinct de mourir, & qu'il commence deja comme à se degager du corps. Voicy les termes de Platon rapportez par Ciceron. *Platon ordonne donc que nous preparions & disposions de telle maniere nos Corps au Sommeil, qu'il n'y ait rien qui puisse causer de l'erreur & du trouble; d'ou vient qu'il estoit mesme deffendu aux Pytagoriciens de manger des Feves, parceque cet aliment enfle l'estomac, & cause des vents & des vapeurs qui troublent la tranquillité de l'Esprit. Lors donc que dans le sommeil l'Esprit est degagé du commerce du corps, alors il se souvient du passé, voit le present, & prevoit l'avenir. Car le corps d'un homme qui dort est comme celuy d'un homme mort, mais son Esprit est vivant & dans sa pleine vigueur.*

Mais sans nous arrester à refuter cecy, puisque c'est une pure fable que nos Esprits soient des particules de la Substance Divine, & qu'il y en ait qui devinent dans la furie, dans la melancolie, ou dans le sommeil ; dison seulement avec Ciceron, *qu'il est absurde de croire que Dieu envoye les Songes, quand ce ne seroit qu'il ne les envoye pas aux honnestes gens, & aux gens Sages, mais aux gens du bas peuple vils & grossiers.*

Des Oracles.

POur ce qui est enfin des Oracles, & de ces Predictions qu'on attribue aux Sybilles & aux Devins entant qu'ils sont epris d'une certaine fureur Divine telle qu'est celle que Virgile exprime dans ces beaux Vers.

Ante fores subitò nō vultus, non color unus.
Non cōpta māsere coma; sed pectus anhelū,
Et rabie fera corda tument, majorq; videri;
Nec mortale sonans, afflata est Numine quando
Iam propiore Dei ———
——— immanis in antro.
Bacchatur Vates, magnum si pectore possit
Excussisse Deum ; tanto magis ille fatigat,
Os rabidum fera corda domans; fingitque premendo.

Je passe sous silence que cette sorte de fureur semble estre indigne de la Divinité, & que ce n'est pas sans raison que Ciceron en parle en ces termes. *Quel* poids, & quelle auctorité a cette fureur que vous appellez Divine, pour que les choses que le Sage ne voit pas, le fol & le furieux les voye, & que celuy qui aura perdu les Sens humains en acquiere des divins? Je remarque seulement quelques Chefs qui nous font voir la vanité de la chose. Le premier est cette affectation de rendre les Oracles en Vers, & non pas en Prose. Nous avons deja marqué que les Epicuriens se mocquoient de ces Vers, comme estant ridicules, & indignes de Dieu : Et voicy à peu pres la maniere dont Ciceron en a parlé : *Ces Vers qu'on dit que la Sybille a fait dans sa fureur, ressentent plus l'artifice & la finesse que le mouvement & le trouble, car celuy qui les a composez a finement fait ensorte que quelque chose qui arrivast, cette chose parust avoir esté predite, ne determinant rien precisément, & clairement ni des Hommes, ni des temps. D'ailleurs il a affecté de les faire obscurs d'une certaine maniere, afin que les mesmes Vers pûssent sembler dans un autre temps pouvoir estre accommodez à une autre chose, ce qui ne marque point un Esprit en furie, mais un homme qui se peine, & qui prend fort garde à ce qu'il fait.*

Le second Chef est cette Amphibologie ou maniere de dire les choses à double entente dans laquelle se rendoient les Oracles, ce qui marque & ressent une certaine finesse qui n'est point plus qu'humaine. Joint qu'entre ceux qui sont tres celebres, il y en a plusieurs qui sont feints, & inventez à plaisir. Car, par exemple, à l'egard de ceux-cy.

Crœsus Halym penetrans magnam pervertet opum vim.

Aio te Æacida Romanos vincere posse.

Ciceron enseigne que le premier n'a jamais esté rendu à Crœsus, & qu'Herodote l'a bien pû inventer, comme Ennius a inventé le dernier: Il ajoûte mesme specialement à l'egard du dernier qu'il a esté evidemment feint à plaisir, & qu'il n'a aussi jamais esté rendu à Pyrrus, *parce que*, dit-il, *Apollon n'a jamais parlé en Latin, & du temps de Pyrrus Apollon avoit deja cessé de faire des Vers.*

Le troisieme est l'Imposture rapportée tout au long par Eusebe, qui prouve de là que les Oracles n'ont point esté rendus par les Dieux, ou par les Demons, mais qu'ils ont esté tissus par des fourbes, & par des Charlatans, par finesse, & par artifice, comme l'a fort bien remarqué Lucian, lorsqu'il rapporte la maniere dont il decouvrit luy-mesme tout l'artifice par lequel le faux Prophete Alexandre se rendoit si fameux dans les Oracles ; ajoûtant que ce faux Prophete hayssoit extremement les Chrestiens, & les Epicuriens, parcequ'ils soûtenoient que les Oracles n'estoient que de purs mensonges, voicy de quelle maniere Eusebe en parle. *Ils ont*, dit-il, *des Ministres de leurs fourberies & artifices, qui vont çà & là aux environs, qui s'enquestent soigneusement, & qui demandent à ceux qui viennent, à quel dessein, & pour quelle necessité un chacun vient consulter l'Oracle. Ils ont dans leurs Temples plusieurs recoins obscurs, & plusieurs lieux retirez & cachez où le Peuple n'entre point, & où ils se mettent pour entendre ce qui se dit sans estre veus ; sibien que les Tenebres, la Prevention, la Superstition de ceux qui viennent, & l'authorité des Anciens qui y ont cru leur sert beaucoup. Ajoûtez d'un costé la sottise & la bestise du Peuple qui ne raisonne point, & n'examine rien, & de l'autre l'adresse, la fourberie, & la finesse de ceux qui machinent l'affaire, & qui promettent à un chacun des choses agreables, repaissant tout le monde de belles esperances*, &c.

Il rapporte ensuite leur maniere de parler ambigue, leurs termes barbares, & la tissure affectée de leurs paroles, combien de fois les Oracles ont esté convaincus de fausseté, combien ceux qui par leurs avis ont entrepris des guerres s'en sont mal trouvez, combien ils ont trompé de gens à qui ils avoient promis de la santé, & de la prosperité, & apres avoir inferé de là que ce ne sont pas des Dieux, mais des Imposteurs, il poursuit de cette sorte. *Mais pourquoy pensez-vous qu'ils donnent de grandes esperances aux Etrangers qui viennent de loin, & non pas aux habitans du lieu qui sont leurs Amis, ou leurs Concitoyens, & ausquels ils devroient par consequent plutost rendre les Dieux propices qu'a des Etrangers qui ne leur sont de rien ? C'est qu'il est bien plus aisé de tromper des Etrangers qui ne sçavent pas les fourberies, que des voisins qui sçavent tout l'artifice ; ce qui fait voir qu'il n'y a rien icy de divin, rien qui surpasse l'invention humaine.*

Apres cecy il fait le denombrement de divers Oracles qui ont manqué, & de plusieurs de leurs Temples qui ont esté bruslez, puis il raisonne de cette sorte. *Si ces admirables rendeurs d'Oracles ne peuvent pas deffendre leurs propres Temples, ni se secourir eux-mesmes dans les dangers, comment pourront-ils secourir les autres? Mais la plus forte raison de toutes, c'est que plusieurs de ces sortes de Devins, Theologiens, & Prophetes, ayant esté recherchez autrefois par nos Anciens, & de nostre temps par les Romains, ont enfin tout avoüé à la Question, & ont declaré que l'erreur venoit de la fourberie des hommes, & que tout cela n'estoit qu'artifice, & qu'imposture.*

Nous ne devons pas oublier icy qu'Eusebe apres avoir fait mention des Sectateurs d'Aristote, & des Cyniques, dit à l'egard des Epicuriens, *qu'il les admire, de ce qu'ayant esté nourris dés leur enfance dans les mœurs des Grecs, & elevez par leurs parens dans la doctrine des faux Dieux, ils ne se sont neanmoins jamais laissez prendre par ces erreurs; mais qu'ils se sont genereusement declarez contre ces sortes d'Oracles, quoy qu'ils fussent tres celebres, & que l'on y couruft de toutes parts, soutenants que ce n'estoit que de purs mensonges; & faisants voir qu'ils estoient vains, inutiles, & pernicieux.*

FIN.

www.ingramcontent.com/pod-product-compliance
Lightning Source LLC
Chambersburg PA
CBHW070403230426
43665CB00012B/1217